中共中央党校（国家行政学院）
离退休人员科研成果资助出版项目

中国古代刑讯制度研究

姜小川　著

人民东方出版传媒
People's Oriental Publishing & Media
东方出版社
The Oriental Press

图书在版编目（CIP）数据

中国古代刑讯制度研究 / 姜小川著 . —北京 ： 东方出版社，2024.5
ISBN 978-7-5207-3859-0

I.①中… Ⅱ.①姜… Ⅲ.①法制史－研究－中国－古代 Ⅳ.① D929.2

中国国家版本馆 CIP数据核字（2024）第 051014号

中国古代刑讯制度研究
（ ZHONGGUO GUDAI XINGXUN ZHIDU YANJIU ）

作　　者：姜小川
责任编辑：张晓雪　米　玮
出　　版：东方出版社
发　　行：人民东方出版传媒有限公司
地　　址：北京市东城区朝阳门内大街 166号
邮　　编：100010
印　　刷：北京铭传印刷有限公司
版　　次：2024年5月第 1版
印　　次：2024年5月第 1次印刷
开　　本：787毫米 ×1092毫米　1/16
印　　张：22.25
字　　数：276千字
书　　号：ISBN 978-7-5207-3859-0
定　　价：78.00元
发行电话：(010) 85924640

内容摘要

　　刑讯作为野蛮的"刑"与文明的"讯"结合而成的取证方法，自西周出现后延续近三千年，其间被制度化和法律化，并不断完善发展。近代末期，终被废止。然而，百余年来，刑讯"余毒"难以肃清，刑讯"余威"处处显现，虽然以往司法实践中也因此破获了一些案件，但废除和禁止刑讯的法律却因此受到了一次次的挑战，司法和法律的权威受到冲击。

　　一种以暴力相威胁为依托的法律制度何以有如此之大的力量？一种被法律废除并严格禁止的行为何以总是不肯退出历史的舞台？我们可以为了指责刑讯而将古代刑事司法的历史概括为刑讯逼供的历史；我们也可以认为古代刑讯制度的根深蒂固造成了现今刑讯的屡禁不止，从而将现今刑讯的原因转嫁于古代的刑讯制度；我们还可以用今天司法的标准衡量和评判古代的刑讯制度，全面否定古代的刑讯制度……但是，一种制度能够延续几千年，且按照批判者的观点，在今天仍然"根深蒂固"，"余毒"难以肃清，本身就说明了其强大的生命力。笔者这样讲，无意赞同刑讯，而是强调在批评中国古代刑讯制度的同时，有必要对这种制度的设计背景、思路、内容及其内在关系等进行冷静思考，全面准确认识中国古代的刑讯制度，为我们认识问题提供启迪，为现今的法治提供借鉴，而不应局限于刑讯现象本身，进而以偏概全。

　　本书立足于还中国古代刑讯制度之原貌。从纵向全面梳理了中国古代刑讯制度的发展轨迹，阐明刑讯在中国古代经历的出现、发展、定型、流变和终结的不同阶段，明确各朝均把对刑讯制度的规范和对非法刑讯的禁止作为立法重点。从横向对中国古代刑讯制度的性质和目的、刑讯的条件、对象及例外、方式和工具、程序、违法刑讯的法律责任等基本内容进行了总结和分析。阐述了中国古代刑讯制度的文化基础，归纳、分析了中国古代刑讯制度的特点，对中国古代刑讯制度认识的几个误区予以澄清，论证了刑讯废而不止的原因，为现今刑讯的禁止提供理论依据。强调法律对于刑讯制度的废除和禁止不等于刑讯土壤和条件的必然消除，而所有这些问题的解决，都有待于教育的提升和全体国民素质的提高。

目 录

　　刑讯是中外古代诉讼中以肉刑或者变相肉刑获取人犯①口供从而定案的审讯方式，在我国古代，仅其称谓就有"拷鞫""掠治""拷掠""拷讯""熬审"等。

　　在人类最初的诉讼中，国家司法机关为解决争执，必然要向案件当事人等了解、核实案情，询问、讯问因此而生，并成为最基本、最主要的获取人证的方式。时至西周，我国已形成了以"五听断案"为代表而独树一帜的审讯方法，此法为之后的中国历代所沿用。然而，单纯的询问或讯问并非对所有的诉讼参与人都能奏效，于是，对那些有证据证明犯罪或不能排除犯罪嫌疑，但却讯而不答的人犯，便利用人性和人体固有的弱点，通过必要的体罚逼其应答询、讯所问。一种集"讯"与"刑"两种审讯方式为一体的刑讯方式随之诞生并为国家所认可。讯者，问也。《诗·小雅·正月》云："召彼故老，讯之占梦。"刑讯中的"讯"则专指诉讼中审问之意。《汉书·邹阳传》："卒从吏讯，为世所疑。"颜师古注："讯，谓鞫问也。"《周礼·秋官司寇·小司寇》云："一曰讯群臣，二曰讯群吏，三曰讯万民。"郑玄注云："三讯罪定则杀之。"后人因谓鞫罪曰

---

　　① 　由于古代刑讯的对象不仅仅局限于被控告人，文中所称"人犯"除指现今意义上的嫌疑人、被告以及罪犯外，还包括被囚禁或羁押的实际上处于被告地位的人员，故文中也称之为"囚犯"。

讯，通曰审讯。刑者，罚也。《说文》徐锴注云："以刀有所割。"《战国策·赵策一》云："（豫让）自刑以变其容。""讯"通常以文明、理智的方式出现，"刑"则表现为对人犯身心野蛮、残酷的伤害。"讯"是诉讼之必然要求，"刑"则因"讯"衍生而来，目的在于助"讯"一臂之力，以达"讯"的目的。从这个意义上讲，"刑"以"讯"为前提和基础，"讯"以"刑"为后盾和保障。审问也好，体罚也罢，二者的目的都在于得到被讯问人犯的言辞供述，进而获取或者印证其他证据。

刑讯在维护专制统治和社会秩序方面曾发挥过积极作用，基于此，古代历朝统治者都对刑讯从法律上予以肯定并不断完善。但是，历代统治者同时也意识到，"刑"的性质决定了其乃双刃剑，用之过度，则会产生副作用，对被刑讯者来说，无异于灭顶之灾；对刑讯的司法官吏来说，意味着无法无天；对涉及案件而言，则可能因案件事实背离实际而适得其反。所以，统治者对"刑"严加限制，将其规范在一定的法律范围内，以保证"刑"在正常范围内为"讯"服务。刑讯内容因此而渐渐全面系统，并被制度化和法律化。然而，这样一种貌似正确的思维以及法律对刑讯的限制非但没有从根本上杜绝法外刑讯，反而造成了刑讯的滥用，一些朝代甚至出现了以酷吏为荣的局面。这是因为，合法的刑讯与非法的刑讯都是一丘之貉，只要容许刑讯存在，非法刑讯就不可避免。因此，法律解决刑讯的方法应是在诉讼过程中彻底废除刑讯，而不是有条件地限制非法刑讯。当然，限制刑讯虽不能从根本上禁止非法刑讯，但比起刑讯不受任何限制无疑也是一种进步，因其毕竟在一定程度上通过法律对法外刑讯予以了有效的限制和处罚。

中国古代刑讯制度，固然因无视、侵犯人权而应受批判，但因此就认为该制度一无是处进而全盘否定；或者基于某种需求而有意规避法律对刑讯的前提条件、程序要求、违法刑讯的责任等合理成分的规定；或者为了褒奖现今的司法制度而以古代刑讯制度作为反衬，将现今刑讯的原因归结并转嫁于古代刑讯制度；甚至将中国整个古代司法制度的历史视为刑讯逼供的历史……以致以讹传讹，形成一些误区，也是值得商榷的。一种制度能够延续几千年，且按照批判者的观点，在今天仍然"根深蒂固"，"余毒"难以肃清，本身就说明了该制度强大的生命力。刑讯本身的不科学今天无须多言，但这种制度的设计、思路、内容及内在逻辑关系的周密严谨等确实令我们感叹，更不消说对我们今天法治的启示和借鉴价值。仅仅抓住刑讯制度的不足而不及其余，至少也是以偏概全，有失公允。

中国自清末废除刑讯已经一个多世纪了，但刑讯现象却屡禁不止。这虽有中国刑讯制度较西方存在的时间长，内容丰富且具有自身文化色彩等原因，但问题的症结在于刑讯制度赖以生存的土壤和条件并不因法律对刑讯制度的废除和禁止而自然消失，因为法律不是万能的，而铲除刑讯存在土壤的根本出路在于通过教育提升整个国民的素质，而教育作为长期而艰巨的事业只能是前人栽树后人乘凉，不可能立竿见影。

这一切，正是促使笔者对中国古代的刑讯制度予以总结梳理和分析评判的缘由所在。

· 第一章 ·

中国古代刑讯制度的沿革

中国古代的刑讯制度起自奴隶社会后期，并随着封建专制社会的发展而不断完善。法律对刑讯内容的规定从无到有，从少到多，直至制度化、法律化。在这个漫长的发展过程中，刑讯制度的发展大致经历了出现、发展、定型、流变和终结等几个时期。

第一节
————

中国古代刑讯制度的出现

一、周朝刑讯的出现

人类社会早期的司法活动中，受科技落后以及人们认识能力低下的限制，对一些疑难案件不得不借助神明裁判这种神示证据的方法判断是非曲直。大约在公元前 2070 年，我国就进入了奴隶社会，经历了夏、商、周至春秋时期，约 1600 年。与其他古代奴隶制国家一样，在那个生产力和认识水平低下、神权思想支配人心的时代，我国奴隶制社会的刑事诉讼中，对于证据证明力的判断，同样有赖于超自然的神的力量，采取神示证据制度。只是由于在西方，基督教神学意识长期控制着人们的精神领域，人们在许多问题上都会求助于万能的上帝，即使是司法领域中世俗的司法官也不例外，这就使得神明裁判方式在西方存在的时间更久，几乎占据了整个中世纪。反观中国，尽管与欧洲诉讼发展的轨迹在形式上是一致的，但是由于我国特定的地理条件、文化传统和宗教信仰所决定，具体的神明裁判方法又与世界上其他国家不尽相同。一方面，中国神示证据及神明裁判的历史不及欧洲长久，方法不及其多样，内容也不及其丰富，特别是世界上通行的一些裁判方法在我国古代并不那么盛行，类似决斗这种解决当事人纠纷的神明裁判方法在我国古代就很少见到；另一方面，中国又产生了一些独特的神示证据及神明裁判的方法，如盛传于春秋时代的以兽触罪的做法①。中国古代司法活动中，摆脱神示证据的历史较之欧洲要早1000多年。其所以昙花一现即销声匿迹，"根源在于中国的传统文化，中国传统的士大夫主流文化是不太信鬼神，不愿借鬼神来进行司法活动。儒家的鼻祖孔子就说过'未知生，焉知死？'、'敬鬼神而远之'"②。在这种思想熏陶下成长起来的儒家司法官吏在诉讼中排斥神明裁判也就顺理成章了。从史料记载看，在中国古代的周朝，就已基本不再采用神判方式了，取而代之的是盟誓、物证、人证等证据形式，而人证中囚犯口供的地位和作用日显突出和重要。随着证据制度的变化，刑讯作为官方获取囚犯口供证据的主要方式和途径也就随之出现。对于中国古代的刑讯，最早的记载可以追溯到西周时的青铜器《曶鼎》铭文中的相关记载：

> 昔馑岁，匡众厥臣廿夫，寇曶禾十秭，以匡季告东宫，东宫乃曰："求乃人！乃弗得，汝匡罚大！"匡乃稽首于曶，用五田，用众一夫曰益，用臣曰疐、曰朏、曰奠，曰："用兹四夫。"稽首曰："余无卤具寇，正其不鞭余。"曶或以匡季告东宫，曶曰："必唯朕禾是赏（偿）。"东宫乃曰："赏曶禾十秭，遗十秭，为廿秭。乃来岁弗赏，则付卌秭。"乃或即曶，用田二又臣一夫。凡用即曶田七田，人五夫，曶觅匡卅秭。

---

① 我国用来说明以兽触人从而定罪做法的典型当数《说文解字》中对"灋"（古体"法"）的解释："灋，刑也，平之如水，从水。廌，所以触不直者去之，从去。"灋是会意字，由"氵"（水）、"廌"、"去"三部分组成。水表示平如水面，至平无颇，意味着法律公平如水。廌是传说中既似羊又似牛的独角兽，它生性正直，有着明辨是非、判断曲直的神性，古时用它来判断疑案。据《论衡·是应》载，尧舜时期大法官皋陶治狱，其罪疑者，令廌用独角触之，有罪则触，无罪则不触，被触者即为败诉。去则表明了被廌所触的不直者败诉后离去这样一种结果状态。
② 参见郭成伟主编：《中华法系精神》，中国政法大学出版社2001年版，第268页。"未知生，焉知死？""敬鬼神而远之"，分别见于《论语·先进》和《论语·雍也》。

其大意是说，在西周中期一个荒年里，大贵族匡季指使他的奴隶及众臣二十人抢劫了智的稻禾十姊（"姊"为古代计数单位名称），被智控告到周王室东宫。东宫准备加重处罚匡季，对匡季说："恳求对方吧，如果得不到谅解，对你的惩罚就大了！"匡季向智叩头求饶，答应用五田和四奴隶作为赔偿。又对东宫说："我没有抢劫多少，请长官不要鞭打我。"但智却坚持"必唯朕禾是赏（偿）"，即必须返还原禾。而原禾因时过境迁已灭失，因此，东宫判决匡季"赏智禾十秭，遗十秭，为廿秭。乃来岁弗赏，则付卌秭"。这里，"赏智禾十秭"与匡季抢劫的原禾数量相等，再"遗十秭"，即再加十秭，应是对原禾被窃后得到的孳息数。但是，如果到第二年还没有还清二十秭禾的赔偿数，则再增加一倍，即要偿还四十秭。只是案件判决后，匡季和智并未执行判决，二人私下达成协议：匡季愿意在原先答应赔偿五田四夫的基础上，再增加二田一夫，总共赔偿七田五夫。智同意了此协议，从而也就免去了匡季交付智三十秭的孳息，解决了这场纠纷。[①] 由此可见，西周时期即已存在刑讯，只是此案中，由于双方当事人自行解决了纠纷，官方拟采用的鞭打的刑讯方法才未得以实施。当然，也有学者认为，该案例中记载的"鞭"是就刑罚而言，而非指刑讯方法。因而认为中国的刑讯并非起源于西周。[②] 笔者以为，由于西周时期的史料有限，因此，仅以这样一个案件肯定或者否定当时刑讯的有无均似乎因证据不足而有不妥，但此案所反映的以刑讯相要挟的成分还是清楚的。而且，通过其他史书对刑讯的直接或者间接的记载，有理由相信西周诉讼中出现了刑讯的情况。需要注意的是，西周时期，案件虽有民事和刑事之分（按照《周礼》的记载，周代的刑事诉

---

① 分别参见张晋藩主编：《中国民事诉讼制度史》，巴蜀书社 1999 年版，第 2—3、16 页；张晋藩总主编：《中国法制通史》第 1 卷，中国法制出版社 2021 年版，第 257、259 页。
② 参见蒋铁初：《质疑刑讯起源于西周说》，《人文杂志》2007 年第 2 期。

讼称为"狱"，民事诉讼称为"讼"），但由于当时诸法合一，故刑事诉讼和民事诉讼在程序上区分不甚明显，时常出现交替使用和相互混杂的情况，此案即属于这种情况，当时类似的实例多有记载①。即使是秦汉以后，刑事诉讼和民事诉讼在立法和司法中也没有严格的区别，基本上适用同一诉讼程序和诉讼原则。西周时期，随着诉讼程序中"以五声听狱讼，求民情"②对口供要求的出现和不断强化，与之相匹配的刑讯手段应运而生。所谓"以五刑听万民之狱讼"③即是说，为了取得口供，可以刑讯取供。因此，《礼记·月令》才有西周"仲春之月，……命有司省囹圄，去桎梏，毋肆掠，止狱讼"④的记载。既然"仲春之月"因受时节限制而被明文禁止刑讯，那就意味着，"仲春之月"以外的其他季节是可以刑讯的。而且，此处提及的囹圄、桎梏，与《礼记·月令》中对应的"孟秋之月，命有司修法制，缮囹圄、具桎梏"记载是呼应的。虽然《礼记》是后世之作，但其关于西周刑讯的记载还是可信的。⑤更何况，至今主流的观点依旧认为，民国时期，对中国法律特别是诉讼法史颇有研究的徐朝阳在其1933年出版的《中国诉讼法溯源》一书中关于"月令所云，特仲春之月禁止之耳。故拷问之制，肇自成周，实可无疑。周代以前，无得而稽。尧、舜时代，无此制度，殆可言也"的观点尚无足够的证据予以推翻。

西周虽然容许刑讯，但在法庭审理结束后，判决作出前，法官对于囚犯的口供，要反复进行考察，并尽可能地听取民众的意见，《尚书·康

---

① 参见茅彭年：《中国刑事司法制度·先秦卷》，法律出版社2001年版，第35—38页。
② 《周礼·秋官司寇·小司寇》。所谓"以五声听狱讼，求民情"，"五声"指辞听、色听、气听、耳听、目听。即要求司法官在审理案件时，注意当事人的陈述是否有道理，陈述时的神情是否从容，气息是否平和，精神是否恍惚，眼睛是否有神，据此综合判断其陈述是否真实，从而对案情作出判断。
③ 《周礼·秋官司寇·小司寇》。
④ "囹圄"即指监狱，"桎梏"为木制束缚手足的工具。据《礼记·月令》注："掠，谓捶治人。"
⑤ 参见陈光中、沈国峰：《中国古代司法制度》，群众出版社1984年版，第129页。

诰》载："要囚，服念五六日，至于旬时，丕蔽要囚。"意思是说，在判决前，要考察犯人的供词，考察五到六天，甚至十天，做到"义刑义杀"。若罪疑，则减等处罚。"五刑之疑有赦，五罚之疑有赦，其审克之。"[1] 意为判处五刑而有疑问的，便减等按五罚处理，按五罚处理仍有疑问的，可进一步减轻处罚。

二、战国时期刑讯制度的萌芽

产生于战国时期的兵书《尉缭子》，在《将理第九》中，有对当时刑讯的记载："故善审囚之情，不待箠楚，而囚之情可毕矣。笞人之背、灼人之胁、束人之指，而讯囚之情，虽国士有不胜其酷而自诬矣！"显然，战国时期对于刑讯的记载较之西周要明确、具体，这一时期存在刑讯的事实不再令人怀疑，而且，从多方面对刑讯的内容、程序等予以明确的规定。至此，中国古代刑讯制度初现端倪，只是当时刑讯的方法是相当残酷的。此外，相对于西周时期以盟誓作为主要的证据形式而言，战国时期，口供和证人证言则成为判案的最重要证据。被害人和证人出庭作证是重要的审判程序。秦国著名的"追捕商鞅案"就是依据证人证言定案处罚的。此案同时也说明，当时刑讯的方法是相当普遍和残酷的，即使是达官贵人、豪杰之士，也往往不被排除在刑讯之外。

---

[1] 《尚书·吕刑》。

中国古代刑讯制度的发展时期

中国古代刑讯制度的发展阶段，起自秦朝，历经汉、三国、两晋、南北朝，直至隋朝，历时八百余年。在发展初期的秦朝，虽完成了统一中国的大业，但因其横征暴敛等原因，存续时间过短，所以，只是对刑讯条件、刑讯对象和刑讯程序作了规定，而对刑讯的其他内容未予规定，但毕竟为古代刑讯制度的设立搭建了基本的框架，实现了刑讯制度的初创。汉朝继承秦朝刑讯制度，同时汲取秦朝严刑酷罚导致灭亡的教训，早期极力倡导道家思想，在充分休养生息以及存续时间较长的背景下，进一步规范了刑讯的方式、工具等。虽然汉朝法律充实了刑讯制度的内容，但对于刑讯的程序、刑具、数量等尚未明确，客观上从另一个方面为刑讯的滥用开了方便之门。魏晋南北朝各代基于自身长久生存和发展的需要，都注意在秦汉刑讯制度的基础上，逐步规范自身的刑讯制度。只因各朝处于割据状态，对刑讯的方法、对象、数量、工具等的法律规定缺乏系统性和整体性，以致有学者认为，"魏晋南北朝各代对刑讯制度并无法律上的明文规定"[①]。但无论如何，割据所致各朝代对刑讯差异

---

① 张先昌：《苏威与〈开皇律〉》，载陈金全等主编：《中国传统司法与司法传统》上册，陕西师范大学出版社 2009 年版，第 303 页。

的规定，从不同角度补充完善了刑讯制度的内容，且不少具有时代的特色，一定程度上对中国古代刑讯制度起到承前启后的作用。隋朝对之前各代刑讯制度进行了总结，并试图对国家的刑讯制度予以完善，怎奈存续时间不足四十年，且非法刑讯常自上犯之，终未能如愿以偿。

一、秦朝的刑讯制度

秦统一中国后，崇尚严刑峻法，体现在诉讼中则表现为审判实践中榜掠刑讯的使用。"重以贪暴之吏，刑戮妄加"[1]，"司寇小吏，詈骂而榜笞之。"[2] 1975 年在湖北省云梦县睡虎地秦墓中发掘出的秦代竹简为此提供了较为充分的根据。据《封诊式·讯狱》记载：

凡讯狱，必先尽听其言而书之，各展其辞，虽智（知）其池，勿庸辄诘。其辞已尽书而毋（无）解，乃以诘者诘之。诘之有（又）尽听书其解辞，有（又）视其它毋（无）解者以复诘之。诘之极而数池，更言不服，其律当治（笞）谅（掠）者，乃治（笞）谅（掠）。治（笞）谅（掠）之必书曰：爰书：以某数更言，毋（无）解辞，治（笞）讯某。[3]

其意思是，凡审讯案件，必须先听完受审人的陈述，并一一予以记录，让受审人各自把话讲完，即使知道受审人在做虚假的陈述，也不要马上诘问。供词已记录完而案情仍有疑问的，应该对需要加以诘问的问题进行诘问。诘问时仍要对其辩解予以记录，并对其他仍然存在的疑问继续诘问，直至诘问到受审人辞穷。对于多次欺骗，改变口供，拒不认

---

① 《汉书·食货志》。

② 《汉书·贾谊传》。

③ 睡虎地秦墓竹简整理小组编：《睡虎地秦墓竹简》，文物出版社 1990 年版，第 148 页。

罪，依法应当刑讯的，施行拷打。拷打受审人时必须记下：因某多次改变口供，无从辩解，故对其拷打讯问。

关于秦朝刑讯的实例，《睡虎地秦墓竹简·封诊式》中也有记载。但最为著名的当数《史记·李斯列传》记载的赵高诬秦二世时的丞相李斯谋反而对其严刑拷打炮制的历史冤案："于是二世乃使（赵）高案丞相（李斯）狱，治罪，责斯与子由谋反状，皆收捕宗族宾客。赵高治斯，榜掠千余，不胜痛，自诬服。……赵高使其客十余辈诈为御史、谒者、侍中，更往复讯斯。斯更以其实对，辄使人复榜之。后二世使人验斯，斯以为如前，终不敢更言，辞服。"李斯在秦始皇统一中国以及后来的安邦治国中曾立下汗马功劳。秦始皇死后，他与赵高、胡亥假造秦始皇诏书，立胡亥为秦二世皇帝，逼太子扶苏自杀，并杀了大将蒙恬。后赵高擅权，两人矛盾加深。公元前208年，秦二世听信宦官赵高谗言，将李斯交予赵高治罪。赵高诬李斯与长子李由犯谋反罪，并将李斯的宗族宾客皆收捕，亲自拷问。"赵高治斯，榜掠千余"，致李斯皮开肉绽，体无完肤。李斯当时认为，自己是秦朝的元老，对秦朝立有大功，本无反逆之心，为保全性命暂且招认谋反的罪名，待以后上书二世再寻赦免。因为按照当时的法律，对类似重大案件审结后，还要由皇帝派出专吏复审。故"不胜痛，自诬服"。不料，赵高欲置李斯于死地，不仅未向二世奏报李斯的上书，而且派亲信十余人，冒充二世见到李斯的上书后派来复查的御史、谒者、侍中。李斯不知是诈，据实申辩，反而招来更加严酷的榜掠。后来，二世真的"使人验斯，斯以为如前，终不敢更言，辞服"。结果，李斯被"具五刑"，腰斩于咸阳，并被"夷三族"。

我国秦简所载秦律，较之6世纪西方法兰克人萨利克部族中通行的具有代表性的封建法《萨利克法典》（习惯法汇编），不仅在时间上早了千年左右，而且在内容上远较《萨利克法典》丰富、先进。秦律不仅初具体系，而且诸法并存，对社会和国家的诸多方面进行了相当广泛的调整。而《萨利克法典》在当时基本上是由习惯法规范所构成，尚谈不上体系[1]。中国刑讯历史出现和记载之早由此可见一斑。

秦朝，法律虽对刑讯的条件以及有些程序予以了明确，且即使是高官，一旦沦为囚犯，刑讯也在所难免；但是，对于刑讯的方式、刑讯的工具以及违反刑讯法律规定应承担的法律责任等，尚无见到明确规定，从而在一定程度上使得非法刑讯事实上成了获取证据的重要途径，有悖于设立刑讯制度的初衷。当然，这与秦朝严刑暴政且统治时间不长也是分不开的。

二、汉朝的刑讯制度

"汉承秦制"，口供仍是判决的主要根据。汉朝的审讯称为"鞫狱"。《汉书·刑法志》："今遣廷史与郡鞫狱。"鞫者，穷也。鞫狱指穷尽狱事，主要是指从审讯到判决的整个审判过程。据《尚书·吕刑》孔颖达疏，"汉世问罪谓之鞫"。审讯所得被告的口供谓之"辞服"，"辞服"乃定罪量刑的主要根据。因此，司法官吏奉行的信条就是"棰楚之下，何求而不得"[2]。而且，《汉书·张汤传》王先谦补注引张晏曰："讯考，三日复问之，知与前辞同不也。"即取得口供以后，经三日再行复审，以视其供词是否前后相同。鞫狱的情况与秦朝相类似，就原告、被告和证人加以审讯，并延续了秦朝拷讯囚犯以及证人的做法。

---

① 参见张晋藩：《中国法制史》，商务印书馆 2010 年版，第 83 页。

② 《汉书·路温舒传》。

由于汉代法律皆已散佚，故刑讯的详细法律规定无从考察，我们只得借助一些典籍对当时刑讯实例的记载来说明汉朝的刑讯制度。据《汉书·张耳传》附《张敖传》记载，西汉高祖七年（前 200 年），刘邦出征路过赵地时，因冷落了赵王张敖而引起赵相贯高的不满。贯高谋划在刘邦返回宿营此地时将其杀害。然而，因为刘邦返回途中未在赵留宿而使计划破产。此事后因人告发而败露，刘邦以谋反将张敖、贯高等人抓获，押解至长安刑讯，拟借此消灭异姓的赵王。司法官吏则欲通过贯高的证言来证明赵王张敖是谋害刘邦的主谋，从而对其治罪。但是，"高对狱云：'独吾属为之，王（指赵王张敖）不知也。'吏榜笞数千，刺爇①，身无完者，终不复言"。后刘邦基于此案证据不足，以及贯高对赵王忠贞之赞赏而赦免了赵王。又据《后汉书·陆续传》记载，历史上著名的光武帝的儿子楚王刘英谋反案的审理中，"续与主簿梁宏、功曹史驷勋及掾史五百余人诣洛阳诏狱就考，诸吏不堪痛楚，死者大半，唯续、宏、勋掠考五毒，肌肉消烂，终无异辞"。但数年之后，"其辞语相连，自京师亲戚诸侯、州郡豪杰及考案吏，阿附相陷，坐死徙者以千数"②。在统治阶级内部矛盾中，此时的汉帝"显宗以亲故不忍穷究"③此案的情况下，刑讯尚且如此残酷，对那些需要追究又非亲非故的黎民百姓的案件，刑讯及其残酷程度就更可想而知。

总体而言，汉朝的刑讯在以下几个方面有所发展：其一，明确了刑讯的方式和工具。其二，刑讯普遍且残酷。"有司执事，未悉奉承。断狱者急于榜格酷烈之痛，执宪者繁于诈欺放滥之文，违本离实，箠楚

---

① 榜，捶击之也；刺爇，《汉书》应劭注云："以铁刺之，又烧灼之。"
② 《后汉书·光武十王列传》。
③ 《后汉书·楚王刘英传》。

为奸。"① 奸吏任意为奸，擅制刑具，非法残民，"生入死出者，不可胜数"②。而且，对于拷讯的限制均无明文规定，因此，汉朝常常将人犯拷讯致死，称为"拷竟"。拷讯的本意原是为了探求案件的真实情况，然而，拷讯致死的情况却违背了拷讯的本意。西汉虽屡有省刑簿罚的诏令，但执法的官吏大都"上下相胥，以苛酷为能，而拷囚之际，尤其残忍"③。刑讯在当时已成为一种风气。司法官吏不以刑讯为耻，反以苛酷为能，并将此作为升迁和重用的功绩和途径。这既与汉朝本身刑讯法制不健全，以致刑讯被随意操纵空间大有关，也与汉朝在整个古代封建社会统治时间最长，客观上为这种情况的出现提供了土壤有关。其三，刑讯在当时即遭到质疑。在汉朝，统治者内部已经认识到，刑讯不是取证的万能手段，而只是权宜之计。刑讯虽能使许多囚犯开口，但其陈述完全是基于对刑讯的恐惧而绝非自愿，故刑讯结果的真实性本身就值得怀疑，而因此造成的错判后果以及产生的负面效应也是不利于其统治的。更何况，刑讯并非对所有人都可以奏效。由此也形成了以刑讯手段的轻重和囚犯身体对刑讯承受能力的强弱来决定囚犯是否有罪的司法定式，而这即使是在当时也是明显不科学的。因而，当时不仅官吏呼吁，而且皇帝也颁诏，试图通过多种渠道遏制刑讯的残酷和无度。其四，汉朝统治者已注意到通过法律规定对刑讯予以限制。与秦朝相比，已有了对非法刑讯造成严重后果者处理的实践，试图以此维护依法刑讯。

---

① 《晋书·刑法志》。
② 《汉书·谷永传》。
③ （宋）马端临：《文献通考》，商务印书馆 1936 年版，第 1420 页。

三、魏晋南北朝的刑讯制度

魏晋时期，按照《魏律》规定，审案时"先备五听之理，尽求情之意，又验诸证信，事多疑似，犹不首实者，然后加以拷掠"①。只是"时法官及州郡县不能以情折狱。乃为重枷，大几围；复以缒石悬于囚颈，伤内至骨；更使壮卒迭搏之。囚率不堪，因以诬服。吏持之以为能"②。据《三国志·魏书·满宠传》载，满宠为许县县令，太尉杨彪被"收付县狱"，尚书令荀彧、少府孔融出面找许县县令满宠"嘱宠但当受辞，勿加拷掠"，但是，满宠却"一无所报，考讯如法"。因刑讯仍未得到杨彪的口供，只得报告魏太祖："杨彪考讯无他辞语，当杀者宜先彰其罪。此人有名海内，若罪不明，必大失民望，窃为明公惜之。太祖即日赦出彪。"

根据《晋书·刑法志》记载，晋时，"令贾充定法律，辨囚律为告劾、系讯、断狱"三章，其中也有关于刑讯的专门规定。西晋时，尽管法律对鞭杖刑具的规格、尺寸都作了规定。但司法实践中，官吏置法于不顾，任意刑讯的状况并未因此而得到改变。囚犯因无法承受刑讯之痛而自诬服的现象时常发生。《太平御览》卷六三九中对此多有记载：董丰被疑杀妻，送有司后，"不堪楚掠，自诬引杀妻"。如若不愿诬服，则可能冤死狱中，孙拯因陆机一案被收而遭拷掠，但不愿诬服，"两踝骨见，始不变辞"，遂死狱中。此外，西晋时仍有汉代刑讯中的"拷竟"（也称考竟）之制，考事情于狱中而结束其性命。《晋书·赵王伦传》记"收吴太妃赵粲及韩寿妻贾午等，付暴室考竟"。又《晋书·刘颂传》载"时尚书令史扈寅非罪下狱，诏使考竟"。

---

① 《隋书·裴政传》。
② 《魏书·刑罚志》。

南朝时，刑讯依旧普遍，《宋书·孝义传》载，义兴人许肇之"坐事系狱，七年不判"，幸其侄许昭先倾家荡产为之"料诉"，以孝义感动尚书沈演之，"嘉其操行，肇之事由此得释。"虽然人被释放，但羁押七年之中，所受拷掠可想而知。南宋的"建康县拷囚，或用方材压额及踝胫"①，这实际上是后世夹棍之雏形。《宋书·谢庄传》载，谢庄为都官尚书，"见重囚八人，旋观其初，死有余罪，详察其理，实并无辜。"甚至出现了官吏为满足自己的饮食嗜好而刑讯的奇观。《宋书·刘穆之传》载，南康公刘邕有食人疮痂之怪癖，"不问有罪无罪，递互与鞭，鞭疮痂常以给膳"。如此暴虐刑讯，冤滥之甚，可想而知。

南朝梁武帝时创立以断食测度囚徒，逼使其招供的"测囚"之法，南朝陈武帝在继承南梁"测囚"的基础上创立"测立"逼供的形式。二者合称"测罚"。清末沈家本认为，"测罚之制，惟梁、陈用之，上测有时，行鞭有数，以视惨酷之无度者，实为胜之"②。测罚实际是一种通过精神和肉体的折磨，迫使囚犯服罪的刑讯方法，只是"重械之下，危堕之上，无人不服，诬枉者多"③。南朝的"测罚"实际也是后来明清的"立枷"或者"站笼"刑讯方法的萌芽。

北朝时期，据《魏书·刑罚志》载，北魏的立法从四个方面对刑讯作了限定：（1）刑讯的条件。北魏宣武帝时规定："诸察狱先备五听，验诸证信，犹不首实者，然后加以拷掠。"④即有其他证据证实，囚犯仍不承认时，才能刑讯⑤。（2）刑讯对象年龄的限定。北魏太武帝曾规定："年

---

① 《宋书·恩幸传》。
② （清）沈家本撰：《历代刑法考》，中华书局1985年版，第508页。
③ 《南史·沈洙传》。
④ 《魏书·刑罚志》。
⑤ 《隋书·裴政传》。

龄不愈四十九。"① 就是说，对五十岁以上的人不得进行刑讯。（3）刑讯所用刑具的规格和拷掠的数量。北魏献文帝时规定："其捶用荆，平其节，讯囚者其本大三分，杖背者二分，挞胫者一分，拷悉以令。"② 这一时期，笞、杖在法律上已加以区分，刑讯工具的材质也由以前的竹板、木棍演变为荆条。对于拷掠的数量，北魏献文帝时规定："理官鞫囚，杖限五十。"③（4）刑讯要根据囚犯的身体状况来决定。北魏宣武帝时规定："量人强弱，加之拷掠。"④ 当然，由于法律缺乏对非法刑讯的限制和惩罚措施的规定，所以，违反法律规定进行刑讯的情况仍很严重，就是北魏献文帝也不得不承认，"有司欲免之则以细捶，欲陷之则先大杖。民多不胜而诬引，或绝命杖下"⑤ 的情况时有发生。

总的来看，魏晋南北朝时期刑讯的发展具有以下特点：其一，刑讯趋于规范化和法律化，且"考讯如法"。与魏晋南北朝时期法律形式、立法体系发展已呈规范化之格局相一致，刑讯之制在著于律令之时，就刑讯的条件、对象、方式、刑具的规格、刑具的制作材料、刑讯的程度、数量等在这一时期的不同阶段先后作了不同程度的限定，较之秦汉时期法律对刑讯规定的简陋无疑大大前进了一步。其二，刑讯之制著于律令。在使用何种刑具以及因罪有异而采用不同刑讯方式方面，都有具体规定。其三，创造了一些新的刑讯方法。这一时期的刑讯方式并不限于杖掠、测罚等，新创的较具代表性的刑讯方式当数大枷。北魏"永平元年秋七月，诏尚书检枷杖大小违制之由，科其罪失。尚书令高肇，尚书仆射、清河王怿，尚书邢峦，尚书李平，尚书、江阳王继等奏曰：'……

---

① 《魏书·刑罚志》。
② 《魏书·刑罚志》。
③ 《魏书·刑罚志》。
④ 《魏书·刑罚志》。
⑤ 《魏书·刑罚志》。

检杖之小大，鞭之长短，令有定式，但枷之轻重，先无成制。臣等参量，造大枷长一丈三尺，喉下长一丈，通颊木各方五寸，以拟大逆外叛；杻械以掌流刑已上。诸台、寺、州、郡大枷，请悉焚之。枷本掌囚，非拷讯所用。从今断狱，皆依令尽听讯之理，量人强弱，加之拷掠，不听非法拷人，兼以拷石。'自是枷杖之制，颇有定准。未几，狱官肆虐，稍复重大。"①其四，曹魏法律中确立了"八议"之制。这反映在当时整个的立法、司法，包括刑讯制度之中。"八议"最早见于《周礼·秋官司寇·小司寇》中关于"以八辟丽邦法，附刑罚：一曰议亲之辟，二曰议故之辟，三曰议贤之辟，四曰议能之辟，五曰议功之辟，六曰议贵之辟，七曰议勤之辟，八曰议宾之辟"的记载。辟，法也；丽，附着也。"八议"本是"刑不上大夫"的礼治原则在法律适用上的具体体现。随着儒家主张的"礼"越来越多地被纳入法律，三国曹魏时，改"八辟"为"八议"，魏明帝首次把"八议"正式写入法典。具体内容是，对于八种人犯罪，一般司法机关无权审判，必须奏请皇帝，由皇帝根据其身份及具体情况减免刑罚。"八议"的对象分别是：议亲，指皇亲国戚；议故，指皇帝的故旧；议贤，指依封建标准德高望重的人；议能，指治理才能出众，有大才能的人；议功，指对封建国家有大功勋者；议贵，指上层贵族和官僚；议勤，指为国家服务勤劳有大贡献的人；议宾，指前朝皇室贵族及其后代。"八议"制度使封建贵族官僚的司法特权得到公开的、明确的保护。正所谓"犯法则在八议，轻重不在刑书"。自此，该制度便为后世历代封建法典所继承。"八议"制度虽是当时等级特权社会的必然产物，但其潜移默化的作用甚大，对后世乃至今天司法的影响颇深。其五，保留和发展了对待老幼、孕妇、废残不予刑讯的规定。如南梁法律规定："八十

---

① 《魏书·刑罚志》。

以上、十岁以下及孕者、盲者、侏儒当械系者，……并颂系之。"①当然，这与受汉朝儒家仁政思想和法律规定的影响有关。其六，刑讯在向合理、合法化发展的同时，残酷、恶性的一面也不容忽视。魏晋南北朝时期，统治者注意总结前代刑讯的经验和教训，强调"拷刑以法，不苟不暴"。但由于这一时期社会处于分裂、割据、动荡不安的状态，刑讯的规定因地而异，不尽统一，就是同一朝代的不同时期，刑讯的法律与实际"两张皮"的情况也很严重。如北魏时，根据囚犯身体的强弱来决定刑讯强度的法律规定貌似人性，但因为小事而大动刑讯的情况很是平常。太武帝时，卢度世因崔浩事件②被牵连，弃官逃至高阳郑罴家中，罴匿之，官府探知风声，便将郑罴的长子抓去，遂拷掠，又火烧灼其体，直到把他烧死，只是其至死也未吐一字。

四、隋朝的刑讯制度

隋朝在前代刑讯规定的基础上，针对"自前代相承，有司讯考，皆以法外。或有用大棒束杖，车辐鞋地，压踝杖桄之属，楚毒备至，多所诬伏。虽文致于法，而每有狂滥，莫能自理"③，以及汉以来，刑讯的法

---

① 《隋书·刑法志》。

② 崔浩，历仕北魏道武、明元、太武三帝，官至司徒，位列三公。最终因编《国记》而惹下杀身灭族惨祸。崔浩负责主编北魏国史《国记》，其直书鲜卑源起，"备而不典"，对北魏皇族的老祖先多有不敬，又涉及北魏王朝许多同族杀戮、荒暴淫乱的史实。加之崔浩名士文人、轻狂喜功，铭刻《国记》于石碑之上，竖立道旁供人浏览，希望能流传千古。鲜卑贵族以及嫉恨崔浩的大臣纷纷上疏告发崔浩借修国史"暴扬国恶"。而晚年太武帝，酗酒成性、喜怒无常。盛怒之下，不仅尽诛崔浩全族，又族诛与崔浩有姻亲关系的范阳卢氏、河东柳氏以及太原郭氏等北方望族。临刑之前，崔浩被囚于木笼内，数十兵士在台上嗷嗷大叫着向他头上小便，遭此污辱，为几千年文士功臣所未有。

③ 《隋书·刑法志》。

律规定往往流于具文的情况，提出在刑讯上，要"尽除苛惨之法，讯囚不得过二百，枷杖大小，咸为之程品，行杖者不得易人"①。限定了刑讯的条件、刑讯工具、刑讯的数量等。同时，废除了梁陈的"测罚"制度。然而，帝王自己首先有法不依，以法坏法，违法刑讯之风有增无减。据《隋书·刑法志》记载，隋开皇后期至仁寿年间，隋文帝频繁实行廷杖，屡于殿廷杀人。文帝"每于殿廷打人，一日之中，或至数四"。所用之"杖大如指，棰楚人三十者，比常杖数百，故多致死"②。开皇十年（590年），高颖、柳彧等人进谏，"以为朝堂非杀人之所，殿廷非决罚之地。帝不纳"。经大臣多次劝说，才"令殿内去杖"，不久文帝发怒时又要打人，"而殿内无杖，遂以马鞭笞杀人。自是殿内复置杖。未几怒甚，又于殿廷杀人，兵部侍郎冯基固谏，帝不从，竟于殿廷行决"③。朝堂杀人，实为败坏法制之举，廷杖大臣，足以阻塞言路。由此也造成许多案件甚至不待审讯，即付决罚，"怒问事挥楚不甚，即命斩之"④。隋文帝统治的后期，法制的毁坏日趋严重。开皇十七年（597年），文帝下诏"又以所在官人，不相敬惮，多自宽纵，事难克举。诸有殿失，虽备科条，或据律乃轻，论情则重，不即决罪，无以惩肃。其诸司属官，若有愆犯，听于律外斟酌决杖。于是上下相驱，迭行棰楚，以残暴为干能，以守法为懦弱"⑤。

前有车后有辙，至炀帝时，法制败坏，隋炀帝大业三年（607年）颁《大业律》，"其枷杖决罚讯囚之制，并轻于旧"⑥。但转而便"更立严

① 《隋书·刑法志》。
② 《隋书·刑法志》。
③ 《隋书·刑法志》。
④ 《隋书·刑法志》。
⑤ 《隋书·刑法志》。
⑥ 《隋书·刑法志》。

刑，敕天下窃盗已上，罪无轻重，不待闻奏，皆斩"①。所谓"推心待物，每从宽政"只是徒有虚名。隋炀帝时，杨玄感起兵时在洛阳曾开仓赈济百姓，失败后，炀帝下令"凡受米者，皆坑之于都城之南"；对参与起事的首领，"就野外，缚诸应刑者于格上，以车轮括其颈，使文武九品以上皆持兵矿射，乱发矢如猬毛，支体糜碎，犹在车轮中。积善、福嗣仍加车裂，皆焚而扬之"。此案"所杀三万余人，皆籍没其家，枉死者大半，流徙者六千余人"②。其后，又"杀斛斯政于金光门外，如杨积善之法，仍烹其肉，使百官啖之，佞者或啖之至饱，收其余骨，焚而扬之"③。炀帝所为，已不仅仅是刑讯，而是一种暴君之暴政。此种背景下，刑讯情况可想而知，无怪乎隋朝刑讯甚至成了后来唐朝君臣闲聊的话题。《贞观政要》卷三《君臣鉴戒》记载了唐初李世民与魏征在谈论隋亡的教训时讲到的一个刑讯逼供的实例：

贞观四年，太宗论隋日。魏征对曰："臣往在隋朝，曾闻有盗发，炀帝令於士澄捕逐。但有疑似，苦加拷掠，枉承贼者二千余人，并令同日斩决。大理丞张元济怪之，试寻其状，乃有六七人，盗发之日，先禁他所，被放才出，亦遭推勘，不胜苦痛，自诬行盗。元济因此更事究寻，二千人内惟九人逗留不明。官人有谙识者，就九人内四人非贼。有司以炀帝已令斩决，遂不执奏，并杀之。"太宗曰："非是炀帝无道，臣下亦不尽心，须相匡谏，不避诛戮，岂得惟行谄佞，苟求悦誉。君臣如此，何得不败？朕赖公等共相辅佐，遂令囹圄空虚，愿公等善始克终，恒如今日！"

此案说的是，贞观四年（630年），唐太宗与魏征论狱时，魏征讲述

---

① 《隋书·刑法志》。
② 《资治通鉴·隋纪》。
③ 《资治通鉴·隋纪》。

自己在隋朝时听说的一宗盗窃案：隋朝发生了一宗盗窃案。隋炀帝命令於士澄追捕盗贼。於士澄只要发现可疑的人，就都抓起来严加拷问，被屈打成招的有两千余人。隋炀帝下令将这些人同一天处斩。当时的大理丞张元济觉得这个案子很奇怪，就试着调查这个案子的一些情况。其中有六七个人，案发当天在其他地方被囚禁着，案发后才被放出来，但他们也遭到拷问，由于不堪忍受拷打的痛苦，被迫承认为盗贼。张元济从这件事上查起，结果两千多人中只有九人形迹可疑。官员中又有人认出这九人里有四人不是盗贼。就是说，真正的案犯只有五个，但负责监斩的部门认为隋炀帝已经下令处斩，就不将实情上奏，将两千多被屈打成招的无辜者全部枉杀。太宗听后说："不光是隋炀帝暴虐无道，他的臣子也不尽心办事。应该敢于进谏，不怕杀头，怎能一味谄佞拍马，只求国君的欢心？君臣之间这样下去，国家怎能不败亡？我依靠你们共同辅佐，才让牢狱空虚。希望你们要善始善终，经常像现在这个样子！"意在鼓励魏征进谏[①]。

　较之前朝，隋朝刑讯制度主要有这样几个特点：一是废除了梁陈时期"测罚"的刑讯方式。二是审理案件，形式上仍然强调"凡推事有两，一察情，一据证，审其曲直，以定是罪"[②]。三是规定了刑讯工具的规格、材质以及刑讯数量。四是要求"行杖者不得宜人"[③]。五是皇帝频繁使用廷杖之刑。

---

① 对于此案，《资治通鉴》亦有记载，"隋炀帝时尝有盗发，帝令於士澄捕之，少涉疑似，皆拷讯取服，凡二千余人，帝悉令斩之。大理丞张元济怪其多，试寻其状，内五人尝为盗，余皆平民，竟不敢执奏，尽杀之。"参见（宋）司马光：《资治通鉴》，中华书局1956年版，第6091页。
② 《隋书·裴政传》。
③ 《开皇律》。

中国古代刑讯制度的定型时期

这一时期跨越了唐朝到元朝七百余年。唐朝是中国历经秦汉之后最兴盛的时期，整体立法集古代之大成，刑讯制度的规定亦因此而臻于完备，实现了刑讯的法律化和制度化，并为嗣后的各朝乃至明清刑讯制度的法律规定基本承袭。

唐朝之前，刑讯制度虽基本形成并在不断发展，但从制度层面讲，刑讯的规定始终不尽完善。唐朝时，法律对刑讯的条件、刑讯的对象、刑讯的方式、刑讯的刑具、刑讯的部位、刑讯的数量、刑讯的回避、刑讯的程序、刑讯的缓免等问题作了全面而具体的规定，并对各个环节可能出现的违法刑讯的法律责任予以了明确，规定违律刑讯是犯罪，并要根据违律的不同情况和结果承担相应的法律责任。这就从法律上为遏制非法刑讯提供了保障，也使中国古代刑讯得以规范化和制度化。

五代、宋、辽、金、元时期的刑讯制度总体上沿袭了唐朝的规定，只是宋朝相对富有，且存续时间较久，对刑讯制度的一些细节修补完善较多，辽、金以及西夏的刑讯制度在不同程度上体现了少数民族统治的特色，而元朝则集中了上述制度的特点，从蒙古族和中原民族的结合出发，使刑讯制度更具特色。这一时期立法的重点在于试图以法律惩治的方法来实现禁止法外刑讯的目的。只是刑讯的实际与立法的要求总有差距。

一、唐朝的刑讯制度

唐朝刑讯制度的内容具有法律化、制度化的特点，主要体现在以下几个方面：

第一，慎狱恤刑，反对严讯。唐朝，一方面汲取隋末"百姓怨嗟，天下大溃"是因隋朝统治者"生杀任情"的原因和秦朝"尚法而亡"的教训；另一方面，重视"罪疑惟轻，功疑惟重，与其杀不辜，宁失不经"①的主张，强调"慎狱恤刑"的儒家精神。唐初在断狱用刑上"以宽仁治天下，而于刑法尤慎"②。贞观十六年（642 年），唐太宗与大理寺卿孙伏伽的一次谈话，表达了他对当时司法官吏"意在深刻""利在杀人"的忧虑，他深"恐主狱之司，利在杀人。危人自达，以钓身价。今之所忧，正在此耳！深宜禁止，务在宽平"③。在《贞观政要·刑法》中，李世民曾多次指出"人命至重，一死不可再生"。为防止主观臆断，出入人罪，立法禁止严讯。贞观四年（630 年），唐太宗曾下诏令，规定对罪犯"不得鞭背"④。《贞观政要·公平》中，记载了太宗君臣反对严讯的一系列言论，魏征在深刻揭露司法官吏"未讯罪人，则先为之意，及其讯之，则驱而致之意"以及"不探狱之所由，生为之分，而上求人主之微旨以

---

① 《尚书·大禹谟》。
② 《新唐书·刑法志》。
③ 《贞观政要·刑法》。
④ 《旧唐书·太宗本纪》。

为制"①等种种恶劣作风，并进而论述"凡理狱之情，必本所犯之事以为主，不严讯，不旁求，不贵多端，以见（现）聪明，故律正其举劾之法，参伍其辞，所以求实也，非所以饰实也"②。唐律也作出专门规定，禁止威迫取供。这些反对严讯的思想和法律规定，无疑对刑讯逼供起了限制的作用。

第二，完备了刑讯的内容和程序。这包括：一是刑讯以对囚犯的情讯和对证据的核实为前提条件。只有经过情审并参证验明囚犯口供虚假，而囚犯仍不如实招供，且事须讯问的，才可以刑讯。二是统一了刑讯的方式和工具。为防止刑讯的混乱，唐朝首先统一了刑讯的方式和工具，废除了之前不同朝代曾经有过刑讯鞭笞、械杻等几种刑讯工具可以并用的规定，实行单一的刑讯方式和工具。《唐律疏议·断狱》"决罚不如法"条中对刑讯的方式和工具统一规定为单一的"讯杖"，并对刑具的规格及违反规定的法律责任予以了规定。三是明确了囚犯承受刑讯的具体身体部位及违反者的法律责任。唐初贞观四年（630年）、贞观十一年（637年）以及唐文宗太和八年（834年），均对此予以明确，并强调刑讯"不得鞭背"③。四是规定了刑讯次数、数量、间隔时间及违反规定的法律责任。《唐律疏议·断狱》规定："诸拷囚不得过三度，数总不得过二百，杖罪以下不得过所犯之数。……若拷过三度及杖外以他法拷掠者，杖一百；杖数过者，反坐所剩；以故致死者，徒二年。"

第三，规定了不适用刑讯的具体对象及其证明责任的替代方式。这集中体现在：首先，唐朝对以往朝代不适用刑讯的五种对象进一步予以细化，并通过"据众证定罪"的法定方式解决其应承担的法律责任。所

---

① 《贞观政要·公平》。
② 《贞观政要·公平》。
③ 《旧唐书·太宗本纪》;《唐令拾遗》;《唐会要》卷40，君上慎恤。

谓五种对象，即"诸应议、请、减，若年七十以上，十五以下及废疾者"及孕妇、产妇和有疮病的囚犯，"并不合拷讯。皆据众证定罪，违者以故失论。若证不足，告者不反坐"①。其次，两类犯罪不适用刑讯。"若赃状露验，理不可疑，虽不承引，即据状断之。若事已经赦，虽须追究，并不合拷"。②最后，在反拷原告、证人的同时，也明确了不得反拷原告和证人的具体情况。《唐律疏议·断狱》"拷囚限满不首"条规定："诸拷囚限满而不首者，反拷告人。其被杀、被盗家人及亲属告者，不反拷。被水火损败者，亦同。拷满不首，取保并放。"

第四，规定了司法官吏违法刑讯的法律责任。唐朝法律对于违法刑讯各个环节可能出现的问题和法律责任作出了较为详尽的规定，并通过唐律疏议的形式予以了详细解释，使依法刑讯得以保障，为此后历代法律相沿。就此意义而言，唐律对违法刑讯法律责任的进一步规定是对中国古代刑讯制度的重要补充。

当然，由于刑讯本身被认定为合法，非法刑讯自然也就不可避免。就在永徽律颁布两年之后的永徽六年（655 年）十一月，唐高宗发布《法司及别敕推事并依律文诏》，要求内外法司严格依法刑讯。

讯鞫之法，律条具载。深文之吏，犹乖遵奉。肆行惨虐，曾靡仁心。在含气之伦，禀柔脆之质，乃有悬枷着树，经日不解。单衣无纩，连宵忍冻。动转有碍，食饮乖节。残酷之事，非复一途。楚痛切心，何求不得？念及于此，深以矜怀。……自今以后，内外法司及别敕推事，并依律文，勿更别为酷法。③

但在七年后的龙朔二年（662 年）八月，诏仍言刑狱之中"榜掠失

---

① 《唐律疏议·断狱》。
② 《唐律疏议·断狱》。
③ （宋）宋敏求：《唐大诏令集》，中华书局 2008 年版，第 471 页。

度，桎梏违法"①。就在唐律颁布不久，武则天便任用索元礼等酷吏，在其当政之时，还曾引酷吏典大狱，法外刑讯登峰造极，官吏甚至以酷刑逼供为能事，竞相刑讯，罗织成狱，引起社会的极大震动。因此，唐朝尽管"拷囚法甚详"②，但非法刑讯的情况仍司空见惯。

二、五代时期的刑讯制度

五代历时数十载，各代动荡且更迭频繁，为解燃眉之急，各代在实体法上刑以重罚，甚至恢复肉刑。但在诉讼程序和刑讯制度上，因无暇顾及认真修改，基本沿用了唐朝刑讯制度的规定。在案件审讯过程中，刑讯被作为这一时期主要的取证手段。虽然法律禁止滥用刑讯，并且规定若因非法刑讯而致人死亡的，如果是出于故意，以故杀论罪；如是出于过失，则比照故杀减一等论处，③但因刑讯而屈打成招者仍频频发生。《折狱龟鉴·释冤下》中关于五代时期因刑讯而被迫诬供的案件多有记载：

后汉时，"有人因行商回，见妻为人所杀，而失其首。既悲且惧，以告妻族。乃执婿送官。不胜捶楚，自诬杀妻。狱既具，府从事独疑之，请更加穷治，太守听许。乃追封内仵作行人，令供近日与人家安厝去处。又问：'颇有举事可疑者乎？'一人对曰：'某处豪家举事，只言殂却奶子，五更初，墙头舁过凶器（棺材），极轻，似无物，见瘗某处。'亟遣发之，乃一女子首。令囚验认，云：'非妻也。'遂收豪家鞫问，具服：

---

① （宋）王钦若编：《册府元龟》，凤凰出版社2006年版，第1683页。
② 《历代刑法考》，中华书局1985年版，第518页。
③ 参见（宋）窦仪等：《宋刑统·断狱律·不合拷讯者取众证为定》。

杀奶子，函首埋瘗，以尸易囚之妻，畜于私室。婿乃获免"。①

后周时，高防知蔡州时，"部民王乂为贼所劫，捕得五人，系狱穷治，赃状已具，将加极典。防疑其枉，取赃阅之，召乂问：'所失衫袴是一端布否？'曰：'然。'防令校其幅尺，广狭不同，疏密有异，囚乃称冤。问：'何故服罪？'曰：'不任捶楚，求速死耳。'居数日，获其本贼，而五人得释"②。

三、宋朝的刑讯制度

宋在法律制度上承袭唐制，就刑讯的总体情况而言，口供仍然是宋朝基本而重要的证据形式，且口供的取得沿用前代"五听断案"的方法，"以情审查辞理，反复参验"。虽然法律容许对一些口供不足以定案的囚犯使用拷讯逼其承首，但限制非法刑讯始终是宋朝的侧重点。这主要反映在以下几个方面：

第一，刑讯条件的变化。宋太祖建隆三年（962年）诏令：

宜令诸道、州、府指挥推司官吏，凡有贼盗刑狱，并须用心推鞫，勘问宿食行止，月日去处。如无差互，及未见为恶踪绪，即须别设法取情，多方辩听，不得便行鞭拷。如是勘到宿食行止，与元通词款异同，或即支证分明及赃验见在，公然抗拒，不招情款者，方得依法拷掠，仍须先申取本处长吏指挥，余从前后制敕处分。③

这里对刑讯条件的规定，与唐朝律文有所不同。唐朝律文说，如果

---

① （宋）郑克编撰：《折狱龟鉴译注》，上海古籍出版社1988年版，第59页。
② （宋）郑克编撰：《折狱龟鉴译注》，上海古籍出版社1988年版，第67页。
③ （宋）窦仪等编：《宋刑统》，法律出版社1999年版，第542页。

证验分明无疑者即据状断之，不必拷讯。而宋朝的敕文则强调"赃验见在"、证据分明无疑而公然拒抗者，即行拷问，而不能"据状断之"。这也就是说宋代更要求证据与口供的一致。

当然，与宋朝的相对稳定和富有相一致，关于刑讯条件的规定也是在不断发展之中的。宋朝地方诸道州府司法官吏对于贼盗案件勘察属实时，不能进行刑讯。如果勘察情况与原告词不同，或者赃证俱在囚犯仍不招供认罪时，方可依法进行拷掠，但须经长官批准。太祖开宝八年（975年）又诏令："诸道巡检捕盗使臣，凡获寇盗，不得先行拷讯，即送所属州府。"[1]真宗为及时镇压盗贼又根据具体情况作了一些变通的规定，大中祥符九年（1016年）十月诏："京东西、河北、河东、陕西、淮南巡检、使臣、县尉，自今获贼，如赃伏灵验、事实显白，而拒抗不即承引及隐蔽徒伴者，许量刑拷讯"，但限制杖数不得超过二十，不得因缘伤平民及容贼妄指仇人。[2]徽宗政和三年（1113年）又诏令强调："自今应内外非刑禁官司，不得辄置小荆刑拷讯。"[3]

第二，将刑讯权控制在上级司法机关和一定级别的长官手中，以防滥用。宋在承袭唐"立案，取见在长官同判，然后拷讯"规定的基础上，于太宗太平兴国六年（981年）下诏，要求官吏共同讯囚："自今系囚如证佐明白而悍拒不伏合讯掠者，集官属同讯问之，勿令胥吏拷决。"[4]显然，宋的"同判""同讯"较之唐单纯的"同判"更进一步。太宗太平兴国九年（984年）七月诏："御史台推勘公事，其当须推御史并当面推勘，不得垂帘，只委所司取状。"[5]尽管太宗雍熙三年（986年）又

---

① （宋）李焘：《续资治通鉴长编》卷16。
② （宋）李焘：《续资治通鉴长编》卷88。
③ （清）徐松编：《宋会要辑稿·刑法》2之61。
④ （宋）马端临：《文献通考·刑考5》。
⑤ （清）徐松编：《宋会要辑稿·职官》55之2。

诏修改规定为："诸州讯囚，不须众官共视，申长吏得判乃讯囚。"① 即讯囚必须经长吏批准才能施行。尤其是非刑禁官司巡检、县尉，捕获寇盗后，更不得现行拷讯。并由此形成定制。虽然宋的"申长吏得判"与唐的"立案同判"有着明显的不同，但是，二者的要义都在于由一定级别的官吏控制刑讯权，只是控制的程度不同罢了。此外，宋朝还确立长官躬亲审理制度。宋以前，刑狱多由佐官或狱吏代审，长官只是签发有关的文书或判决书，临决时审问一下而已，从而造成奸吏的擅行决罚。从宋初开始，逐步确立了长官躬亲审理制度。"诸问囚皆判官亲问，辞定令自书款。若不解书，主典依口写讫，对判官读示。"② 太宗淳化四年（993年）又诏御史台"中丞以下皆亲临鞫狱"③。太宗至道元年（995年）诏："诸州长吏，凡决徒罪，并须亲临。"④ 仁宗乾兴元年（1022年）十一月诏："纠察在京刑狱并诸路转运使副、提点刑狱及州县长吏，凡勘断公事，并须躬亲阅实，无令枉滥淹延。"⑤ 徽宗宣和二年（1120年）进一步规定："州县不亲听囚而使吏鞫审者，徒二年。"⑥ 至此正式形成了中国古代州县长官作为司法官吏亲自坐堂审案的制度。与此同时，还要求被刑讯囚犯在司法官吏在场的情况下，立下供词"诸问囚皆判官亲问，辞定，令自书款。若不解书，主典依口写讫，对判官读示"⑦。目的在于保证口供不被推翻。

　　第三，进一步规范了刑讯的相关标准。一是规范了刑讯工具。二是

---

① 《宋史·刑法志》。为何恢复以前规定的原因不详，有学者认为，"可能是因为众官同讯不利于速决案件"。参见张晋藩总主编：《中国法制通史》第5卷，法律出版社1999年版，第630页。

② （宋）窦仪等编：《宋刑统·断狱律·不合拷讯者取众证为定》。

③ 《宋史》，中华书局1977年版，第91页。

④ （宋）王栐：《燕翼诒谋录》，中华书局1981年版，卷3。

⑤ （宋）李焘：《续资治通鉴长编》，中华书局1992年版，卷99。

⑥ （宋）马端临：《文献通考》，中华书局1986年版，卷169。

⑦ （宋）窦仪等编：《宋刑统·断狱律·不合拷讯者取众证为定》。

强调刑讯工具需由官方制定。"所用笞杖，悉须当官封押，不得添增换易，更不得过数。"三是明确了刑讯数量和次数。四是规范刑讯的部位。五是要求非当行典狱，不得至讯所。而且拷讯及行决之人皆不得中易。[①]

第四，加重司法官吏刑讯的责任。宋朝在继承唐律对司法官吏不依法刑讯而应承担相应的法律责任制度的同时，进一步对此予以强化。这主要体现在关于拷囚致死的责任上。

首先，宋朝较之唐朝刑讯法律责任的规定更详尽、严格。唐律规定：如果是拷囚超过三度及杖外以他法拷掠者，杖一百；杖数过者反坐所剩，因而致死者徒二年；拷病囚亦杖一百，因而致死者徒一年半；不按施刑部位拷讯者徒一年；依法拷囚而邂逅致死者勿论。《宋刑统》在承袭以上全部内容之后，又进一步从严补充道："有挟情托法、枉打杀人者，宜科故杀罪。"窦仪等人参详：

> 今后如或有故者，以故杀论。无故者，或景迹显然，支证不谬，坚恃奸恶，不招本情，以此致死，请减故杀罪三等。其或妄被攀引，终是平人，以此致死者，请减故杀罪一等。[②]

在追究官吏掠死囚犯责任时，以故意和过失为原则划分轻重：故意挟私情者以故杀论，即"斩"刑，比唐律大大加重；如果是过失，又分两等，一是拷死无罪平人者减故杀一等，二是拷死有罪人者减故杀三等。这种以故意和过失以及被拷人有罪无罪为标准划分轻重的原则，比唐律更加合理，而处罚也更加严重。此后宋朝基本上就是以这种"故""失""公""私"为标准定罪的。

其次，宋朝就拷囚后囚犯死亡日限确定的规定较唐律有较大的发展。将"在京通用令"关于拷讯囚后以十日为限，限内死者则要追究拷讯者

---

① 《庆元条法事类·决遣》。

② 《宋刑统·断狱律·不合拷讯者取众证为定》。

责任的规定推行到全国。

最后，宋朝还通过规定对特定囚犯刑讯的禀报制度、将刑讯致死囚犯作为铨叙官吏的考核条件、对滥用刑具刑讯官吏予以严厉惩治、诏令各地销毁一切非法刑具等措施规范刑讯。正是因为宋朝有关刑讯制度比唐代立法更加全面、防范更加严密，所以，宋代的酷吏较之前代要少。

第五，审讯过程中实行合理的回避制度。中国古代诉讼中的回避制度以宋代最为完善，这反映在两个方面：一方面，在审讯过程中实行回避制度。另一方面，针对审讯中囚犯翻供的，实行司法官吏或者司法组织翻异别勘的回避制度。这里，仅就宋朝设置的与回避制度有关的鞫谳分司制度予以说明。鞫指审理，谳指判案，鞫谳分司即审与判二者分离，由不同官员分别执掌两种职责的审判制度。宋朝从中央到地方都实行鞫谳分司制度。中央的大理寺、刑部专设详断官（断司）负责审讯，另设详议官（议司）负责检法用律，最后由主管长官审定决断。各州府设司理院，由司理参军（鞫司）"掌狱讼勘鞫之事"，负责审讯人犯、传集证人、调查事实等审判事务；司法参军（谳司）"议法判刑"，即依据认定的事实，检索有关的法律条文，定罪量刑；最后由知州、知府亲自决断。

鞫谳分司旨在强调两司独立行使职权，不得互通信息或协商办案，这有利于互相制约，防止舞弊行为。同时，也有利于解决因宋朝法律纷繁复杂而可能导致的适用法律错误的问题。对此，高宗时的吏部郎中汪应辰奏称："鞫之与谳者，各司其局，初不相关，是非可否，有以相济，无偏听独任之失……"大臣周琳也曾讲："狱司推鞫，法司检断，各有司存，所以防奸也。"[1] 应当说，这种设置对于互相牵制，从而有效防止和纠正非法刑讯以及由此可能造成的错判无疑是一大进步。但这毕竟不能

---

[1]　（明）杨士奇：《历代名臣奏议》，上海古籍出版社1989年版，第2852—2853页。

从根本上解决刑讯的问题。因为刑讯通常只能发生在审理部门，而判案的部门对此却一无所知。更何况，这种审者不判、判者不审的审判方式，也值得商榷。

四、辽、金、西夏的刑讯制度

（一）辽、金的刑讯制度

辽、金两代存在时间较短，合法刑讯与非法刑讯并存，且保存着一些原始部族的野蛮、残酷手段。据《辽史·刑法志》记载，辽代"拷讯之具，有粗、细杖及鞭、烙法"。辽穆宗应历十二年（962 年），辄加炮烙铁梳之刑……或以手刃刺之，斩击射燎，断手足，烂肩股，折腰胫，划口碎齿，弃尸于野"。又载，被告诸事应伏而不服者，用粗杖打二十，再用细杖打三十；凡烙三十者鞭三百；烙五十者鞭五百。[1] 但圣宗时，严禁司法官吏非法榜掠罪囚，违者治罪。同时，受之前各朝代刑讯制度的影响，这一时期的刑讯也不失文明和规范的成分。《元史·刑法志》载，辽金时期，法律规定："诸鞫问囚徒，重事须加拷讯。"而且拷讯时"臀若股分受，务令均停"。违者，重罪之。[2] 金代，熙宗时也曾颁布诏令，要求"废除酷毒刑具，禁止滥用刑讯"。据《金史·刑》载：

及世宗即位……七年，左藏库夜有盗杀都监郭良臣盗金珠，求盗不得。命点检司治之，执其可疑者八人鞫之，掠三人死，五人诬伏。上疑之，命同知大兴府事移剌道杂治。既而亲军百夫长阿思钵鬻金于市，事

---

① 《历代刑法志》，群众出版社 1988 年版，第 392—393 页。
② 《历代刑法志》，群众出版社 1988 年版，第 435、437 页。

党，伏诛。上闻之曰："箠楚之下，何求不得？奈何鞫狱者不以情求之乎？"赐死者钱人二百贯，不死者五十贯。①

此案说的是，金世宗时期，一公库被盗，都监郭良臣被杀。点检司抓捕并刑讯八名嫌疑者，打死三人，五人招供，在未查到赃物的情况下就定了案。世宗叫人复查，发现亲军百夫长阿思钵是真正的案犯，对其予以了惩罚，并对被刑讯的被害者平反昭雪。遗憾的是，此案中，没有对决定和刑讯此案的点检司有关人等予以处理。

（二）西夏的刑讯制度

西夏系公元 1038—1227 年位于中国西北地区（在今宁夏、陕西北部、甘肃西北部、青海东北部和内蒙古西部）的少数民族政权，其主体民族是党项羌族，西夏存续约 190 年，与北宋、辽、南宋、金等鼎足对峙而存。西夏王朝建立后，其法律由之前的习惯法开始向成文法转换，其中最具代表性的是 21 世纪初发现的以西夏鼎盛时期仁宗的年号命名的《天盛改旧新定律令》。该法典虽具民族特色，但受唐宋法律思想和立法准则的影响至深。只是西夏为蒙古所灭后，后来元修正史时，修宋、辽、金三史，仅在史中为西夏立传，且西夏国没有汉文法典传世，故与其他朝代相比，对西夏法制的研究存在巨大遗憾。然而，即使如此，西夏法律中关于刑讯的内容仍然可以看到以下内容：

第一，在诉讼中，为了搜集证据，必要的时候可以刑讯："知有罪人中公事明确而不说实话，则可三番拷之。一番拷可行三种，笞三十，口为，悬木上。彼三番已拷而不实，则当奏报。彼问杖者，当言与大人处

---

① 《历代刑法志》，群众出版社 1988 年版，第 403 页。

并置司写，当求问杖数。"① 这一刑讯方式在《番汉合时掌中珠》的记载中得以印证：

> 诸司告状，大人嗔怒，指挥局分，接状只关，都案判凭，司吏行遣，医人勘验，踪迹见有，知证分白，追干连人，不说实话，事务参差，枷在狱里，出与头子，令追知证，立便到来，子（仔）细取问，与告者同，不肯招承，凌持打拷……伏罪入状，立便断止。②

第二，法律明确了刑具的规格。《天盛改旧新定律令》规定："木枷大杖等当置有官字烙印"，且"杖以柏、柳、桑木为之，长三尺一寸。头宽一寸九分，头厚薄八分，杆粗细皆为八分，自杖腰至头表面应置筋皮若干，一共实为十量，当写新年月"③。

第三，规定了违法刑讯及刑讯致死的法律责任。对于擅自拷讯、受贿徇情拷讯、超出法定限额拷讯、监守者刑讯者，规定了不同的法律责任；而且法律要求对于因刑讯致人犯死亡的，要根据刑讯者主观上有无罪过来确定其法律责任。根据《天盛改旧新定律令》，通常超过法定杖数致死者，徒二年；依法拷讯致死者，不予定罪。

五、元代的刑讯制度

元代基本沿用了唐宋刑讯制度的法律规定，但按照元朝法律"更用

---

① 《天盛改旧新定律令》，法律出版社 2000 年版，第 326—327 页。
② 《番汉合时掌中珠》系西夏学者骨勒茂才于西夏乾祐二十一年（1190 年）编纂的西夏文汉文双解词典，是唯一一部西夏人编纂的有汉字标音释义的辞书。"番"这里专指西夏党项民族。上述内容见骨勒茂才：《番汉合时掌中珠》，宁夏人民出版社 1989 年版，第 61—65 页。
③ 《天盛改旧新定律令》，法律出版社 2000 年版，第 324 页。

轻典，盖亦仁矣"①的总体要求，元朝刑讯制度的一些规定作了相应调整，既有对刑讯更加严格的限制，也有择时刑讯等内容对刑讯制度的发展。

第一，沿用历代"五听问案"制度的同时，强调"以理推寻"。按照元朝法律，"拯治刑名鞫囚之官，先须穷究证验，后参以五听，察辞观色，喻之以礼，俾自吐实情，罪至死者，推勘得实，结案详谳"②。"诸鞫问罪囚，必先参照元发事头，详审本人词理，研究合用左证，追究可信显迹……"③ "指告不明，无证验要据者，先须以理推寻，不得辄加拷掠。"④ 未经"以理推寻"的不得刑讯。"诸鞫狱不能以正其心，和其气，感之以诚，动之以情，推之以理，辄施以大披挂及王侍郎绳索，并法外残酷之刑者，悉禁止之。"⑤

第二，限制刑讯。具体表现为缩小刑讯范围。元朝规定小罪不得刑讯。"鞫囚非强盗毋加酷刑。""其余杖罪以下细事，依理归对，毋得似前，非法拷讯，酷虐无辜。"⑥ 只有"惟众证已明而不款服者，如刑问之"⑦。

第三，禁止非法刑讯，对非法刑讯者追究其法律责任。元律规定："诸有司非法用刑者，重罪之。已杀之人，辄脔割其肉而去者禁之，违者重罪之"⑧。同唐朝相比，元朝酷刑拷讯的情况还是有所改观的。

元朝作为少数民族统治的朝代，从范围上对刑讯予以限制，这在很

---

① 《元史·刑法志》。
② 元大德八年刑部呈文所载内容。黄时鉴辑点：《元代法律资料辑存》，浙江古籍出版社1988年版，第186页。
③ 《元典章·刑部·鞫囚以理推寻》。
④ 《元典章·刑部·鞫囚以理推寻》。
⑤ 《元典章·刑部·鞫囚以理推寻》。
⑥ 《元典章·刑部·不得法外枉勘》。
⑦ 《大元通制》。
⑧ 《元史》，中华书局1976年版，第2632页。

大程度上源自元朝本身的强大和其对统治的自信。而这种强大和自信与此前唐宋多方的铺垫和辽、金少数民族均长达百年之久的统治及经验的积累是分不开的。当然，这更在于当时蒙古民族及其统治者的魄力。

第四，明确规定刑讯择时。一是除了朝廷和省部交办的大案要案外，不得"暮夜问事"。《大元通制》规定："诸鞫问罪囚，除朝省委问大狱外，不得贪夜问事。"因为"暮夜之间人（囚犯）必昏困"，加之酷吏"拷掠"，囚犯无奈只得招供虚假供词。[1]元成宗大德年间（1297—1307年），酷吏们昼则饱食安寝，夜则鞫狱问囚，深夜囚犯昏困难禁，经不住打熬，自会供述；而官吏也可利用灯烛之下，肆意非法拷讯[2]。二是禁止在一年两次法定的"禁刑日"内审问囚犯和断决人罪。一方面，以此来体现"皇恩"；另一方面，也是刑讯须"顺天适时"的文化在当时的反映。

---

① 《元典章·刑部·禁止惨刻酷刑》。
② 《元典章》，中国书店1990年版，第578页。

中国古代刑讯制度的流变和终结时期

这一时期经历了明、清两朝，各朝历时均近三百年，统治时间较长的优势为专制的巩固从多方面提供了空间。就刑讯制度而言，此间，一方面，在前代刑讯制度的基础上，对刑讯案件的范围、程序等予以细化，但因专制走到了极端，刑讯制度事实上逐渐流变。另一方面，清朝虽是中国古代最后一个专制朝代，但却是中国少数民族统治历史中时间最长的朝代。面对幅员辽阔的疆域和以汉族为中心的文化，清朝统治者立足于扬长补短，不仅注重对汉族传统文化的研究学习，尤其善于结合本民族的特点借鉴并发展前朝的法律制度。其间，既有康乾鼎盛时期的辉煌，也有近代之后的衰败乃至垮台，而这一切无不反映在当时的刑讯制度上。

一、明朝的刑讯制度

与以往朝代一样，明朝也注重对刑讯制度的规范。只是因为专制后期的需要，立法中不得不借助大量的附例补充律文有关刑讯的法律规范，而律文对刑讯的规定有所疏简。因此，其在形式上进一步规范刑讯的实体和程序问题之时，实际上却造成了刑讯的泛化和严酷。明朝对于刑讯制度的规范主要体现在这样几个方面：

第一，强调情审是基本的审讯方式。明朝"鞫问刑名等项，必据犯人之招草，以定其情"[①]。《明会典》引洪武元年（1368 年）令："凡鞫问罪囚必须依法详情推理，勿得非法苦楚，锻炼成狱，违者究治。"虽然法律强调审案据察听情词，禁止非法刑讯，但是刑讯依旧被普遍使用，法外滥用刑讯的情况非常严重，其残酷程度较之历代有过之而无不及。

第二，规定具体诉讼程序和制度，以期通过此限制刑讯。《明会典》规定：

> 其引问一干人证，先审原告词因明白，然后放起原告，拘唤被告审问；如被告不服，则审干证人。如干证人供与原告同词，却问被告。如各执一词，则唤原被告干证人，一同对问，观看颜色，察听情词，其词语抗厉、颜色不动者，事即必真；若转换支吾，则必理亏；略见真伪，然后用笞决勘；如又不服，用杖决勘，仔细磨问，求其真情。若犯重罪，赃证明白，故意恃顽不招者，则用讯拷问……

由此可见，明朝审讯的程序和原则是：先原告，后被告，再证人；先个别询问再根据情况集中对质；先情审后刑讯。值得注意的是，这里的"对问"即对质。此法早在汉朝即已有之，本是一种削减刑讯的具体诉讼措施。遗憾的是，明朝法律却规定，对于对质之后仍然有疑点者仍要采用笞、杖刑讯的办法，以求真实。结果等于功过相抵。

第三，依法限定拷讯的对象。弘治《问刑条例》规定："内外问刑衙门一应该问死罪并盗窃、抢夺重犯，需用严刑拷讯，其余止用鞭朴常

---

① （清）薛允升：《唐明律合编》，法律出版社 1999 年版，第 699 页。

刑。"《明会典》规定："犯重罪，赃状明白，故意恃顽不招者，则用刑讯问。"此外，对特定群体不得刑讯或要求其做证。凡八议之人及其祖父母、父母、妻及子孙以及京官和在外五品以上官犯罪的，均须实封奏闻皇帝，一般司法官吏不得擅自勾问。凡享有八议特权之人"及年七十以上、十五以下，若废疾者，并不合拷讯，皆据众证定罪"[①]。

第四，对刑讯工具、部位及违法刑讯的法律责任等予以规定。

二、中国古代刑讯制度的流变

明朝，虽然对刑讯制度的规范有所细化，但对于拷讯囚犯的限度并未加以规定，对刑讯监督的机制也有缺失。而且，随着古代专制制度走向后期，这一时期刑讯的实际与立法的要求相距甚大。按照沈家本的说法："惟《唐律》于拷囚之法甚详。《明律》概行，删去拷讯，遂无节度，遇有疑难之案，仁厚者束手难行，暴戾者恣意捶打，枉滥之害，势所不免。"[②] 这说明，明朝刑讯趋于严酷，非法刑讯有增无减，刑讯方式等向畸形变异，刑讯制度开始流变，具有代表性的当数厂卫因直接操纵刑狱而导致的非法刑讯扩大化以及廷杖事实上的制度化。

（一）厂卫操纵刑狱制度化

1.厂卫组织出现的背景

"刑法有创之自明，不衷古制者，廷杖、东西厂、锦衣卫、镇抚司狱

---

① 《明律·刑律·断狱》428 条"老幼不拷讯"。
② 《历代刑法考》，中华书局 1985 年版，第 518 页。

是已。是数者，杀人至惨，而不丽于法。踵而行之，至末造而极。举朝野命，一听之武夫、宦竖之手，良可叹也。"①厂卫操纵刑狱，导致刑讯从内容到程序均发生了变化，法律规定的刑讯制度名存实亡。

厂卫组织是由终日伺候皇帝的宦官和平日护卫皇帝的侍卫逐渐形成的明朝内廷的侦察机构，也是特务政治的工具和组织。卫，指锦衣卫；厂，指东厂、西厂、内行厂，合称"厂卫"。就产生而言，其实是卫在前而厂在后。锦衣卫较东厂早三十八年，到明亡为止，前后二百六十年。锦衣卫，乃亲军十二卫之一，系保卫皇帝安全的贴身侍卫队伍，掌管皇帝出入仪仗和警务事宜，与司法、刑讯本没有关系，但明代封建君主专制制度高度强化，明初洪武十三年（1380年），朱元璋借胡惟庸谋反事乘机废中书省、罢丞相，并于洪武二十八年（1395年）下令："以后嗣君并不许立丞相，臣下敢有奏请设立者，文武群臣即时劾奏，处以重刑。"②朱元璋废丞相制，"析中书省三政归六部"，由皇帝直接掌握。太祖朱元璋为了巩固自己的世袭统治，利用特务告密，铲除异己，但对于一些急于抓获的人，通过刑部落实则程序繁杂，且易走漏风声，于是，朱元璋就让贴身的锦衣卫直接将有关人等抓起来送刑部审判。但刑部依法审判的结果往往比朱元璋想象的要轻，故在洪武十五年（1382年），成立了直接听命于自己指挥的锦衣卫，下设南北两个镇抚司。南镇抚司掌管本卫刑名，兼理军匠；北镇抚司专理"诏狱"，又称锦衣卫狱。锦衣卫是一个由皇帝直接掌握的兼有司法职能的组织，其前身是拱卫司，隶属都督府。锦衣卫设立后，起初，案件往往先由北镇抚司拷问审讯，锻炼成狱，再送法司。但法司审案，经常受到北镇抚司的掣肘。渐渐地，

---

① 《历代刑法志》，群众出版社1988年版，第549页。
② 《明太祖实录》卷239。

北镇抚司在皇帝的支持和纵容下不仅可以直接逮捕任何人而不必经过外庭法司和任何法律手续，而且开始直接负责对案件的审理，并拟出判决意见交与刑部。刑部知道北镇抚司的意见实际就是皇帝的意见，当然不敢违拗，于是锦衣卫事实上就拥有了逮捕权与初审权，并可以控制终审判决。锦衣卫作为皇帝的私人侦缉部队，以兵兼刑，掌有缉捕、刑狱之权，它的主要任务是"盗贼奸宄，街涂沟洫，密缉而时省之"①。据《明史·职官志》记载："锦衣卫掌侍卫、缉捕、刑狱之事。""太祖时，天下重罪逮至京者，收系狱中，数更大狱，多使断治，所诛杀为多。"②

1384 年后，改锦衣卫指挥使为正三品。"锦衣卫狱者，世所称诏狱也……幽絷残酷，害无甚于此者。"成化年间以后，锦衣卫直接上请皇帝裁决，法司不敢过问。成化"十四年（1478 年）增铸北司印信，一切行狱毋关白本卫。即卫所行下者，亦径自上请可否，卫使毋得与闻。故镇抚职卑而其权日重"③。一切刑狱及本卫所下的公事，都可以直接上请皇帝解决，即使锦衣卫指挥使也不能干预。这是因为皇帝看到卫权日重，不大放心，所以特予北镇抚司以特权，使其与卫互相牵制。锦衣卫又是受到宦官的监视和牵制的。明成祖朱棣靠特务起家，夺取了侄儿朱允炆的皇位④，因此，一方面，他唯恐天下臣民不服，派出大批特务进行侦缉镇压；另一方面，并不信任其父朱元璋的锦衣卫，但又不能废，于是在永乐十八年（1420 年），成立了一个宦官特务机构，与锦衣卫分权并监督锦衣卫。因该机构以侦缉官民为职责，不属宫内机构，只能在宫外办公。正值东边炭场有空地，而当时为保障宫内生活而在宫外堆放煤

---

① 《明史·职官志》。
② 《历代刑法志》，群众出版社 1988 年版，第 554 页。
③ 《历代刑法志》，群众出版社 1988 年版，第 554 页。
④ 《明史·刑法志》："初，成祖起北平，刺探宫中事，多以建文帝左右为耳目，故继位后专倚宦官。"

炭的地方被称为"厂"，于是这个特务机构就被叫作"东厂"。直到明亡为止，前后二百二十余年。后因皇帝对东厂也不放心了，又增设了在西边煤炭厂办公的宦官特务机构"西厂"。西厂设立过两次，一次是在成化十三年（1477 年），命令太监汪直任提督。汪直为人狡诈阴险，他经常在京城内外易服私访，捕风捉影，重刑逼供，制造冤案，搞得朝野上下，人人自危。以致当时"只知有汪太监，不知有天子"。于是，大学士商辂等官员上章弹劾汪直，兵部尚书项忠也倡九卿奏其罪状。成化十八年（1482 年）明宪宗勉强同意裁撤。第二次是在正德元年（1506 年）恢复，五年（1510 年）裁撤，前后存在十年。再后来的皇帝连西厂也不放心，便于武宗正德元年（1506 年）创建在宫内日常存放少量煤炭地方办公的"内行厂"，简称"内厂"。前后存在约四年，是专门监视特务的机关。这是由于独裁政治发展到最极端的时候，独裁者不仅对一切臣民都不放心，就是对他自己所豢养的特务也不完全信任了，所以要用一批特务来监视另一批特务。内行厂就是这种"特务的特务"机构。东、西两厂和所有的宦官都在他们的侦伺之中。于是在皇帝身边逐渐形成了一支庞大的特务队伍，其作用一是侦缉朝臣、藩王中的政治异己力量，打击"奸党"和"谋反"行为；二是侦伺民间"诽谤"朝廷的言论思想和不利于专制统治的"妖书妖言"。东厂、西厂、内行厂均由宦官领导，专司侦伺缉捕，其中以东厂权限最为广泛，"大政小事，方言巷语，悉探以闻"。厂卫组织暗中布满全国，遂互相交错，密如蛛网，这是中国古代前所未有的现象。

2. 厂卫组织滥设刑名和私刑，酷吏恣意严刑拷掠

厂卫不仅行使司法职能，而且可以任意私设刑堂，动用自创法外刑讯方式拷打逼供。并授意被打者牵连有财力的人家，要求富家出缴许多钱财方无事，如不缴或缴不足，就立即下锦衣卫监狱，"番子即突入执讯

之，无有左证符牒，贿如数，径去。少不如意，搒治之，名曰干醡酒，亦曰搬罾儿，痛楚十倍官刑。且授意使牵有力者，有力者予多金，即无事。或靳不予，予不足，立闻上，下镇抚司狱，立死矣"[1]。太监尚铭专东厂事时，"闻京师有富室，辄以事罗织，得重贿乃已"[2]。厂卫特务在刑讯中还大量使用法外酷刑，其种类之多不胜枚举。《明史·安磐传》称刑讯"或以一人而牵十余人，或以一家而连数十家"。嘉靖四十五年（1566年），明朝著名的清官海瑞上疏，指责皇帝朱厚熜崇信道教、拒谏远臣、竭民脂膏等过失，世宗大怒，命锦衣卫拷问，户部司务何以尚以疏为海瑞说情，世宗更加气恼，又命令把何以尚廷杖一百，下到镇抚司狱，再对他使用锦衣卫创造的"昼夜用刑"[3]。幸好嘉靖皇帝去世，海瑞才得以生还。仅明初锦衣卫查办的"胡惟庸、蓝玉两狱，株连死者且四万"[4]。其中，左丞相胡惟庸案前后延续十几年，被刑讯诛杀者达三万余人，仅公侯两级的功臣就多达二十二人。洪武二十六年（1393年）将军蓝玉被告发聚众造反，因此案而被刑讯诛杀者一万五千余人，除蓝玉外，有公一人、侯十三人、伯两人。[5]厂卫在皇帝的纵容下，操纵刑狱，令人发怵。与厂卫组织极其严酷的刑讯制度发展相适应，明朝还衍生了一批心狠手毒的酷吏。这些酷吏多为厂卫组织的中坚，仗势欺人，凶残无比。《明史·刑法志》中记载的无人不晓的宦官魏忠贤便是典型的代表者。其自宫后改姓名李进忠，后皇帝赐名魏忠贤，并出任司礼秉笔。天启年间（1621—1627年），魏忠贤专事严刑拷讯，"痛楚十倍官刑"，致无辜

---

① 《历代刑法志》，群众出版社1988年版，第552页。

② 《明史·汪直传》。

③ "昼夜用刑"的刑讯方法。并非白天黑夜连续用刑，而是制作一个木笼，四面钉上钉子，钉尖向内，穿透木条，犯人被关在当中，身体稍微动弹一下，钉尖就刺入皮肉，因此犯人必须一天十二个时辰都端正地坐着，像木偶似的一动不动，而且不能打瞌睡。见沈德符《万历野获编·昼夜用刑》。

④ 《历代刑法志》，群众出版社1988年版，第542页。

⑤ 赵继红：《大明帝后风云录》，知识产权出版社2011年版，第7页。

受戮，冤狱遍布。熹宗天启五年（1625 年），魏忠贤控制诏狱，矫旨颁示了涉及内阁大学士，六部尚书，各院、寺、司，各省督抚，府县官吏 309 人的"东林党人榜"。上述包括左副都御史杨涟、左佥都御史左光斗等"六君子"在内的 309 人的名字，被后人刻在了现存的无锡东林书院，并根据史料注明"以上诸人，生者削籍，死者追夺，已经削夺者禁锢"。此外，还刻有"东林朋党录"包括赵南星、钱谦益等 94 人名字，几乎每个名字后面都有"已处"或者"降级""回籍"等附加说明。透过这些人名，魏忠贤的阴险邪恶及锦衣卫的残暴无情犹在眼前，不禁让人不寒而栗。据史料记载，此案审理时，魏忠贤从汪文言一案入手，利用掌握的锦衣卫逮捕东林名士杨涟、左光斗、魏大中、袁化中、周朝瑞、顾大章六人。锦衣卫对"六君子"的拷讯使酷刑达到了登峰造极的地步。魏忠贤的义子许显纯及另一义子锦衣卫都督田尔耕伙同死党孙云鹤、杨寰、崔应元等依靠掌管的锦衣卫陷害拷打杨涟等六人。许显纯秉承魏忠贤旨意，捏造杨涟等人接受了汪文言的赃银，用严刑追案。六人在六月底的第一次受审时就被"各打四十棍，拶敲一百，夹杠五十"，比较交获赃款的多少，定下期限严厉督责。两日为一限，届时输金交纳不够者，受全刑。所谓全刑，包括枷锁、脚镣、棍、拶指、夹棍。"五毒备具，呼晷声沸然，血肉溃烂，宛转求死不得。"[①] 而许显纯呼喊呵斥意气自如。七月初四，他们被从狱中提出兑现银子时，都因刑伤疼痛无法行走，当时正是暑天，伤口溃烂，脓血沾染衣裳，许显纯把他们拷问一通，仍旧带去收监。此后每隔两三天要求兑现银子一次，各人伤上加伤，痛不欲生。七月十七日，杨、左二人又各受三十棍。十九日，杨、左、魏三人各受全刑，这时杨涟已喊不出声，魏大中已吩咐家人料理后事。过了两

---

① 《历代刑法志》，群众出版社 1988 年版，第 557 页。

天，二十一日再次兑现银子，杨、左再受全刑，魏大中三十棍，周、顾各二十棍，杨、左受刑后被抬到外面，浑身血肉模糊，伏在地上如死人一般。此后仍然每隔两三天，或受棍，或受全刑。魏大中两脚挺直，像死青蛙似的；袁化中的阴囊肿胀，大得像能容三斗粮食的筐箩。这六人前后被拷讯数次，持续一个多月，先后被锁头拉折而死，停尸几天，才用苇席裹尸送出狱门，蛆虫繁殖，尸体都腐烂了。一年后，魏忠贤再次兴起大狱，逮捕周起元、周顺昌、缪昌期、黄尊素、李应升等七人，其中高攀龙在缇骑来逮捕他的时候投水自尽，其余六人都下诏狱。主持拷讯的仍然是许显纯。周顺昌每五天被拷讯一次，每次受审时他都大骂魏忠贤，许显纯竟然用木椎击落他的牙齿。拷问数次之后，终于在一天夜间在狱中把周顺昌用土囊压死。缪昌期被拷讯时，多次受全刑，没几天便死在狱中，家属殡殓他的尸体时，发现他的十个指头都已脱落，就把碎指头捧起来放在两个衣袖里。这是因为拷讯时用手械太狠，把指骨全夹断了，皮肉烂后，指头自然全部掉下来。黄尊素的尸体，肌肉肿胀溃烂，面目已不可辨认，腐烂发臭，尸虫满身。李应升尸体从狱中抬出来时，已是骨断肉烂，竟不知是什么时候死的。在魏忠贤擅政的几年间，此类因拷讯而死的囚犯甚多，再加上全国各地因言语触犯魏忠贤而被其爪牙逮捕拷讯致死的，数目就更大。当时，囚犯落入三法司之手，尚有获得自由的希望，而一旦被厂卫关注，几乎不可幸免。无怪乎人们说天启年间（1621—1627年）是明史上最黑暗的时代。此外，明朝在地方司法机关以外，还在各省都指挥使设置了专门负责处理军人军职犯罪案件的都卫断事司以及五军都督府，这就使得非法和滥用刑讯的情况更加普遍。这一切说明，明朝法外刑讯"盛况"空前，厂卫组织甚至开创了中国古代非法刑讯残酷程度之新高。

（二）廷杖事实上成为刑讯方式定制

廷杖，即皇帝在朝廷上杖责触犯他的朝臣。明朝之前，各朝极少使用廷杖，随着君主高度集权，明朝廷杖极为普遍，事实上成了刑讯方式，并渐渐上升为定制。据《明史·刑法志》载：

廷杖之刑，亦自太祖始矣……至正统中，王振擅权，尚书刘中敷，侍郎吴玺、陈瑺，祭酒李时勉率受此辱，而殿陛行杖习为故事矣。成化十五年，汪直诬陷侍郎马文升、都御史牟俸等，诏责给事御史李俊、王浚辈五十六人容隐，廷杖人二十。正德十四年，以谏止南巡，廷杖舒芬、黄巩等百四十六人，死者十一人。嘉靖三年，群臣争大礼，廷杖丰熙等百三十四人，死者十六人。中年刑法益峻，虽大臣不免笞辱。宣大总督翟鹏、蓟州巡抚朱方以撤防早，宣大总督郭宗皋、大同巡抚陈耀以寇入大同，刑部侍郎彭黯、左都御史屠侨、大理卿沈良才以议丁汝夔狱缓，戎政侍郎蒋应奎、左通政唐国相以子弟冒功，皆逮杖之。方、耀毙于杖下，而黯、侨、良才等杖毕，趣治事。公卿之辱，前此未有。又因正旦朝贺，怒六科给事中张思静等，皆朝服予杖，天下莫不骇然。四十余年间，杖杀朝士，倍蓰前代。万历五年，以争张居正夺情，杖吴中行等五人。其后卢洪春、孟养浩、王德完辈咸被杖，多者至一百。后帝益厌言者，疏多留中，廷杖寝不用。天启时，太监王体干奉敕大审，重笞戚畹李承恩，以悦魏忠贤。于是万燝、吴裕中毙于杖下，台省力争不得。阁臣叶向高言："数十年不行之敝政，三见于旬日，万万不可再行。"忠贤乃罢廷杖，而以所欲杀者悉下镇抚司，士大夫益无噍类矣。

南京行杖，始于成化十八年。南御史李珊等以岁祲请振。帝摘其疏中讹字，令锦衣卫诣南京午门前，人杖二十，守备太监监之。至正德间，南御史李熙劾贪吏触怒刘瑾，矫旨杖三十。时南京禁卫久不行刑，选卒习数日，乃杖之，几毙。[①]

明朝太祖最初对开国元勋永嘉侯朱亮祖廷杖时使用的工具即是鞭，但此后的廷杖史书多记载用木棍，并成为皇帝刑讯和责罚臣下的常用方法。廷杖从出现至消亡，对用刑的工具、受刑人是否去衣、廷杖的程序等均无统一规定，导致了廷杖的残酷程度不断发展。据不完全统计，明朝在午门前的廷杖超过五百次，由此造成的死伤难以详记。

三、清朝的刑讯制度

由于清朝跨越古代和近代两个时期，这一朝代的刑讯制度也因此包括古代的衰败和近代的解体两部分，这里试图通过清朝法律对刑讯内容的规定，着重就清朝古代部分刑讯制度的情况予以阐述。

第一，法律对口供的形成、保管程序及法律责任等作了明确的规定。清朝审判，几乎是"无供不能定案"。按照清朝法律规定："凡听断，依状以鞫情，如法以决罚，据供以定案。"[②] 所谓"依状以鞫情"，是说审讯应依据呈状推问，不可超出呈状所控告的范围。所谓"如法以决罚"，包括依照法律规定拷讯囚犯及与案件有关的证人等。所谓"据供以定案"，是说审讯时务必取得本犯的输服供词，只有据此供述才能定案。对此，清律第三十一条附例规定："内外问刑衙门审办案件，除本犯事发在逃，众证明白，照律即同狱成外；如犯未逃走，鞫狱官详别讯问，务得输服供词，毋得节引众证明白即同狱成之律，遽请定案。"

---

① 《历代刑法志》，群众出版社 1988 年版，第 549—550 页。
② 《大清会典事例》第 606 卷。

第二，规定了刑讯的方式、工具和监督程序。

一是对刑讯方式和工具的规定。根据《清史稿·刑法志》，清朝法定的拷讯工具有笞、杖、夹棍、拶指、枷号等。其中，笞、杖为正刑，夹棍、拶指、枷号等为加重的刑讯种类，亦为法律所承认。"热审得用掌嘴、跪炼等刑，强盗人命酌用夹棍，妇人拶指，通不得过二次。其余一切非刑有禁。"[①] 清律对于笞、杖等有明确的定制，不能随便超越。笞、杖在形式上虽有轻重，但在实际行用时也不拘泥，"薄责二十"、"重责四十"，全凭当堂立断。对夹棍、拶指等刑讯方法，清律也从适用对象、程序等方面作出了规定。

为了保障所用刑讯工具的合法，清律规定禁止非法制作刑讯工具。所有刑具必须符合法定规格，且必须受上级衙门的检验并加烙印。违者，依法承担法律责任。[②]

需要注意的是，清朝对笞杖刑讯工具的规格予以了改变，且刑讯数量也在历代法律规定的基础上予以了大幅度减少。《清史稿·刑法志》将此种变化称之为"法外之仁"。但有学者认为，其真实原因并非如此，因为，自从1644年清入关后，清廷虽然将先前各代笞杖刑讯的法定数量予以了折半规定，1679年公布的《现行则例》甚至进一步减少了笞杖的法定数，笞十改为笞四，笞二十改为笞五，笞三十改为笞十；但是，在减少刑讯数量的同时，却增大了刑讯工具的尺寸。不仅如此，清朝还将自隋以来各代笞杖刑具的材质由荆条改为竹板。其中，杖为大竹板，笞为小竹板。但两种刑具不论大头还是小头直径的尺寸均较前代大了好几

---

① 《历代刑法志》，群众出版社1988年版，第589页。
② 《清会典》第57卷，第6页；《六部处分则例》第50卷，第1—3页；《大清会典事例》第839卷，第5页。参见瞿同祖：《瞿同祖法学论著集》，中国政法大学出版社1998年版，第458页。

倍。①应当说，这种观点不无道理。因为，就刑讯本身的性质以及残酷程度而言，这种减少刑讯数量而增大刑具规格的做法，无异于换汤不换药。更何况，清朝后期，出于特定历史背景和统治者的需要，刑讯的严厉程度更是有增无减。1740年《大清律例》规定枷的重量是二十五斤，而到了1812年，枷的法定重量则增至三十五斤。此外，清朝还盛行将枷固定在站笼的顶端，使人犯动弹不得的刑讯方法。

二是规定了对于刑讯的监督及非法刑讯的处罚。雍正、乾隆之时，直隶各省督抚设立用刑印簿，分发用刑衙门，将某案、某人因何事用刑，及用刑次数，逐细填注簿内，于年终缴督抚查阅。如有滥用夹棍，及用多报少情弊，即将用刑各官降级留任或者降级调用，必要时提参交部议处。并设立循环簿，将每日出入监犯名姓填注簿内，按月申送该府查对。如有滥刑监禁，及怀挟私仇、故禁平人，照律拟罪②。

第三，非法刑讯现象严重。清律虽严格限定刑讯，但与专制走向极端相适应，司法实践中，非法刑讯的情况十分普遍。狱官禁卒甚至将非法刑讯作为邀功请赏或者非法敛财的渠道，借助非法刑讯营私舞弊的情况更是习以为常。清人袁枚所作《书麻城狱》记载的发生在雍正年间（1723—1735年）轰动当时的涂如松杀人冤案便是清代刑讯逼供造成冤狱的真实写照。

案件发生在湖北麻城，当地人涂如松与妻杨氏不合，有一天杨氏忽不知去向，其弟杨五荣疑心是涂如松杀之，四处访问。无赖赵当儿称听过涂如松杀妻的事，杨五荣遂拉之赴县衙告状，但没证据，案不能兴。此时的杨氏，实藏在当地生员杨同范家中，后者正是此案的幕后推手。

---

① 参见［美］D. 布迪等:《中华帝国的法律》，朱勇译，江苏人民出版社1998年版，第77—78页。
② 参见《大清律例》，法律出版社1999年版，第562页。

过了一年，某乡民埋在河滩的死童，因土浅，尸体露出，被狗啃残，地保应求往验，忽然雷电大作，半途而返。杨同范听说，认为机会来了，就与杨五荣谋，将此残尸认作杨氏。性别不对怎么办？没关系，贿赂仵作，直接报为女尸。又过几天，尸体越发腐烂，更不可辨，遂草殓。之后杨同范、杨五荣率几十人哄闹于场，诬涂如松杀妻。此事惊动当时湖广总督迈柱，迈柱令广济令高仁杰重审此案。

于是涂如松被逮系，恶遭刑讯逼供，"两踝骨见，犹无辞，乃烙铁索使踹，肉烟起，焦灼有声，虽应求不免，不胜其毒，皆诬服"。可那尸体本是男子，无发、无脚趾骨、无血裙裤，怎么办？又逼涂如松取呈。涂如松此时已是半死之人，只好胡乱指认。初掘一坟，得朽木数十片；再掘一坟，见长髯、巨靴，不知是何男子；最后终于掘得一坟中有尸，足穿弓鞋，是女人啦！官吏大喜，可转眼一看，髑髅上白发苍苍，年龄显然不对，又惊弃之。

麻城无主之墓，前后挖掘不下百座，仍不获。每挖一座，找不到尸体，就又严刑拷打涂如松。涂如松的母亲许氏，哀其子之求死不得，就剪下自己的头发，去掉白发，仅留黑发为一束；又找乡人李献宗的妻子，刺臂出血，染一裤一裙；再开其亡儿棺，取脚指骨凑聚；将上述诸物，埋在河滩，然后引衙役往掘。果得，狱具。但黄州知府蒋嘉年召他县仵作再检，都说是男尸，高仁杰为免责，又诡称尸骨被换，求再讯。正好山洪暴发，冲走尸体，没法再验。总督迈柱竟以涂如松杀妻、官吏受赃，拟斩绞奏。

事至此，涂如松杀妻似成铁案，不料峰回路转。涂妻杨氏偶然为杨同范邻居太婆撞见，县令陈鼎得知，率快手径入杨同范家，找到杨氏。麻城人数万欢呼，随之至公堂。县令召涂如松认妻。杨氏一见其被羁押多年的丈夫状貌焦烂如鬼，忍不住上前抱颈大哭："是我害了你！是我害了你！"堂下民皆雨泣。杨五荣、杨同范等叩头乞命，无一言，后皆得诛。涂如松无罪开释。① 此案中，广济令高仁杰使用严刑逼供，最后包括麻城知县汤应求在内，"皆不胜其毒，皆诬服"②。

乾隆二年（1737 年）广东海关监督郑伍赛密奏滥施刑讯的情况时说："下贱皂役只知图财，罔顾天理更比比皆是，遂其欲，责宜重而返轻；拂其意，责宜轻而独重。诚所谓有钱者生，无钱者死，爱之欲生，恶之欲死，高下随便，操纵自如。弊难擢举，势难禁遏，往往见行杖之下，立毙人命。"③ 笞杖作为法定的较轻的刑讯方法尚被衙门里地位最低的差役滥用到如此程度，其他较重的刑讯方法以及法外酷刑又会被司法官吏甚至刑讯酷吏如何滥用并借以敲诈、敛财，可想而知。

第四，廷杖在清朝逐渐消失。这主要是因为，一方面，清朝的皇权专制，让大臣们成了附庸。明朝皇权虽然也专制，但大臣尚有骨气，尤其是明孝宗以后，文人士大夫阶层形成了与皇权对抗的势力。明朝后期，以东林党为代表，形成了一大批士大夫党派。许多事情上，皇权想独断专行，但往往因有骨气的文人士大夫的不同意见而增大了难度。这种对立，迫使皇权以极端的廷杖之刑对付大臣。而清朝到了专制制度的极端时期，大臣多以"多磕头，少说话"为信条，导致士大夫阶层成了皇权的附庸，凡事以皇帝的脸色行事，大臣们不敢多言，君臣间尖锐的对抗自然减少，廷杖的市场也因此而总体消失。另一方面，社会发展的总趋势所致。清朝虽然守旧，但历史总体是向着进步和文明发展的。廷杖这样的酷刑，尤其是针对文人士大夫的肉体和精神双重折磨的酷刑，自然会退出历史舞台。

---

① 参见《清代的麻城冤案：为何当时刑讯逼供蔚然成风》，《南方都市报》2010 年 5 月 24 日。袁枚所记涂如松冤案与清光绪八年的《麻城县志》虽有所不同，但涂如松冤情及受刑经过，大略相仿。
② 参见辛子牛主编：《中国历代名案集成》上卷，复旦大学出版社 1997 年版，第 225—226 页。
③ 《朱批奏折·律例》，卷号 45—52，红字 19，转引自郑秦：《清代司法审判制度研究》，湖南教育出版社 1988 年版，第 164 页。

四、中国古代刑讯制度的终结

中国古代刑讯制度的终结乃是清末变法修律的结果，尽管对于刑讯废除的争议不绝于耳，尖锐异常，但延续几千年的刑讯制度最终还是被废除了。鉴于废除刑讯的内容在后面有所涉及，这里仅就刑讯制度终结的概况作简要说明。

随着 1840 年鸦片战争的爆发，中国开始由封建社会沦为半殖民地和半封建社会。社会性质的改变，社会危机的加剧，中国传统的司法理念和格局也因此动摇。对此，无数仁人志士不懈努力，试图复兴，由此兴起了从 1860 年经济上"师夷长技以制夷"的洋务运动，但只关注经济而忽略理念和体制变革的做法，最终导致了三十五年后中日甲午战争以中国的失败而结束。此后 1898 年的"戊戌变法"在百日之后再告失败。此种情况下，迫于列强的压力，清廷最终不得不在 1901 年宣布变通政治，开始了全面学习西方的"新政"，而"变法修律"乃首要之事。如果说，清末"变法修律"的直接诱因是收回被列强攫取但又允诺在中国法律修改至与西方一致后即行交回中国的领事裁判权的话，那么，对中国古代刑讯制度的废除则是"变法修律"中司法改革的突破口和必然产物。

经过数年的"变法修律"，1906 年的《大清刑事民事诉讼法草案》首次在中国历史上废除了传统证据制度中刑讯的内容，并将刑讯逼供作为犯罪行为予以制裁。《大清刑事民事诉讼法草案》第七十四条规定，承审官查所得证据已足，证明被告所犯之罪，然后将被告按律定罪，法官必须而且只能以证据定罪。第十六条规定："凡旧例缘坐、刺字、笞杖等刑，业经钦奉谕旨永远废止，应一体遵行。"第十七条规定："凡审讯一切案件，概不准用杖责、掌责及他项刑具或语言威吓，交逼令原告、被告及各证人，偏袒供证，致令混淆事实。"并在第十八条规定："凡承审官、巡捕官及各项官员违背前两条之例者，即行降革治罪。"1908 年，《钦定宪法大纲》颁布，在中国历史上破天荒地以法律形式赋予人民权利，"臣民非按照法律所规定，不受逮捕，监禁和处罚；臣民有呈诉权，只受法律所定审判衙门的审判"等内容表明，在诉讼中，宪法保障将被告人诉讼主体的地位，并保障其享有的诉讼权利。1907 年的《各级审判厅试办章程》第三十二条规定：凡审判方法，由审判官相机为之，不加限制，但不得非法凌辱。1911 年的《大清新刑律》一百四十三条规定，凡行裁判或检察、警察、监狱，其余行政职务或为辅助者，当行其职务时，对被告人、嫌疑人或关系人为暴力之行为者，处三等以下有期徒刑。为使法律上禁用刑讯逼供的要求能得到实现，法律还同时规定，检察官和警察均有保护被告人不受侵害的责任。该法一百四十四条规定："凡行检察或警察之职务或补助者，经人告有现被侵害权利之犯人而不速为保护之处置者，处四等以下有期徒刑。"法律不仅禁止刑讯，而且对于实施刑讯的官吏给予不同性质的法律处罚。

由于清廷的刑讯制度和刑罚制度合二为一，刑讯以笞杖为刑具，如果仅废除刑讯而不废除刑罚制度中的笞刑和杖刑，刑讯则会因为笞杖刑罚的存在而日后复生。因此，禁止刑讯须从刑律开始。也就是说，废除刑讯就必须连同刑罚使用刑具的笞杖刑一并废除。于是，清末首先在刑律中废除了各类酷刑，对刑罚中轻罪之笞杖刑则以西方的罚金刑替代。

清末刑讯制度的改革，带来了证据制度的改革。其一，限制刑讯逼供，产生了据众证定罪的原则。除命盗死罪案件在证据确实的情况之下，被告仍不认罪，准许使用刑讯外，其他案犯均不得刑讯逼供。假如犯人不招，可以凭众证定罪。尽管清末对刑讯的废除尚不彻底，但这毕竟是中国历史上首次从立法上对自古以来的刑讯制度的废除。其二，否定以口供为中心的审判方式。口供不再是最为重要的证据，而只是证据的一种。其他证据有：证人证言、鉴定结论、文件证据、物证、检验笔录等。

其三，采用自由心证原则。《大清刑事民事诉讼法草案》规定，审判官"认定事实应以证据，证据之证明力任推事自由判断"。1910 年的清末《刑事诉讼法》结合大陆法系和英美法系证据制度的规定，实行法官自由心证制度。其四，明确举证责任原则。针对举证责任问题，在清末的几部法典中略有不同的规定：《大清刑事民事诉讼法草案》要求由原、被告双方共同承担举证责任；1907 年颁行的《各级审判厅试办章程》规定"凡证人除原被两造所举外，审判官亦得指定之"，表明审判官也有举证责任；1908 年起草，1910 年 12 月完成的《大清刑事诉讼法》草案认为，举证责任主要由负责起诉的检察官承担，审判官在必要时，也可以调查特定证据，而被告人原则上不负举证责任。

由于以上几部法律尚未实行清朝就垮台了，因而，清末禁止刑讯逼供事实上还停留在法律层面上。辛亥革命后，南京临时政府在清末废除刑讯制度的基础上，先后通过发布《大总统令内务司法两部通饬所属停止刑讯文》《大总统命内务司法两部通饬所属禁止体罚文》《司法部咨各省都督禁止刑讯文》等，规定在司法审判中，一律不准使用刑讯，并焚毁从前一切不法刑具，审理案件应当注重证据，不宜偏重口供；如查实仍在使用刑讯者，除褫夺官职外，并予治罪。废除刑讯的规定由法律走向实践。

·第二章·

中国古代刑讯制度的基本内容

第一节

中国古代刑讯的性质和目的

一、刑讯只是手段，目的在于定案

在中国古代，囚犯的口供被认为是"证据之王"。除了个别朝代的特殊规定外，原则上讲，诉讼中如果没有囚犯的供词，不论其他证据如何充分确实，也不能认定囚犯有罪；反之，可以认定囚犯有罪。因此，中国古代司法审判的主要任务，演变成了千方百计地获取囚犯的供述。而获取囚犯供述最便捷和有效的方法便是刑讯。于是"刑讯是手段，逼其招供是目的"的法定模式便应运而生并反映在各个朝代的审判过程之中。

早在西周，法律即要求"两造具备，师听五辞"[1]，而"五辞"之中又以"辞听"为首，其他"四听"不过是从不同的角度审查和印证囚犯供述的真伪而已。"辞听"虽然重要，但是"听狱之两辞，而不轻信"[2]单辞。可见，在各种证据中，注重原被告双方的陈述。在双方的陈述中，被告的口供更为重要，但口供要与其他的证据相印证。没有被告的口供，

---

[1] 《尚书·吕刑》。
[2] 《尚书·吕刑》。

通常是不能定案的。只有当有其他证据可以证明犯罪事实，而囚犯被反复规劝但仍然拒绝供述或者狡辩时，才可能动用刑讯逼取口供。如果法官认为原告有诬告之嫌或者证人说谎而又拒不承认时，也可动用刑讯。所以，"以五刑听万民之狱讼"[①] 意味着为了取得口供，可以动用刑讯。当然，对于囚犯的口供以及各种证词仍然要用"五听"的方式反复予以核实后，才能用于定案，并按五刑处罚，此即"五辞简孚，正于五刑"[②]。

　　秦时，按照法律规定，诉讼中，司法官吏首先要认真听取囚犯的口供，陈述过程中官吏不得打断。在囚犯供述之后，方可针对疑点进行讯问。只有在囚犯反复改变口供而又不能自圆其说或者拒不认罪的情况下才可以予以刑讯。但是，对于囚犯的口供，尤其是通过刑讯逼取的口供，必须从多方面加以核实印证之后才能作为定案的证据。这种囚犯自行供述在前，司法官吏讯问次之，刑讯最后辅之的程序既适应了口供对于定案的需求，也说明了口供对于定案的重要。

　　"拷问之举，在汉已极为普通。"[③]《汉书·杜周传》载："会狱，吏因责如章告劾，不服，以掠定之。"颜师古云："定其辞，令服也。"就是说，照汉律规定，司法官吏在审理案件时，如认为罪证俱在，囚犯仍不供述的，方可刑讯，使之屈服。

　　魏晋时期，《魏律》中单列"系囚""鞫狱""断狱"三章。审案时，"先备五听之理，尽求情之意，又验诸证信，事多疑似，犹不首实者，然后加以拷掠"，北魏基本沿袭了之前的规定。宣武帝时"诸察狱先备五听，验诸证信，犹不首实者，然后加以拷掠"[④]。即有其他证据证实，囚犯

---

① 《周礼·秋官司寇·小司寇》。
② 《尚书·吕刑》。这里的"简"即核实；"孚"即明验；"正"即治罪。
③ 　陈顾远：《中国法制史》，中国书店 1988 年版，第 254 页。
④ 《魏书·刑罚志》。

仍不承认时，才能刑讯，以取口供定案。

隋朝，审理案件时法律规定，"凡推事有两，一察情，一据证，审其曲直，以定是罪"①。

唐朝时，一方面，与之前各朝一样，强调定案必须有囚犯的口供；另一方面，对特定情况，又不以囚犯的口供为定案条件。按《唐律·断狱》规定，即"若赃状露验，理不可疑，虽不承引，即据状断之。若事已经赦，虽须追究，并不合拷"。

西夏的诉讼中，为了搜集证据用于定案，必要的时候可以刑讯："知有罪人中公事明确而不说实话，则可三番拷之。一番拷可行三种，笞三十、口为、悬木上。彼三番已拷而不实，则当奏报。彼问杖者，当言与大人处并置司写，当求问杖数。"②

按照元朝法律，"拯治刑名鞫囚之官，先须穷究证验，后参以五听，察辞观色，喻之以礼，俾自吐实情，罪至死者，推勘得实，结案详谳"③。

明律"吏典代写招草"条，王肯堂笺释说："鞫问刑名等项，必据犯人之招草，以定其情。"④可见，明朝仍然将口供作为判定罪犯是否犯罪的证据，因此刑讯在明朝仍是一种获取证据和审讯的基本方式。

按照清朝法律规定："凡听断，依状以鞫情，如法以决罚，据供以定案。"⑤所谓"据供以定案"，是说审讯时务必取得本犯的输服供词，只有据此供述才能定案。

"断罪必取输服供词，律虽有'众证明白，即同狱成'之文，然非共

---

① 《隋书·裴政传》。

② 《天盛改旧新定律令》，法律出版社 2000 年版，第 326—327 页。

③ 元大德八年刑部呈文所载内容。黄时鉴辑点：《元代法律资料辑存》，浙江古籍出版社 1988 年版，第 186 页。

④ （清）薛允升：《唐明律合编》，法律出版社 1999 年版，第 699 页。

⑤ 《大清会典事例》第 806 卷。

犯有逃亡，并罪在军、流以下，不轻用也。"[①]

二、刑讯性质和目的的延伸

如前所述，就性质而言，刑讯原本只是一种法定的获取囚犯口供的手段，而非制裁的措施。至于刑讯的目的，最初的本意也仅仅在于取得囚犯的口供，以便定案。但在漫长的司法实践中，随着刑讯在适用范围和使用方式上的不断扩展，刑讯在立足原有的性质和目的基础上也悄然发生了一些变化，派生出一些新的性质和目的：一是在性质上，刑讯往往被作为训诫或者惩罚的手段，刑讯因此具有了教育和惩罚的性质及功能。这种情况下，刑讯究竟是作为手段还是目的，抑或二者兼而有之，其界限往往不甚清楚。如廷杖，除施行廷杖的决定者外，其他人很难揣摩其真实的意图。二是在目的上，刑讯由最初的仅限于定案，逐渐具有了后来特别是近现代破案的成分。这种目的的具体表现形式，如同意大利刑法学家贝卡里亚在《论犯罪与刑罚》中所阐述的，刑讯可能是"为了迫使罪犯交代罪行"，也可能是"为了对付陷于矛盾的罪犯"或使其"揭发同伙"，还可能是"为了洗涤耻辱"，或者是"为了探问不在控告之列的另外一些可疑的罪行"。[②] 这种刑讯目的的突破导致了刑讯手段的扩大，而手段与目的的相辅相成，加剧了非法刑讯的滋生。此外，为了破案，刑讯适用的对象由最初的人犯逐渐扩大到了原告、证人等相关人员。三是刑讯被作为诬陷、制造冤假错案等目的的手段。此种情况下，

---

① 《清史稿·刑法志》。

② ［意］贝卡里亚:《论犯罪与刑罚》，黄风译，中国大百科全书出版社 1993 年版，第 31 页。

刑讯往往可能基于与诉讼无关的其他事由，刑讯的目的或者手段均发生了不同程度的变化，背离了法定刑讯的初衷，甚至于法无据。

需要说明的是，刑讯的目的与刑讯制度的目的是两个不同的概念。前者的目的如上所述，而后者的目的在于规范刑讯，预防和制止非法刑讯。

第二节

——

中国古代刑讯的条件

中国古代诉讼中，法律虽然容许刑讯，但并非对任何案件不分具体情况，一概对人犯进行刑讯，而且也从不提倡刑讯。为此，历朝还对刑讯的使用从不同方面予以严格的限定，客观上形成了刑讯的一系列条件。这里，笔者试图从程序和实体两个方面就这些条件予以归纳。

一、中国古代刑讯的程序条件

所谓刑讯的程序条件，是指刑讯启动的前置要件。中国古代刑讯的程序条件主要包括以下两个方面：

（一）刑讯以"五听"为前提

如前所述，"五听"是中国古代审理案件的基本方式。它是指司法官吏通过观察当事人陈述是否有道理、陈述时的神情是否从容、气息是否平和、精神是否恍惚、眼睛是否有神，以综合判断其陈述是否真实，从而对案情作出判断的审案方法。由于"五听"之法是通过司法官吏与囚犯之间情感的互动对案件进行审理的，所以，史书上对此亦称为"情审"，在相关法律的规定或者解释中，"五听"和"情审"往往交替使用。"五听"在中国整个古代诉讼中占据着非常重要的地位，案件只有经"五听"审理后，囚犯仍不供述，但证据证明囚犯实施了犯罪行为或者证据不能排除其犯罪嫌疑的，方可动用刑讯。

"五听"断案起自西周，此后，不论朝代存在的形式是统一还是割据，也不论朝廷是由汉族还是少数民族掌控，"五听"始终存续于古代社会诉讼的过程之中。魏晋时期，按照《魏律》规定，"诸察狱，先备五听之理，尽求情之意"。《魏书·帝纪第八·世宗纪》也载："察狱以情，审之五听。"隋朝强调"凡推事有两，一察情，一据证，审其曲直，以定是罪"[1]。《唐律·断狱》规定："应讯囚者，必先以情，审查辞理，反复参验，犹未能决，事须讯问者，立案同判，然后拷讯。"对此，疏议云："依《狱官令》：'察狱之官，先备五听，又验诸证信，事状疑似，犹不首实者，然后拷掠'。"宋朝，太祖建隆三年（962年）诏令：

> 宜令诸道、州、府指挥推司官吏，凡有贼盗刑狱，并须用心推鞫，勘问宿食行止，月日去处。如无差互，及未见为恶踪绪，即须别设法取情，多方辨听，不得便行鞭拷。[2]

元朝审讯中，承袭并沿用了之前历代以"五听问案"为前提的制度。在法律上，不仅坚持第一章中提及的"以理推寻"的规定，而且通过多种形式强调审讯中必须贯彻这一法律规则。如大德八年（1304年）五月，以刑部呈文的形式要求在审讯中必须贯彻这一规则。其文曰："拯治刑名鞫囚之官，先须穷究证验，后参以五听，察辞观色，喻之以礼，俾

---

① 《隋书·裴政传》。
② （宋）窦仪等编：《宋刑统》，法律出版社1999年版，第542页。

自吐实情，罪至死者，推勘得实，结案详谳。"①在审讯实践中，元朝强调要遵循法律规定的"以理推寻"的规则，明确要求司法官吏必须注重证据的提取，注重适用"问呵""讯呵"等讯问方式和前置程序，促使"罪囚"如实供述案情。只有在"罪囚"所犯证据确凿，但其仍不招供或有案犯"奸猾刁钻"，不得其"言语回者"的情况下，经连职官共同议定须刑讯时，方可启用"拷讯"，但不得使用"枉行""法外惨刻"之酷刑手段。②凡"辄加拷掠""惨酷"刑讯，即属违法刑讯的行为，必受禁惩。明清时期，"鞫问刑名等项，必据犯人之招草，以定其情"③。因此，虽然法律强调据察听情词，禁止非法刑讯，《明会典》引洪武元年（1368 年）令："凡鞫问罪囚必须依法详情推理，勿得非法苦楚，锻炼成狱，违者究治。"问刑官要"观其颜色，审听情词，其词语抗厉颜色不动者，事即必真；若转换支吾，则必理亏；略具真伪，然后用笞决勘；如不服，用杖决勘，仔细磨问，求其真情"④。用今天的话讲就是说，只有在五听审理无效，且又不能排除已有证据合理怀疑的情况下，才能刑讯。

通过以上法律记载可以看出，刑讯以对囚犯的情讯和对证据的核实为条件。只有经过审查犯罪情节，研究供词理由，详按事状，参证验明其真假虚实后，而囚犯仍不如实招供且事须讯问的，才可以刑讯。

（二）刑讯要经官吏决定、批准

《唐律·断狱》"讯囚察辞理"条规定："……事须讯问者，立案同判，然后拷讯。违者，杖六十。"对此，疏议云："……事须讯问者，立

---

① 元大德八年刑部呈文所载内容。黄时鉴辑点：《元代法律资料辑存》，浙江古籍出版社 1988 年版，第 186 页。

② 《元典章·刑部·禁止惨刻酷刑》。

③ （清）薛允升：《唐明律合编》，法律出版社 1999 年版，第 699 页。

④ 《明会典》。

案，取见在长官同判，然后拷讯。若充使推勘及无官同判者，得自别拷。若不以情审察及反复参验，而辄拷者，合杖六十。"这就是说，一般情况下，刑讯要"立案同判，然后拷讯"，即立下文书，写明拷打原因，作出一个拷讯的决定，并经所在衙门主管长官同意后，才能拷讯。以防止不该刑讯的人员被刑讯。但若是作为国家派遣的使官审理案件以及长官不在无法参与审讯的，则可自行拷讯。而且，唐朝强调判官亲问，《判官令》规定："诸问囚，皆判官亲问，辞定令自书款，若不解书，主典以口写讫，对判官读示。"①这表明，唐时拷讯须由承审官会同现任长官同判后才能施行，否则，要承担相应的法律责任。宋初，太祖建隆三年（962年）诏令："……依法拷掠，仍须先申取本处长吏指挥，余从前后制敕处分。"②太平兴国六年（981年）又下诏进一步规定："自今系囚如证佐明白而悍拒不伏合讯掠者，集官属同讯问之，勿令胥吏拷决。"③唐律要求同判，而此时的宋朝则还要求共同讯问。后来可能是因为众官同讯不利于速决案件，故雍熙三年（986年）令："诸州讯囚，不须众官共视，申长吏得判乃讯囚"④，从此形成定制。如果狱吏及捕盗官不请示长官擅自拷讯犯人，要依法定罪。真宗天禧二年（1018年）三月，法官参详："自今捕盗掌狱官不察长吏而捶囚，不甚伤而得情者，止以违制失公坐。过差而不得情，挟私拷决有所规求者，以违制私坐。"⑤即便是应该拷囚，但未经长吏批准者也要治罪。仁宗天圣元年（1023年）十月，重申"诸州典狱者不先白长吏而榜平二年"。

---

① ［日］仁井田陞：《唐令拾遗》，《判官令》第三十，转引自那思陆：《中国审判制度史》，上海三联书店 2009 版，第 100—101 页。

② 《宋刑统·断狱律·不合拷讯者取众证为定》。

③ （宋）马端临：《文献通考·刑考 5》。

④ 《宋史·刑法志》。

⑤ （宋）李焘：《续资治通鉴长编》卷 91。

宋朝，刑讯在"程序上只需县丞与主簿的一致同意。知县会签发一张令状命令杖责一定数目，上面要有佐官署名表示同意，再交给押司和当值狱吏，由狱吏当着官吏的面施行拷打"①。由此可见，在程序上，宋朝刑讯者与批准刑讯的签发者不能是同一人，而且，刑讯要当着其他官吏进行，不能私下刑讯。

元朝在唐宋立案、刑讯要经长官批准的基础上，不仅增设了对刑讯先行立案的专门前置程序，而且还规定了刑讯案件集体立案，"职官同问"的审判制度。这种"职官同问"的形式，是指在刑讯、拷问、结案的各个环节，均实行"词讼正官推问"与职官同问（又称"同磨"）制度。前者指案件的审理必须由中书省任命的地方正职官员进行，正职以外的官员不得推问词讼。以严肃正职官员履行司法职责，后者又被称为"公厅圆坐"署事之制，是"词讼正官推问"制度的进一步发展，即审理罪囚，要由连职官员共同进行，并由正官与其他连职官员共同署押。《至元新格》规定："诸所在重刑，皆当该官司公厅圆坐，取讫服辨，即地方官府正官会同有关职官审讯。"②即刑讯必须联署官员共同议定、共同审讯、共同签字、共负其责。任意用刑导致被告人伤亡，"坐判署官吏"③。"职官同问"的审讯制度，不仅建立了集体推问制度，而且也是元朝创制的"词讼正官推问"和"禁止人吏推问狱讼"制度的进一步发展，具有督勒"正官亲躬狱讼"和防止"人吏专推词讼"的作用。《元史·刑法志》载："诸鞫问囚徒，重事须加拷讯者，长贰僚佐会议立案，然后行之，违者重加其罪。"《新元史·刑法志》规定："诸鞫问罪囚……若

---

① ［日］宫崎市定：《宋代的司法》，载［美］孔杰荣等编：《中国法律传统论文集》，中国政法大学法律史学研究院译，中国政法大学出版社 2015 年版，第 35 页。

② 《元典章·刑部·犯人翻异移推》。

③ 张晋藩：《中国法制史》，商务印书馆 2010 年版，第 317 页。

事情疑似，赃状已明而隐匿不招者，须与连职官员，立案同署，依法拷问。"《元典章》规定："今后应鞫问公事，须凭证佐，赃验明白，究情研穷磨问，其事昭著，再三引审，抗拒不肯招状，如情可据无疑，须依条例，与连职圆座立案同署，依法拷问。"忽必烈在称元前的中统四年（1263 年）就规定："鞫勘罪囚。仰达鲁花赤、管民官一同磨问，不得转委通事、必阇赤人等推勘。如违，仰宣慰司究治。"① 至元五年（1268 年）又规定："鞫勘罪囚，皆连职官同问，不得转委本所及典吏推问。如违，委监察纠察。"② 忽必烈定国号为"元"以后，更是反复强调。清朝，严格限定决定适用的主体。清律第三百九十六条附例规定，对于夹棍刑，只有正印官方许准用，但若是州县自理之案（民事案件），正印官也不得擅用。"内而法司，外而督抚、按察使、正印官，许酌用夹棍、拶指外，其余大小衙门概不准擅用。"③

上述规定表明，古代刑讯要立下文书，写明拷打原因，并经所在主管长官同意，签字决定，这种刑讯的前置程序实际上就是刑讯先行的立案程序。只有在该程序履行之后，才能实施拷讯。

二、中国古代刑讯的实体条件

关于中国古代刑讯的实体条件，各朝虽然略有差异，但总体可以概括为以下情况：

---

① 《元典章》，中国书店 1990 年版，第 586 页。此处的"通事、必阇赤"乃蒙古语，汉语"书史""文书"之意。

② 《元典章·刑部·鞫囚职官同问》。

③ 《大清会典事例》389 卷。

（一）经情审无法排除人犯的犯罪嫌疑但其又拒不交代的

这是古代适用刑讯最为普遍的实体条件。早在秦朝，司法官吏审案必先认真听取受审人的陈述，并记录在案，即使知道其做虚假供述，也要待其供述结束后才能对存在的疑问再行诘问，直至诘问到受审人词穷。只有在受审人"诘之极而数诎，更言不服，其律当笞掠者，乃笞掠"①。就是说，受审人虽然已经理亏词穷，但仍然进行欺骗，改变口供，或者拒不认罪的，方依法施行刑讯。据《隋书·刑法志》记载，陈时，"其有赃验显然而不款，则上测立"②。《唐律疏议》规定，"依《狱官令》：'察狱之官，先备五听，又验诸证信，事状疑似，犹不首实者，然后拷掠。'"《唐律疏议》对于《唐律·断狱》刑讯条件中所称"反复参验，犹未能决，事须讯问……"的解释是"'犹未能决'，谓事不明辨，未能断绝"。这就是强调，刑讯以对证据的核实为条件。宋初，宋太祖建隆三年（962年）即诏令：只有"支证分明及赃验见在，公然抗拒，不招情款者，方得依法拷掠"③。这与唐朝"事状疑似，犹不首实者"方准予拷讯的后果还是有所不同的。宋朝的规定意在强调定案口供与其他证据的一致。此规定不致造成冤狱，且限制了刑讯的滥用，而唐朝的规定则会屈打成招，使刑讯手段和目的立法的一致性相分离。此外，宋朝关于证据证实仍不招供承认者方可拷讯的刑讯条件与唐朝律文中如果证验分明无疑者即具状断之，不必拷讯的规定也不尽一致。这说明，宋朝强调的是，不能在证据不足、似是而非的情况下拷讯，而只能在证据确凿但被讯问者仍公然抗拒时予以刑讯。可见，宋朝强调证据与口供的一致，不论何种情况

---

① 睡虎地秦墓竹简整理小组编：《睡虎地秦墓竹简》，文物出版社1990年版，第147页。
② 《历代刑法志》，群众出版社1988年版，第231页。"测立"乃当时的一种刑讯方式，详见"刑讯方式"之内容。
③ 《宋刑统·断狱律·不合拷讯者取众证为定》。

和案件，没有口供，即使其他证据充分也不能定案。这无疑较之唐朝要更进一步。正是因为两宋时期对证据的重视和要求的严格，才使得当时证据的检验制度尤其发达，而这反过来又强化了证据的证明力。

（二）人犯有重罪且有证据证明但其拒不供认

总体讲，中国古代的刑事诉讼中，只有证据而没有口供是不能定案的，对此，即使是国外的学者也表示认同，如宋朝，"在大多案件中，既成犯罪事实的认定基于人犯口供，而非物证或证人证词。甚至在物证具备时，若被告不承认，罪名也不能合法成立。但当证据充分而被告仍拒绝认罪时，知县可进行拷讯"。[①]辽金时期，法律规定："诸鞫问囚徒，重事须加拷讯。"违者，"重罪之"。[②]元朝时，"鞫囚非强盗毋加酷刑"。"其余杖罪以下细事，依理归对，毋得似前，非法拷讯，酷虐无辜。"[③]只有"惟众证已明而不款服者，如刑问之"。"有司诸断小罪，辄以杖头非法杖人致死"者，"坐判属官吏"以罪。[④]《明会典》规定："犯重罪，赃状明白，故意特顽不招者，则用刑讯问。"《明史·刑法志》规定："凡内外问刑官，惟死罪并窃盗重犯，始用拷讯，余止用鞭朴常刑。"[⑤]清朝规定更加具体："强盗、人命及情罪重大案件，正犯及干连有罪人犯，或证据已明，再三详究，不吐实情，或先已招认明白，后竟改供，准夹讯外，其别项小事，概不许滥用夹棍。"[⑥]从上述法律规定演变情况看，对重罪刑讯

---

① ［日］宫崎市定：《宋代的司法》，载［美］孔杰荣等编：《中国法律传统论文集》，中国政法大学法律史学研究院译，中国政法大学出版社2015年版，第35页。

② 《元史·刑法志》。

③ 《元典章·刑部·不得法外枉勘》。

④ 《大元通制》。

⑤ 《历代刑法志》，群众出版社1988年版，第231页。对此，弘治《问刑条例》有类似规定："内外问刑衙门一应该问死罪并盗窃、抢夺重犯，需用严刑拷讯，其余止用鞭朴常刑。"

⑥ 《清律·刑律·断狱》。

的规定较之一般刑讯的规定要晚，换句话说，重罪刑讯的规定是在对一般犯罪刑讯的基础上发展而来的，而且，越是到古代后期，对重罪刑讯范围的限定越窄，这与适用刑讯的对象由最初的范围较大到后来的严格限定以及刑讯由兴到衰的发展历史是一致的。

三、中国古代刑讯实体条件与程序条件的结合

实践中，刑讯的实体条件和程序条件是结合起来适用的。不论是刑讯基本方式中的笞杖还是其他特殊的刑讯方式，概莫能外。这里，仅以清朝夹棍、拶指两种刑讯方法为例予以说明。

（一）适用夹棍、拶指刑讯方法的实体条件

夹棍、拶指两种刑讯方法在清朝备受青睐，按照清律规定，只有对于性质严重的强盗、人命案件及其人犯，才容许对男子使用夹棍，对女子使用拶指。夹棍、拶指行刑时异常酷烈，前者往往刑未终，犯人就被夹断了腿，甚至被夹死。拶指因十指连心，女犯往往受拶而指尖鲜血淋漓，昏死过去。

按照清律规定：“强盗人命酌用夹棍，妇人拶指，通不得过二次。其余一切非刑有禁。断罪必取输服供词，律虽有‘众证明白，即同狱成’之文，然非共犯有逃亡，并罪在军、流以下，不轻用也。”[①]顺治十七年（1660年），朝廷诏准，凡问刑衙门，无真赃确证及户婚田土小事，不得滥用夹棍。康熙四年（1665年）诏令：“强窃盗人命，及情罪重大案件

---

① 《历代刑法志》，群众出版社1988年版，第589页。

正犯，及干连有罪人犯，或证据已明，再三详究，不吐实情，或先已招认明白，后竟改供者，准夹讯外，其别项小事，概不许滥用夹棍。"①康熙九年（1670年）又诏令，凡是官员审讯犯人，不准于拶指、夹棍之外再用别种非刑，对妇女不准使用夹棍。②"直省州县自理之案，不得擅用夹讯。"③可见，清朝对夹棍、拶指适用的案件、对象等实体方面予以了限定。清朝中期，夹棍、拶指等常被滥用，并有"三木之下，何求不得"之说，造成非常惊恐的气氛，不得不制定条款加以限制。至道光年间，对夹棍、拶指的使用严格限制，只有三法司和各省督抚、按察司和府州县正印长官才可动用，其他衙门"不准擅用"。还特别规定州县审理"自理案件"，即民事案件"不得擅用夹讯"，如初审向上审转的刑案，用过夹拶，还应声明，报上司"察验"。

（二）适用夹棍、拶指刑讯方法的程序条件

（1）严格限定决定适用夹棍、拶指的主体。清律第三百九十六条附例规定，对于夹棍刑，只有正印官方许准用，但若是州县自理之案（民事案件），正印官也不得擅用。"内而法司，外而督抚、按察使、正印官，许酌用夹棍、拶指外，其余大小衙门概不准擅用。"④即只有三法司和各省督抚、按察司和府州县正印官才可以决定动用夹棍、拶指，其他大小衙门一律不得擅用。⑤"若堂官法司审理事件，呈请批准，方许用夹棍、拶指。若不呈请而擅用，及佐贰并武弁衙门，擅设夹棍、拶指等刑具者，

---

① 《大清律例·断狱·故禁故勘平人》。
② 《清会典》第57卷，第6页；《六部处分则例》第50卷，第1—3页。参见瞿同祖：《瞿同祖法学论著集》，中国政法大学出版社1998年版，第458页。
③ 《大清律例·刑律·断狱》。
④ 《大清会典事例》389卷，第3页。
⑤ 《大清律例》，天津古籍出版社1993年版，第606页。

该堂官及督抚题参交部议处，正印官亦照失察例处。"①

（2）在适用的次数上，一次审讯中只能使用夹棍考讯两次。清律第一条附例规定，"强盗人命酌用夹棍，妇人拶指，通不得过二次"②。"其应夹人犯，不得实供，方夹一次。再不实供，许再夹一次。用刑官有任意多用者，该管上司不时察参，尚有徇隐，事发并交部议处。"③

（3）在适用程序上，夹棍标准及其使用情况必须上报。清律第一条附例规定各问刑衙门夹棍须报呈上司验烙："各省问刑衙门夹棍，州县呈明知府验烙，知府呈明按察司验烙，按察司呈明督抚验烙。其尺寸长短宽窄，俱刻以中挺之上，如有擅用未曾验烙夹棍者，以酷刑题参。"④此外，使用夹棍刑讯后，应该据实上报。清律第三百九十六条附例规定："直省州县自理之案，不得擅用夹讯。其申报事件，有曾经夹讯者，将夹几次，或未曾夹讯之处，于招册内据实声明。该管上司于解审时详加察验，如有朦胧隐匿情弊，即行题参。"⑤康熙九年（1670 年）又诏令，司法官吏必须向总督巡抚报告是否在具体案件的审讯过程中使用过夹棍。⑥

（4）违法使用夹棍刑讯，将予治罪。清律第三百九十六条附例规定："若将案内不应夹讯之人，滥用夹棍，及虽系应夹之人，因夹致死，并恣意叠夹致死者，将问刑官题参治罪，若有别项情弊，从重论。"⑦对妇女使用夹棍者，要受到降职或罚俸的处分。⑧

---

① 《大清律例·刑律·断狱》。
② 《历代刑法志》，群众出版社 1988 年版，第 589 页。
③ 《大清会典事例》723 卷。
④ 《大清会典事例》723 卷。
⑤ 《大清会典事例》839 卷。
⑥ 《清会典》第 57 卷，第 6 页；《六部处分则例》第 50 卷，第 1—3 页。参见瞿同祖：《瞿同祖法学论著集》，中国政法大学出版社 1998 年版，第 458 页。
⑦ 《大清会典事例》839 卷。
⑧ 《清会典》第 57 卷，第 6 页；《六部处分则例》第 50 卷，第 1—3 页。参见瞿同祖：《瞿同祖法学论著集》，中国政法大学出版社 1998 年版，第 458 页。

中国古代刑讯的对象及例外

一、古代刑讯的对象

现有史料和中国古代刑讯的实践表明，中国古代刑讯的对象并非一成不变的，而是随着刑讯制度的发展而不断充实丰富的。早在西周，刑讯的对象仅限于人犯。到了秦朝，除法定的人犯外，刑讯实践中增添了把原告作为刑讯对象的情况。而到了汉朝，司法实践中刑讯的对象在前述人犯和原告的基础上，又引入了证人。而将上述状况法律化、制度化则是唐朝的事情了。这个演变过程表明：一方面，随着社会的不断发展，各种社会关系变得具体而复杂，迫使法律内容随之拓展和细化；另一方面，统治者加大和发挥了将法作为统治工具运用于社会管理的功能和作用，而统治者自身，尤其是达官贵人则往往处于法律之上、法律之外。

（一）人犯

中国古代对人犯的刑讯，通常是根据案件的性质来决定的，这可以归纳为"所有案件均适用刑讯"和"因案件而刑讯"以及"案、人结合而刑讯"三种情况。虽然后两种情况不及第一种情况普遍，但却实实在在地存在并为历史所记载，而且，与之前所阐述的"刑讯的实体条件"密切联系，二者是一个问题的两个方面。对于"因案而刑讯"的情况，在辽金时期即有"诸鞫问囚徒，重事须加拷讯"①的规定。元朝也有"鞫囚非强盗毋加酷刑"②，小罪不得刑讯的记载。"案、人结合而刑讯"的情况，如明朝根据案件和对象决定拷讯的工具。弘治《问刑条例》规定："内外问刑衙门一应该问死罪并盗窃、抢夺重犯，需用严刑拷讯，其余止用鞭朴常刑。"清朝康熙四年（1665 年）诏令："强窃盗人命，及情罪重大案件正犯，及干连有罪人犯，或证据已明，再三详究，不吐实情，或先已招认明白，后竟改供者，准夹讯外，其别项小事，概不许滥用夹棍。"③

（二）原告

刑讯原告的实例秦朝即有，据《史记·夏侯婴传》记载，秦朝末年，年轻的刘邦因开玩笑误伤了夏侯婴，被人以伤害罪告发。因刘邦当时担任亭长，应被重罚，故刘邦不承认伤了夏侯婴，夏侯婴为了保护刘邦，也作证说没有受刘邦的伤害。夏侯婴因此被羁押一年多，受了数百次的严刑拷掠，几乎丢了性命。刘邦终因证据不足而得以免罪。但是，从前述刘邦伤夏侯婴，刘邦不承认，反而拷讯夏侯婴的司法实际看，至少到秦朝末年，除对囚犯刑讯外，已经出现了对涉案的被害人直接或者将其作为证人进行刑讯的情况。

反拷原告或者控告人的法律规定始于唐朝。《唐律·断狱》"拷囚限

① 《元史·刑法志》。
② 《元史·仁宗本纪》。
③ 《大清会典事例》389 卷。

满不首"条："诸拷囚限满而不首者，反拷告人。其被杀、被盗家人及亲属告者，不反拷。被水火损败者，亦同。拷满不首，取保并放。违者，以故失论。"

唐律的上述规定，为后来朝代所继承。宋朝规定："诸拷囚限满而不首者，反拷告人。其被杀、被盗家人及亲属告者，不反拷。"①

按照法律规定，拷讯囚犯数满而不承首，囚犯应被取保释放，同时要"反拷告人"，推求其告发是否属实。

关于这一规定的出发点：其一，推求其告发是否属实，查明案件的真实情况。其二，基于防止和惩治"恶人先告状"的逻辑。人类在最早发生争执的情况下，通常是弱势的一方向长者告状，长者据此按照自然选择的办法对强势的一方进行必要的惩罚。争执随之迎刃而解。随着社会的发展，人性的狡诈、恶性的一面越来越多，出现了奸猾的强势一方先行告状情况。为了证明控告理由的成立，便先对被告人进行刑讯，在被告拒不供认的情况下，就不得不对控告人进行刑讯，以证明其控告的真实。其三，以此规定来防止原告诬告被告和控告不实情况的发生。虽然"反拷告人"的规定始自唐朝，但是，对于控告不实和诬告的惩处则自秦朝即已有之，而且，对诬告者的惩罚较之控告不实要重。②汉以后，诬告反坐成为定制，并为古代历朝所继承。对于控告，《唐六典》曾规定："凡告言人罪，非谋叛以上，皆三审之。"意即凡是控告他人犯罪，如果所告的非谋反以上之罪，受理控告的官员，要告知控告者控告不实或者虚告的法律责任，令控告者慎重考虑。如此反复三次。应当说，"反

---

① 《宋史·刑法志》。
② 《睡虎地秦墓竹简·法律问答》载，甲告乙盗牛若贼伤人，今乙不盗牛、不伤人，问甲何论？端为，为诬人；不端，为告不审。此意是说，甲控告乙盗牛或杀伤人，现在乙没有盗牛、没有伤人，问甲应如何论处？如系故意，作为诬告他人；不是故意，作为控告不实。

拷告人"这一立法的本意是积极的，但是，由此带来的负面影响也不容
忽视。因为，反拷控告方和证人的结果必然造成被害人不敢贸然控告以
及证人对作证的顾虑，而这反过来又影响证据的收集，结果只能促使加
大对囚犯的刑讯。对此问题，古代法律未能予以有效解决。

（三）证人

古代对证人刑讯的实例秦即有之，秦朝虽然已有了诉讼中司法官
吏询问证人而查清案件事实的规定和实例，遗憾的是，至今尚未见到秦
朝法律与之相关的明确记载。据《睡虎地秦墓竹简·封诊式·经死爱
书》记载，令史等认为："自杀者必先有放"，因此，"问其同居，已答
其故"，在《贼死爱书》又载，丙家附近发生了一起杀人案件，在现场勘
验、尸体检验完成后，令史等询问知情的甲和邻居丙："知男子何日死，
闻号寇者也。"即讯问甲、丙两人是否知道男子死在哪一天，有没有听到
呼喊有贼的声音？这件诉讼案件同时说明，在秦朝法律关于证人资格的
限定上，可能还未废除亲属间作证的规定。《经死爱书》中记载了在审
理一件自杀案件中，也是以同居为证人的。在询问证人的方式上，秦朝
司法官吏既可以要求证人到场接受询问，也可以根据案件需求躬身走访
证人搜集证词："子纯觑刘产，啖蒋以利，指刘子乃其子，董为刘乞养，
与欲以其子归原，而董证之……托故出城，赴刘居查询稳婆、乳媪，并
侍产邻妇及医师，各供皆与刘符。归诘蒋、董，得子纯唆诉状，分别罪
之。"[①] 可见，在秦朝法律中尚没有容许用拷讯方式取得证人证言的规定，
只是在司法实践中已出现了刑讯证人的实践。

自汉朝起，虽然受儒家"亲亲相隐"思想影响，法律规定亲属间不

———

① 　睡虎地秦墓竹简整理小组编：《睡虎地秦墓竹简》，文物出版社 1978 年版，第 270—271 页。

得告发和作证，并为后世各代所承袭，但是法律同时也规定对证人可以逮捕和拷问。据《后汉书·陈禅传》记载：陈禅"察孝廉，州辟治中从事。时刺史为人所上受纳赃赂，禅当传考……及至，笞掠无算，五毒毕加，禅神意自若，辞对无变，事遂散释"。此案中，陈禅即是作为案件的证人被拷讯的。这一方面是因为证人证言作为人证同样是重要的证据，故在一定情况下也需要刑讯手段予以收集，另一方面是因为汉代定罪的前提是"辞服"。辞，除当事人的供辞外，也还包括证人的证辞。汉代刑讯证人时强调，"吏以文法教训辨告，勿笞辱"。所谓"辨告"就是"分辨义理以晓喻之"。即讯问前，司法官吏首先向原告、被告和证人讲解相关的法律内容，如实对质案件，如果作伪证，则"以辞所出入罪反之"。法律还规定，初审后三天内，证人纠正不实供辞，则不负刑事责任。因此，诉讼中形成初审后第三天的复讯制度，所谓"讯考，三日复问之，知与前辞同否"①。值得注意的是，在汉代，由于取证人之"辞"与囚犯之"供"具有同等价值，所以，汉代逮捕、拷讯证人，逼取证辞的现象已很普遍，动辄几十人。特别是所谓"诏狱"，涉及证人甚至成百上千。据《汉书·杜周传》载：

至（杜）周为廷尉，诏狱亦益多矣。二千石系者新故相因，不减百余人。郡吏大府举之廷尉，一岁至千余章。章大者连逮证案数百，小者数十人；远者数千里，近者数百里。会狱，吏因责如章告劾，不服，以掠笞定之。于是闻有逮证，皆亡匿。狱久者至更数赦十余岁而相告言，大氐尽诋以不道，以上廷尉及中都官，诏狱逮至六七万人，吏所增加十有余万。

当然，刑讯证人也非万能，许多案件虽经刑讯但仍然不能定案。《太

---

① 《汉书·高帝纪》。

平御览》卷三六八引《项诵传》："豫章项诵字叔和，为郡主簿。太守为属县所诬，章诵诣狱证，……血出滂流，齿皆堕地，太守获免。"只是像项诵这样虽经非人的刑讯折磨，但最终没有诬证，既保全了太守，自己也捡得性命的实属少见。

而且，当时对证人的刑讯程度也很残酷。《折狱龟鉴·鞫情》中记载了三国魏时刑讯证人的实例。顿丘县的郭政与其堂妹通奸，并杀了堂妹的丈夫。但审讯时，二人"皆耐掠隐抵"。而证人冯凉却"不甚痛，自诬，当反其罪"。

唐律规定："诸诬告人流罪以下，人未加拷掠，而告人引虚（承认诬告）者，减一等，若前人已拷者，不减，即拷证人亦是。"①"诸证人不言情，致罪出入者，证人减二等。"② 此外，证人为被诬告人作证且后果不利于被诬告人的，在追究诬告人刑事责任的同时，也要对证人反讯。③

宋朝时，一方面，诬告人者反坐。所诬属流以下罪，则视前人已拷未拷而决定反坐罪之等级，"即拷证人也是"。"若证不足，告者不反坐。"④另一方面，加强了对证人的保护，以防止危害无辜。这主要体现在：一是禁止擅自追摄证人。凡"合要证佐之人"，必须通过证人住地的主辖机关，"并具姓名、人数及所支证事状，申府勾追"⑤。"合要干证人"的司法机关，"无得专擅追摄"⑥。所要证人如系妇女，"千里外勿追摄，牒所在区断"⑦。二是优先断放证人。宋仁宗康定二年（1041 年）规定："今后所勘

---

① 《唐律·斗讼》。
② 《唐律疏议·诈伪·证人不言情及译人诈伪》。
③ 《唐律·斗讼》。
④ 《宋刑统·斗讼律·告反逆》。
⑤ 《宋会要辑稿·刑法》3 之 58。
⑥ （宋）李焘:《续资治通鉴长编》卷 90。
⑦ （宋）李焘:《续资治通鉴长编》卷 82。

命官使臣内有干连人……若须要照证，暂勾分析，事了先放。"① 三是规定了禁系证人的时限。北宋时，对证人的禁系不曾限定，"遂致纵留，动经旬月"。宋徽宗宣和元年（1119 年）特令尚书省依开封府例立法："诸鞫狱，干证人无罪者，限二日责状先放。"有违，"计日罪者杖六十"②。因故不能按期先放者，"听狱官具情由禀长吏，通不得过五日"③。四是重罪已明，不可再追证以待轻罪。宋徽宗大观二年（1108 年）御旨："人众罪重，已该极刑，则其轻罪不当追证。"④ 命官犯罪罪状明白者，也不必追索干证，以免妄使无辜之人淹延囚禁。

　　清朝在沿袭了唐律关于对词内干证作伪证的处罚的基础上，还附加规定："若非词内干证，而挺身硬证者，与诬告人一体同罪。"⑤ 按照清律，对诬告罪的处罚是按诬告的罪名再加二等来惩罚诬告者和挺身硬证者，且法律没有众证定罪情况下才追究证人伪证的限制。

　　虽然古代法律也容许拷讯证人，但大多数情况下，法律对证人的刑讯与对原、被告的刑讯还是有区别的，特别在唐宋以后，更注意以"情讯"方法对待证人。当然，按照儒家"亲亲相隐"和"矜老怜幼"的伦理，古代对以下两类人一般都有免于作证的规定，以唐律为例，一是"于律得相容隐"之人。即"凡同居大功以上亲、外祖父母、外孙、岳父母、婿、孙妇、夫之兄弟、兄弟之妻"，相互可免于作证。另外，部曲、奴婢得为主隐。⑥ "亲亲相隐"最早是春秋战国时期儒家提出的主张。孔

---

① 《宋会要辑稿·刑法》3 之 62。
② 《宋会要辑稿·刑法》1 之 32。
③ 《宋会要辑稿·刑法》2 之 78。
④ 《宋会要辑稿·刑法》6 之 58。
⑤ 《大清律例·刑律·诉讼·诬告》。
⑥ 《唐律疏议·名例·亲属相容隐》。

丘说："父为子隐，子为父隐，直在其中矣。"① "事亲，有隐而无犯。"②
《汉书·宣帝纪》载，汉宣帝本始四年（前70年）发布诏令曰：

> 父子之亲，夫妇之道，天性也。虽有患祸，犹蒙死而存之，诚爱结于
> 心，仁厚之至也，岂能违之哉！自今子首匿父母，妻匿夫，孙匿大父母，
> 皆勿坐；其父母匿子，夫匿妻，大父母匿孙，罪殊死，皆上请廷尉以闻。

此后，这一原则被历代确认，成为定制。

二是八十以上、十岁以下及笃疾者，不得作证。由于免于作证，对
其自然也就没有刑讯问题。这样的规定既是基于古代伦理纲常和这些证
人身体的情况缺乏作证能力的考虑，还因为，法律虽容许对证人进行拷
讯，而上述证人"以其不堪加刑故并不许为证"③。更何况，伪证是要负
法律责任的。若违律遣证，"减罪人罪三等"，即遣证徒一年，所司合杖
八十之类。④ 此后，历代法律变化不大。

刑讯逼证是由刑讯逼供派生而来，但其通常是为了通过其他证据而
最终取得囚犯的口供。这与刑讯逼供旨在定案的目的是有所不同的。

二、古代刑讯适用对象的例外

古代法律在规定刑讯对象的同时，也明确了不适用刑讯的对象，一
些朝代还根据自身的情况规定了不适用刑讯的特殊对象。

---

① 《论语·子路》。
② 《礼记·檀弓》。
③ 《唐律·断狱》。
④ 《唐律疏议·断狱》。

（一）享有议、请、减特权的士族官僚

"在奴隶社会和封建社会中，阶级的差别也是用居民的等级划分固定下来的，同时还为每个阶级确定了在国家中的特殊法律地位。"[1] 中国古代是等级社会，从而也就形成了对士族官僚刑讯上实施保护的特权制度。如果说，奴隶制社会命夫命妇连狱讼都不亲躬坐[2]的话，那么，秦汉时期，受法家平等主张的影响，贵族与平民在法律上的平等毕竟有所改观，贵族不能完全置身于法律之外。但是自汉朝以后，儒家思想又渐渐抬头，法家的主张终不能贯彻，贵族官僚在法律上的特权得以恢复和发展。就刑讯而言，这些特权表现为"议""请""减"等形式。

1. "议"

所谓"议"即指"八议"，此乃三国曹魏时期，官僚贵族在法律上特权最典型最集中的表现，这种特权不仅体现在处罚上，而且表现在诉讼的羁押和受刑期间。"八议自魏、晋、宋、齐、梁、陈、后魏、北齐、后周及隋，皆载于律。"[3]《北堂书钞》卷44引《晋律》规定："诸侯应八议以上，请得减收留赎，勿髡钳笞。"[4]《资治通鉴·晋纪》："公侯有罪，得以金帛赎。"程树德按曰："史不言慕言盛定律，其所引律，即晋律也。"[5] 事实上，类似规定的雏形可追溯到秦汉[6]，如《秦律十八种》中的《司空律》："公士以下居赎刑罪、死罪者，居于城旦春，毋赤其衣，勿枸椟杕。"北朝初，皇族有遣，皆不持讯。按唐朝《唐律疏议·断狱》（总474条）规定："诸应议、请、减者，……并不合拷讯，……违者以故失

---

① 《列宁全集》第6卷，人民出版社2013年版，第287页。

② 《周礼·秋官司寇·小司寇》注云："为治狱吏亵尊者也。躬，身也，不身坐者，必使其属若子弟也。"

③ 《唐六典》。

④ 转引自李俊芳：《晋朝法制研究》，人民出版社2012年版，第157页。

⑤ 程树德：《九朝律考》，中华书局2003年版，第237页。

⑥ 参见李俊芳：《晋朝法制研究》，人民出版社2012年版，第157至158页。

论。"也就是说，凡是应议、请、减者，在犯罪后的审理中都不得拷打。如果拷打致罪有出入的，按照"故失出入人罪"条处罚。疏文补充说，如定罪无出入而枉拷的，"依前人不合拷捶法；以斗杀伤论，至死者加役流"。唐后各代沿用此制，并不断发展。只是各个朝代法律对此的规定多与其他免除刑讯的情况规定在一起。

2. "请"

所谓"请"是指贵族、官僚等有特殊身份的人犯罪后，一般司法机关不得擅自审理，须奏请皇帝定夺，只有得到许可后方可审理并予以裁决。"请"的对象通常是应议者期以上亲及孙、若官爵五品以上者。类似的规定在古代中国的法律中存在较早，汉初惠帝时，"爵五大夫、吏六百石以上及宦皇帝而知名者有罪当盗械者，皆颂系"①。此后，汉朝贵族有罪，须先奏请然后才能逮捕审问，且在适用范围上不断扩大。汉宣帝时规定，"吏六百石位大夫，有罪先请"。东汉光武帝时，下诏三百石以上的县令与侯国之相都实行"有罪先请"。不过，"请"的对象后来逐渐特定化，主要是针对享受"八议"特权的贵族、官僚。梁律优待权贵士族，士大夫不受体罚，据《良吏传》载：

梁初何远为武昌太守，秋毫无所受。武昌俗皆用江水，盛夏，（何）远患水温，每以钱买民井寒水，不取钱者，则投水还之。其佗（他）事率多如此，迹虽近伪，而能委曲用意焉。车服尤弊素，器物无铜漆。江夏多水族，甚贱，远每食不过干鱼数片而已。然性刚严，吏民多以细事受鞭罚者，遂为人所讼，征下廷尉，被劾数十条。当时士大夫坐法皆不受立，远度己无赃，就立三七日不款。犹以私藏禁杖，除名。何远自认清白，愿受测立，是士大夫中少有的硬汉。一般士大夫当不受测罚。②

①　《汉书·惠帝纪》。
②　参见张晋藩总主编：《中国法制通史》第3卷，法律出版社1999年版，第450—451页。

士族因案入狱除了不受测罚外，也可不戴戒具。据《隋书·刑法志》载，南梁法律规定："郡国太守、相、都尉、关中侯以上，亭侯以上之父母，妻子所生，坐非死罪除名之罪，二千石以上非槛征者，并颂系之。"[①]又载，北齐律规定，官吏、贵族中可享受赎罪特权者，犯流罪以下，可不加狱具。至唐朝，"请"的对象被规定为三种：皇太子妃大功以上亲属、应议者期以上亲属及孙、五品以上官爵。《宋刑统》承袭唐律对"八议""请"规定，将一些涉及特殊人员的案件，从一般的审判活动中分离出来，划归专门审判机关进行审理。一是指命官犯法，一般司法机构无权审理，须上请皇帝裁决。"凡天下狱事，有涉命官者，皆以其狱上请"[②]。二是皇族宗室人员犯罪，一般司法机关也不得随意加刑，而是杖以下罪归大宗正司管辖，徒以上罪由皇帝裁决。地方上的宗室人员还专门于西京设置西外宗正司，南京设南外宗正司，其权限与大宗正司一样，可判决杖以下轻案，徒以上则须通过大宗正司上奏皇帝裁决。宋政和七年（1117 年）诏：

品官犯罪，三问不承，即奏请追摄；若情理重害而拒隐，方许枷讯。迩来有司废法，不厚轻重，枷讯与常人无异，将使人有轻吾爵禄之心。可申明条令，以称钦恤之意。[③]

在此基础上，宋还创造了"赎刑""官当""免刑"等方法，以供享有特权者在审理和裁决中享用。《大明律·名例》中的"应议者犯罪"条规定："凡八议者犯罪，实封奏闻取旨，不许擅自勾问。若奉旨推问者，开具所犯及应议之状，先奏请议，议定，奏闻，取自上裁。"至清朝时，对享有"八议"特权之人的祖父母、父母、妻及子孙犯罪，司法官吏也不能擅自勾问，而须实封奏闻，奉旨推问。即使如此，也不能径自判决，

---

① 《隋书·刑法志》。

② （宋）司马光撰：《涑水记闻》，中华书局 1989 年版，第 57 页。

③ 《宋史·刑法志》。

而须先奏请议，由皇帝决断。国戚及功臣的外祖父母、伯叔父母、姑兄弟姐妹、女婿、兄弟子，以及四品、五品官之父母、妻，及应合袭荫子孙犯罪，虽许可有司依普通司法程序逮捕、审问，不必参提，但亦不得径自判决，仍须奏皇帝决定。雍正十三年（1735年）钦定条例规定，即使"三品以上大员，革职拿问，不得遽用刑夹，有不得不刑讯之事，须请旨遵行"①。

3. "减"

所谓"减"，主要是指依照法律减轻实体的刑罚和刑讯等程序的约束，它主要适用于六品、七品官员和享受"请"者即五品以上官员之祖父母、父母、兄弟、姊妹、妻、子孙。如《唐六典》规定："凡死罪枷而杻，妇人及徒流枷而杻，官品及勋、散之阶第七以上锁而不枷"，另外，"应议、请、减者，犯流以上，若除、免、官当，并锁禁"。在死刑执行上，贵族官僚可以享受"赐死""下狱死"等秘密处刑的方式，如北周时"狱成将杀者，书其姓名及其罪于拳而杀之市。唯皇族与有爵者隐狱"②；唐代法律则规定："五品以上犯非恶逆以上死罪，听自尽于家；七品以上及皇族犯死罪非斩者，绞于隐处。"③

需要注意的是，中国古代维护封建特权是立法和司法的基本原则，但在实际运作中，并非所有官员在刑讯上都被网开一面。这包括以下几种情形：其一，个别朝代法律没有专门赋予贵族官僚诉讼中包括刑讯在内的某些特权。如《隋书·刑法志》载，南朝时，诸国大臣犯罪均不拘系，但唯南陈例外。南陈时，"囚并着戒，徒并着锁，不计阶品"。④ 其

---

① 《读例存疑》卷1。
② 《隋书·刑法志》。
③ （唐）李林甫等:《唐六典》，中华书局1992年版，第189页。
④ 南陈也只是在刑讯戒具的使用上不享有特权，以不同于他代，但并不因此而影响贵族官僚在法律上的其他特权。

二，因帝王之命而降低原有特权。如《金史·刑法志》载，大定二十六年（1186 年）奏定："太子妃大功以上亲与皇家无服者，及贤而犯私罪者，皆不入八议。"其三，因法定原因而不再享有免于刑讯的特权。如"八议"者犯"十恶"之罪的，亦属不赦之列，故不再受不予刑讯的限制，只是刑讯程序的启动仍需要经过"议请"的程序。其四，帝王根据自己的意愿而随时对享有免于刑讯的特权者施以刑讯。如廷杖的出现和适用即是如此。这些，均在不同程度上促使专制社会得以延续。其五，特定情况下的例外。如上述曹魏时期的杨彪，原任太尉之职，地位可谓尊崇。尚书令荀彧和少府孔融还一再为他说情，要审判官满宠"但当受辞，勿加考掠"。但满宠仍然"一无所报，考讯如法"。刘宋时的裴松之很为杨彪鸣不平，他说："杨公积德之门，身为名臣，纵有愆负，犹宜保祐，况淫刑所滥，而可加其楚掠乎？若理应考讯，荀、孔二贤岂其妄有相请属哉？"① 其实裴松之没有看到，杨彪虽曾任过太尉，但一旦沦为阶下囚，也是要按审判制度"理应考讯如法"的。

（二）老幼笃疾者及怀孕妇女不予刑讯

基于维护封建伦理纲常和宗法制度的需要，中国古代不仅在整个法律体系中对老疾幼妇减免刑罚，而且在诉讼过程中，对老幼笃疾者及怀孕妇女一般不予刑讯。

西汉时规定："年八十以上，八岁以下，及孕者未乳，师、朱（侏）儒当鞫系者，颂系之。"② 颂系，本意系放松捆绑，这里指免戴戒具及免于刑讯。《晋书·刑法志》载："轻过误老少女人，当罚金杖罚者，皆令

---

① 《三国志·魏书·满宠传》。
② 《历代刑法志》，群众出版社 1988 年版，第 23 页。

半之。"①《太平御览》卷六五一《收赎》引《晋律》："其年老小笃癃病及女徒，皆收赎。""诸应收赎者，皆月入中绢一匹，老小女人半之"②。北魏太武帝曾规定："拷讯不逾四十九。"③据《隋书·刑法志》载，南梁法律规定："囚有械、杻、斗械及钳，并立轻重大小之差，而为定制。"一般囚徒都戴，"耐罪囚八十以上、十岁以下及孕者、盲者、侏儒当械系者，……并颂系之"④。"女子怀孕者，勿得决罚"⑤。

　　唐朝规定，对五种对象，即"诸应议、请、减，若年七十以上，十五以下及废疾者"及孕妇、产妇和有疮病的囚犯，"并不合拷讯。皆据众证定罪，违者以故失论。若证不足，告者不反坐"⑥。这一规定实际包括两个层面的含义：一方面，规定了不适用刑讯的五种对象。一是不能对享有"议""请""减"法律特权的贵族、官吏以及亲属等人进行拷讯。"议"指"八议"者本人；"请"指八议者的期亲以上亲属以及孙子，官爵五品以上的高官；"减"指七品以上之官及五品以上之官员的祖父母、父母、兄弟、姊妹、妻子、子孙等人。这主要是基于对官僚贵族等级的确定以及其享有特权的维护。二是对七十岁以上十五岁以下者不得刑讯，这既是基于行为人无完全刑事责任能力的考虑，也是出于统治阶级基于儒家思想而产生的所谓怜悯之心。三是对一肢残废、腰脊骨折断、白痴、哑巴、侏儒等"废疾"者不得刑讯，这主要是出于统治者的宽仁和慎刑政策。四是对孕妇及产后未满百日的妇女暂缓刑讯，这主要是基于人道的考虑。五是如果囚徒身患疮病，必须等疮病痊愈后才能

① 《历代刑法志》，群众出版社1988年版，第50页。
② 《太平御览》第6册，河北教育出版社1994年版，第119页。
③ 《魏书·刑罚志》。
④ 《隋书·刑法志》。
⑤ 《隋书·刑法志》。
⑥ 《唐律·断狱》。

进行拷刑。这同样是基于人道和怜悯的考虑。另一方面，规定了对不适用刑讯的五种人的犯罪，皆据众证定罪。对此，《唐律疏议》解释："称'众'者，三人以上，明证其事，始合定罪。"若证不满三人，告者不反坐，被告人之亦不合入罪。"违者，以故失论"，即对不合拷讯而故拷讯，致罪有出、入者，依故出、入人及失出、入人罪法；其罪虽无出入而枉拷者，依前人不合捶拷法，以斗杀、伤论，至死者加役流，即以斗杀、伤为故、失。如果察验难明，只有二人证实，就不能认定有罪；如仅有两名证人，一人证实，另一人证虚，也不能认定有罪。这两种情况下，对囚犯均应以无罪赎免。若全无证人，自须审察虚实，以状断之。如三人证实，三人证虚，则作为"疑罪"，令囚犯交纳一定的赎金后开释。可见，"据众证定罪"实际是"罪从供定"原则的补充。但是，犯罪者的家属（即长幼得相容隐者），不得为证。此外，"诸年八十以上，十岁以下，及笃疾，皆不得令其为证"[1]，主要是考虑其缺乏作证的能力。证人如作伪证，要以治罪，"诸证不言情，……致罪有出入者，证人减二等"[2]。

宋朝基本沿用唐朝对刑讯例外的规定，对有等级身份、老幼、残疾、孕妇、疮病五类人，不得实施刑讯。"诸应议、请、减，若年七十以上，十五以下及废疾者，并不合拷讯，皆据众证定罪，违者以故失论"[3]。对于法定特殊人员即使是有证据证实而不招承者，也不可拷讯，这些人员包括：一是七十岁以上老人以及十五岁以下少年不得拷讯。二是残疾、废疾、笃疾者不得拷讯。三是怀孕者不得拷讯。四是宋朝承袭唐律"拷囚限满不首"条的规定："诸拷囚限满而不首者，反拷告人。其被杀、被盗家人及亲属告者，不反拷。拷满不首，取保并放。违者，以故失论。"

---

① 《唐律疏议·断狱》。

② 《唐律疏议·诈伪》。

③ 《宋刑统》，法律出版社 1999 年版，第 536 页。

五是享有"议""请""减"法律特权的品官原则上也不得拷讯。所以说"原则上",是因为宋朝对于品官的拷讯并非一成不变。北宋时,朝廷经常派遣制勘官就鞫品官的贪暴案,在制勘中,经三次审问仍不承者,即可拷讯。宋真宗时,知晋州齐化基贪暴凶狠,其诸子又受贿五百余匹,蓄铜器、衣金袍。事发后,朝廷差官设制勘院专门审理,齐化基却不认罪,"凡三易制使,又令御史艾仲孺拷讯之,乃引状"[①]。宋朝廷频繁地设制勘院专门审理品官违法者,自然是对法定品官免受刑讯特权的一种突破。后来,有的甚至不经三次审问就以杖加之。所以宋徽宗政和年间(1111—1117 年)下诏:"品官犯罪,三问不承,即奏请追摄。若情理重害而拒隐,方许枷讯。迩来有司废法,不原轻重,枷讯与常人无异,将使人有轻吾爵禄之心。可申明条令,以称钦恤之意。"[②]南宋时,仍沿北宋习惯。至建炎四年(1130 年),大理卿王衣奏:"伏与辨,二事也。若一切取伏,是以威迫之,不使自直,非法意也。乞三问未承者,听辨。"[③]高宗从之。这等于又恢复了品官在刑讯上的特权。可见,宋朝对于品官的拷讯并非一成不变,而是经历了肯定—否定—肯定的变化。

　　明朝法律规定,对特定群体不得刑讯或要求其作证。凡八议之人及其祖父母、父母、妻及子孙以及京官和在外五品以上官犯罪的,均须实封奏闻皇帝,一般司法官吏不得擅自勾问。凡享有八议特权之人"及七十以上、十五以下,若废疾者,并不合拷讯,皆据众证定罪。违者,以故失入人罪论"[④]。"纂注"对此的解释是:

　　　以故失入人罪论者,谓不顾其应议及年之老幼,疾之笃废,重加拷

---

① (宋)李焘:《续资治通鉴长编》卷70。
② 《历代刑法志》,群众出版社1988年版,第348页。
③ 《宋史·王衣传》。
④ 《明律·刑律·断狱》。

讯，而老幼不任其苦而虚招，则以故入论。不稽其是否应议，年之老幼、疾之笃废而误拷讯以成罪，则以失入论。拷，拷打；讯，讯杖也。此言凡律应八议之人及军民人等年七十以上，十五以下，若人之有废疾者，凡有犯并不合用刑拷讯，皆据众人证佐情词以定其罪，所以优礼应议之人，恤老慈幼矜不成人之意。若当该官司，违此律而加拷讯以坐者，即所坐轻重之罪，以故失入人罪论。故入者，全坐；失入者，减三等。其于律中得兼容隐之人及年八十以上、十岁以下、若笃疾者，皆不得令其为证。盖容隐之人，易为亲者讳，而老幼笃疾于法免罪，或恃此以罔人。故违律而令其证佐者，当该官司笞五十，以吏为首递减科罪。①

　　清朝，凡"八议"之人、老幼废疾、孕妇、产妇以及三品以上官员，皆不得考讯。"凡应八议之人，（礼所当优。）及年七十以上，（老所当恤。）十五以下，（幼所当慈。）若废疾（疾所当矜）者，（如有犯罪，官司）并不合（用刑）拷讯，皆据众证（三人以上的证言）定罪。违者，以故失入人罪论。（故入抵全罪，失入减三等）"②。以体现传统的"恤刑"政策。《大清律例·刑律·断狱》还规定，凡孕妇犯罪，除犯奸及死罪收禁外，其他案囚则由其丈夫收管；没有丈夫则由其亲属、邻里看管，随衙听候，不得监禁。"若孕妇犯罪以后，依律应拷讯的，须待产后一百日方可拷讯"；这里，对应当刑讯的孕妇交由丈夫或亲属，甚至邻里代管的规定，除了基于人道主义的考虑外，更有调动社会因素，节约国家因对囚犯监管而在人财物方面投入的考虑，大有当今刑事诉讼中取保候审之意。此外，清律第四条附例规定："三品以上大员，革职拿问，不得遽用刑夹，有不得不刑讯之事，请旨遵行。"③

---

① 《大清会典事例》841 卷。
② 《大清会典事例》841 卷。
③ 《大清会典事例》725 卷。

（三）在反拷原告和证人的同时，也明确了不得反拷原告和证人的具体情况

《唐律·断狱》"拷囚限满不首"条规定："诸拷囚限满而不首者，反拷告人。其被杀、被盗家人及亲属告者，不反拷。被水火损败者，亦同。拷满不首，取保并放。"疏议对此曰：

> 囚拷经三度，杖数满二百而不首，"反拷告人"，谓还准前人拷数，反拷告人。拷满复不首，取保释放。其被杀、被盗之家，若家人及亲属告者，所诉盗、杀之人被拷满不首者，各不反拷告人。以杀、盗事重，例多隐匿，反拷告者，或不敢言。若被人决水入家，被火烧宅之类，家人及亲属言告者，亦不反拷告人。拷满不首，取保并放。"违者，以故失论"，违，谓若应反拷而不反拷，及不应反拷而反拷者。若故，依故出入法；失者，依失出入论。其本法不合拷而拷者，依前人不合捶拷法，亦以故失论。其应取保放而不放者，从"不应禁而禁"。不取保放者，于律有违，当"不应得为"，流以上从重，徒罪以下从轻。

就是说，当刑讯前后已拷三次，拷数已达二百时，囚犯仍不招供的，就要反过来比照拷讯囚犯的次数拷讯原告。原告被拷打满数也不招认，同样取保释放。但是，对于被杀、被盗之家，若系家人和亲属告发的案件，即使所告囚犯被拷打次数满限仍不招供的，也不能对告发人反拷。因为按律家人和亲属是可以隐瞒藏匿罪犯的，如果对这类原告人进行反拷，反使被害方不敢告发，不利于对犯罪的揭发。若被人决水入家，放火烧宅之类，家人及亲属言告者，亦不反拷告人。拷满不首，取保并放。"违者，以故失论"，即应反拷而不反拷或者不应反拷而反拷者，若故，依故出入论；失者，依失出入论。其本法不合拷而拷者，依前人不合捶拷法，亦以故失论。另外，对于控告人是法定的议、请、减者，也不适用反拷。《唐律疏议·断狱》问曰：律云"拷满不首，反拷告人"。其告人是应议、请、减人，既不合反拷，其事若为与夺？答曰：律称"反拷告人"名须准前人杖数反拷。若前人被拷罪不首，告者亦反拷；若前人止拷一百不首，告者亦反拷一百。是名"反拷告人"。其应议、请、减人，不合反拷，须准前人拷杖数征铜。司法官吏应取保释放而不释放者，以"不应禁而禁"罪论处；不经取保违法释放囚徒的，以"不应得为"罪论处，如属释放流刑以上重罪犯，从重处刑，徒罪以下从轻。①

当然，证人为被诬告人作证且后果不利于被诬告人的，在追究诬告人刑事责任的同时，也要对证人反讯。②

（四）对于特定类型案件的囚犯，一些朝代规定不适用刑讯

随着刑讯制度的不断完善，一些有实力的朝代还根据案件的具体情况，适当放宽了特定类型案件不适用刑讯的对象。如唐朝《唐律·断狱》规定："若赃状露验，理不可疑，虽不承引，即据状断之。若事已经赦，虽须追究，并不合拷。"疏议对此进一步解释道："计赃者见获真赃，杀人者检得实状，赃状明白，理不可疑，问虽不承，听据状科断。若事已经赦者，虽须更有追究，并不合拷。"其意是说，对于这样两种情况不适用刑讯：第一种情况是，赃罪如果赃物查获证实，杀人罪证据、事实已经查清，事理上没有可疑之处，即使被告人不承认，也无须刑讯逼供，可据犯罪事实直接定罪科刑。因为，此种情况下，物证和人证对案件的认定已经起了决定性的作用，而口供的价值已经被其他证据所替代，故"罪从供定"原则此时可以作为例外。第二种情况是，人犯虽有犯罪情事，但已经本刑赦免，即使还须再行追究，亦不应拷刑。因为，此种情

---

① 《唐律·斗讼》。
② 《唐律·斗讼》。

况下，经过对赦免和再行追究之权衡，最终取决于对已经作出决定的维护和对再行追究意义的否定。

宋朝还规定，非刑禁官司不得拷讯。太祖开宝八年（975）七月诏："诸道巡检捕盗使臣，凡获寇盗，不得先行拷讯，即送所属州府。"① 捕盗官司为非刑禁官司，而且于法应回避审讯，故不许他们拷囚。徽宗政和三年（1113 年）十二月二十七日下诏强调："自今应内外非刑禁官司，不得辄置小荆杖拷讯。"② 宋代如此严禁非刑禁官司拷讯犯人，目的在于使刑讯权控制在一定部门的长官手中，以防滥施刑讯。因此，县级机关的县尉司，州级机关的巡检司等，只负责逮捕囚犯，而没有关禁和审讯犯人的权力。南宋的拷讯制度进一步细化，据《庆元条法事类》："非当行典狱，不得至讯所。"③

（五）对于民事案件的被告人原则上不适用刑讯

这是因为，首先，刑事案件所要解决的是国家欲追究囚犯刑事责任的问题，国家自然就要承担相应的举证责任，为此，便从法律上容许了刑讯这种方法。而民事诉讼不涉及犯罪的问题，在古代主要解决的是民众之间的财产权益纠纷问题，举证责任通常由当事人自己承担，司法官吏无须亲自取证，也没有义务承担必须提取被告口供的责任。所以，民事诉讼更重视物证而不是人证，而在物证中又尤其重视书证。"凡以财狱讼者，正之以傅别、约剂。"④ 这种情况在买卖市场相对发达的朝代体现得尤为明显。如南宋《名公书判清明集》所载的运用契约解决各类民

---

① （宋）李焘：《续资治通鉴长编》卷 16。
② 《宋会要辑稿·刑法》2 之 61。
③ 《庆元条法事类·决遣》。
④ 《周礼·秋官司寇·士师》，"傅别""约剂"即后世的契约。

事纠纷的案例就印证了此。其所载 83 件关于土地交易引起的纠纷，不论是半数以上凡人之间的土地交易引起的纠纷，还是 31 件亲属间的土地交易纠纷，抑或是凡人与豪强间的 8 起土地争讼，其解决的依据都是契约和法律。充分说明了"大凡官厅财物勾加之讼，考察虚实，则凭文书""交易有争，官司定夺，止凭契约""官司理断交易，且当以赤契为主"①。中国古代司法实践中，各种契约、账簿、遗嘱、族谱、定亲帖子，甚至官府的账籍中的税籍、丁籍等书证均被广泛应用于民事审判活动中，据此可直接作出裁决。当然，《名公书判清明集》中也有对一些民事纠纷转化为刑事案件，继而引发刑讯实例的记载，如其所载吴雨严的《禁约吏卒毒虐平人》，即有对刑讯惨状的描述，"近阅诸郡狱案，有因追证取乞不满而杀人者，有因押下争讨支佚而杀人者，有讨断杖兜驼钱而杀人者，又有因追捕妄捉平人吊打致死者。呜呼！斯民何辜，而罹此吏卒之毒。"②其次，尽管按照《周礼》的记述，周朝刑事诉讼为"狱"，民事诉讼为"讼"，但从秦汉以后的立法和司法看，两种诉讼没有严格的区别，基本上适用同一诉讼程序。因此，关于中国古代诉讼的立法，历来是"诉讼断狱，附见刑律"。这就注定了古代通过情讯的方式来解决民事诉讼的争执更有利于对民事案件双方当事人陈述和主张的审查判断。当然，任何事物都非绝对，民事案件不适用刑讯也是一样，不排除个别民事案件中也有刑讯的成分，由此引发的"西方对中国刑讯的批评可谓连篇累牍。他们指出：中国法典允许在所有的刑事案件中以刑讯手段逼取口供，甚至扩大适用于在西方人看来纯属民事的案件"③。显然，这对中国古代刑讯对象的认识是不全面的。

① 《名公书判清明集》，中华书局 1987 年版，第 336、153、169 页。
② 《名公书判清明集》，中华书局 1987 年版，第 36 页。
③ 苏亦工：《鸦片战争与近代中西法律文化冲突之由来》，载张生主编：《中国法律近代化论集》，中国政法大学出版社 2002 年版，第 117 页。

中国古代刑讯的方式和工具

刑讯的工具是指刑讯时使用的器具,刑讯的方式是指刑讯采用的方法和形式,工具的价值只有通过方式才能体现出来,方式的运作离不开具体的工具,工具和方式相互依存。因此,将二者放在一起阐述既具操作性也有必要性。

中国古代刑讯的工具和方式,有合法与非法之分。在古代司法实践中,除使用合法的工具和方式刑讯之外,也还大量和普遍地存在着非法刑讯的工具和方式,只是因为这些工具和方式为法律所禁止,不属于中国古代刑讯制度本身的内容,故这里仅就法定刑讯的工具和方式予以阐述,至于非法刑讯的工具和方式则在第四章论述中国古代刑讯制度的特点时予以说明。

一、中国古代刑讯的基本方式——笞杖

对于中国古代刑讯的基本方式,一般都认为是"杖",即用法定不同规格的木棍、竹板之类的器物作为刑讯工具,用以拷打人犯的身体。但

从刑讯工具的记载和刑讯的实际情况看，"笞"在古代刑讯的早期也被作为刑讯的一种方式，只是较之"杖"，"笞"要简单便捷，自然程度也就轻些。当然，笞杖同作为刑讯的方式与有些朝代对笞杖两种刑讯工具界定不太清楚也有关系。但不论怎样，笞杖是中国古代最基本、最普遍，且通用的刑讯方式。

（一）笞杖刑讯的工具

西汉景帝后元初年（前 143 年），规定拷讯方式为："掠者唯得笞、榜、立。"① 根据上述规定，后人一般认为，汉时拷掠囚犯时，只许用木棍、竹板之类的刑具捶击。而且，秦汉时期刑讯囚犯所用笞、杖刑具是彼此不分的。公元前 156 年汉景帝时期，制定了《箠令》，其中对刑讯的工具予以了规定："笞者，箠长五尺、其本大一寸。其竹也，末薄半寸，皆平其节。"② "箠"即"棰"，汉朝，既是刑罚的工具，也是刑讯的工具。《汉书·司马迁传》所载"今交手足，受木索，暴肌肤，受榜箠"即是指刑讯时受棰打。

北魏献文帝时，鉴于当时审案，虽限杖五十，但官吏"欲免之则以细棰，欲陷之则先大杖，民多不胜而诬引，或绝命于杖下"的情况，规定："其棰用荆，平其节，讯囚者其本大三分，杖背者二分，挞胫者一分，拷悉以令。"③ 这一时期，笞、杖在法律上已加以区分。

南朝梁时，对刑讯工具规定："杖皆用生荆，长六尺。有大杖、法

---

① 《后汉书·章帝纪》："掠者唯得榜、笞、立。"所谓"掠"，李贤注云：《苍颉篇》："掠，问也。"而《释名》云："捶而死曰掠。掠，狼也，用威如狼也。"所谓"榜"，李贤注引《广雅》曰："榜，击也，音彭。"颜师古注云："榜，谓捶击之也，音彭。"所谓"笞"，李贤注引《说文》曰："笞，击也。"又曰："立，谓立而拷讯之。"颂系，本意系放松捆绑，这里指免戴戒具及免于刑讯。
② 《历代刑法志》，群众出版社 1988 年版，第 17 页。
③ 《魏书·刑罚志》。

杖、小杖三等之差。大杖，大头围一寸三分，小头围八分半。法杖，围一寸三分，小头五分。小杖，围一寸一分，小头极杪。"①

北齐时，刑讯工具"杖长三尺五寸，大头径二分半，小头径一分半"②。

唐朝，对刑讯的工具统一规定为单一的"讯杖"③，并于贞观、开元年间，对刑讯用具的规格作了规定。唐贞观十一年（637 年）正月，规定了诸杖之规格："杖，长三尺五寸，削去节目。讯杖，大头径三分二厘，小头二分二厘。常行杖，大头二分七厘，小头一分七厘。笞杖，大头二分，小头一分。"④开元年间《狱官令》继承了上述刑讯工具的规格："讯囚杖，大头径三分二厘，小头二分二厘。"⑤

宋朝，据《文献通考》卷一百六十七记载，宋孝宗乾道四年（1168 年）颁行笞杖令："杖笞之制，著令具存，轻重大小之制，不保以私意易也……其讯囚合用荆子。一次不得过三十，共不得过二百。"所用杖具，"长三尺五寸，大头阔不过二寸，厚及小头径不得过九分"，重量"毋过十五两"。⑥

《辽史·刑法志》载："拷讯之具，有粗、细杖及鞭、烙法。粗杖之数二十；细杖之数三，自三十至于六十。鞭、烙之数，凡烙三十者鞭三百；烙五十者鞭五百。被告诸事应伏而不服者，以此讯之。"⑦

西夏，《天盛改旧新定律令》规定："杖以柏、柳、桑木为之，长三

---

① 生荆，未经加工的荆条；围，即周围；杪，指细小。参见高其迈：《隋唐刑法志注释》，法律出版社 1987 年版，第 28 页。
② 《隋书·刑法志》。
③ 《历代刑法志》，群众出版社 1988 年版，第 289 页。
④ 《资治通鉴》，中华书局 1956 年版，第 6126 页。
⑤ 参见《唐开元狱官令复原清本》，载《天一阁藏明钞本天圣令校正》，中华书局 2006 年版，第 647 页。
⑥ 《宋史·刑法志》，中华书局 1977 年版，第 4967、4976 页。
⑦ 《历代刑法志》，群众出版社 1988 年版，第 392 页。

尺一寸。头宽一寸九分，头厚薄八分，杆粗细皆为八分，自杖腰至头表面应置筋皮若干，一共实为十量，当写新年月。"①

根据《元史·刑法志》，元朝的"笞大头径二分七厘，小头径一分七厘，罪五十七以下用之。杖大头径三分二厘，小头径二分二厘，罪六十七以上用之。讯杖大头径四分五厘，小头径三分五厘，长三尺五寸，并刊削节目，无令筋胶诸物装钉。应决者，并用小头"②。

明朝，对讯杖工具的规格作了更具体而严格的规定，据《明史·刑法志》载："笞，大头径二分七厘，小头减一分。杖，大头径三分二厘，小头减如笞之数。笞、杖皆以荆条为之。皆臀受。讯杖，大头径四分五厘，小头减如笞杖之数，以荆条为之，臀腿受。笞、杖、讯，皆长三尺五寸，用官降式较勘，毋以筋胶诸物装钉。"③

清朝，笞、杖仍然是法定的刑讯方式，杖为大竹板，"以竹篾为之，大头径二寸，小头径一寸五分，长五尺五寸，重不过二斤"；④ 笞为小竹

---

① 《天盛改旧新定律令》，法律出版社 2000 年版，第 324 页。

② 《历代刑法志》，群众出版社 1988 年版，第 437 页。对此，有两个问题应予说明，其一，据《新元史·刑法志》记载："至狱具，则有枷、杻、锁、镣、杖五者之制……杖长三尺二寸，毋以筋胶装钉，凡三等：笞杖，大头径二分七厘，小头径一分七厘；徒杖，大头径三分二厘，小头径二分二厘；讯杖，大头径五分五厘，小头径二分二厘。决讯杖，并用小头。笞杖以七起数者。"这里，刑讯杖的长度、大小头径均与文中《元史·刑法志》的记载不尽一致。其二，《中国法制通史》中提及，元朝中统二年（1261 年）七月，在对狱具所在之处即行检校，不如法者随时科决改正的命令中，除规定讯囚杖外，也规定了决罚的笞杖刑规格。即杖均长三尺五寸，皆须削去节目，不得以筋胶诸物装钉。因决讯者并用小头，其决笞及杖皆臀受，拷讯者臀腿分受，务要数停。笞杖，大头径二分七厘，小头径一分七厘；杖杖，大头径三分二厘，小头径二分二厘；讯杖，大头径五分五厘，小头径二分五厘。该阐述与上述记载的刑讯杖的长度、大小头径均不一致。参见张晋藩总主编：《中国法制通史》第 6 卷，法律出版社 1999 年版，第 380 页。

③ 《历代刑法志》，群众出版社 1988 年版，第 512 页。对其中的讯杖，也有学者认为"杖讯：大头径四分五厘，小头径三分五厘，长三尺五寸。以荆杖为之。其犯重罪，赃证明白，不服招承，明立文案，依法拷讯。臀腿受"。参见张晋藩总主编：《中国法制通史》第 7 卷，法律出版社 1999 年版，第 30 页。

④ 《大清会典事例》723 卷。

板，大头阔一寸五分，小头阔一寸，长五尺五寸，重量不超一斤半。[①]这里的笞和杖，既是清朝审判中刑讯的方式，也是清朝刑罚"五刑"（笞、杖、徒、流、死）中的笞、杖两种刑罚方法。

（二）笞杖刑具的材质

笞杖刑具所用具体的材质，各朝代规定不尽相同。据《后汉书·景帝纪》记载，西汉景帝后元初年（前143年）规定，"掠者唯得笞、榜、立"，即汉时拷掠囚犯，只许用木棍、竹板之类的刑具捶击。北魏献文帝时规定："其棰用荆，平其节……拷悉以令。"[②]这一时期，笞、杖工具的材质也由以前的竹板、木棍演变为荆条。晋朝，今可考者有制杖、法杖、小杖之分，《北堂书钞》卷四五《杖刑》引晋令："杖皆用荆，长六尽，制杖大头围一寸，尾三分半。"梁朝，刑讯用杖的材质与晋朝相同。隋朝，刑讯工具"杖用生荆"。唐代，刑讯笞杖工具皆用荆条制成，《唐律疏议·名例》"笞刑五"条"疏议"说："汉时笞则用竹，今时则用楚。""其杖皆削去节目。"[③]宋朝，徽宗时规定杖、笞具"不得留节目，亦不得钉饰及加筋胶之类，仍用官给火印"。[④]南宋后，法条渐弛，非法刑讯越演越烈，据《文献通考》卷一百六十七记载："今州县（讯囚）不用荆子而用藤条，或用双荆，合而为一，或鞭股鞭足至三五百，刑罚冤滥，莫此为甚。"对此，要求"凡守令与掌行刑狱之官，并令依法制大小杖，当官封押，乃得行用，不得增添、换易、过数讯囚"。[⑤]刑讯工具的

---

① 《大清律例·名例·五刑》。

② 《魏书·刑罚志》。

③ 《旧唐书·刑法志》。

④ 《宋史·刑法志》。

⑤ （宋）马端临：《文献通考》第8册，中华书局2011年版，第5016页。

制造权属于官府。西夏，"杖以柏、柳、桑木为之"。且"木枷大杖等当置有官字烙印"。[1] 元朝，凡杖，皆须削去节目，不得以筋胶诸物装钉，[2] "汉时用竹，今时用楚，即荆也"[3]。据《明史·刑法志》记载，明朝拷讯囚犯的法定笞杖工具皆用荆条制作。"笞……以小荆条为之，须削去节目。用官降较板，如法较勘，毋令筋胶诸物装钉。应决者，用小头臀受。杖……以大荆条为之，亦须削去节目。用官降较板，如法较勘，毋令筋胶诸物装钉。应决者，用小头臀受。"[4] 清朝，笞、杖刑讯工具的材质由隋朝以来沿用的荆条改为竹板，"以竹篦为之"[5]，杖为大竹板，笞为小竹板。[6] 此外，清朝刑讯的工具也增大了尺寸。

（三）笞杖刑讯的数量

对于拷掠的数量，北魏献文帝时规定："理官鞫囚，杖限五十。"[7] 隋朝在最初的《开皇律》中即规定："刑囚不得过二百，枷杖大小，咸为之程品。"[8]

《唐律疏议·断狱》规定："诸拷囚不得过三度，数总不得过二百，杖罪以下不得过所犯之数。……若拷过三度及杖外以他法拷掠者，杖一百；杖数过者，反坐所剩；以故致死者，徒二年。"疏议曰：

依《狱官令》："拷囚，每讯相去二十日。若讯未毕，更移他司，仍

---

① 《天盛改旧新定律令》，法律出版社 2000 年版，第 324 页。
② 《元典章·刑部·狱具》。参见张晋藩总主编：《中国法制通史》第 6 卷，法律出版社 1999 年版，第 380 页。
③ 《史学指南·五刑》。
④ 张晋藩总主编：《中国法制通史》第 7 卷，法律出版社 1999 年版，第 30 页。
⑤ 《大清会典事例》723 卷。
⑥ 《大清律例·名例·五刑》。
⑦ 《魏书·刑罚志》。
⑧ 《隋书·刑法志》。

须拷鞫，即通计前讯以充三度。"故此条拷囚不得过三度，杖数总不得过二百。"杖罪以下"，谓本犯杖罪以下、笞十以上，推问不承，若欲须拷，不得过所犯笞、杖之数，谓本犯一百杖，拷一百不承，取保放免之类。若本犯虽徒一年，应拷者亦得拷满二百，拷满不承，取保放之。[①]

这就是说，其一，一案中，对每一个囚徒的拷讯不能超过三次。如果审讯过程中，囚犯被移至他处的，也要一并通计拷讯次数。其二，总数不得超过二百，在两次拷刑之中要相隔二十天时间。其三，本身犯笞刑十以上，杖刑以下的囚犯，对其拷讯时，不得超过所犯笞、杖刑数目。但对犯徒刑一年的囚犯进行拷讯，则可以拷打二百。

据《宋史·刑法志》记载，宋孝宗乾道四年（1168 年）又颁行笞杖令，规定："凡大小轻重，须一依法制，不得以私意易；其讯囚合用荆子。一次不得过三十，共不得过二百。"拷讯囚犯不得过三度，每度相隔二十天，三度总数不能超过二百，杖罪以下拷数不能超过刑罚数。[②]据《清史稿·刑法志》载，清朝，"凡讯囚用杖，每日不过三十。用刑不得超过两次"[③]。

（四）笞杖刑讯的部位

唐朝刑讯拷打的部位本为背、臀、腿三个部位，但贞观四年（630 年），唐太宗李世民在隋末农民起义之后，一方面以慎刑宽厚而标榜，另一方面，唐太宗"尝览《明堂针灸图》之时，见人之五脏皆近背，针灸所失，则其害致死，叹曰：'夫箠者，五刑之轻；死者，人之所重。安

---

① 《旧唐书·刑法志》。
② 《宋刑统·断狱律·不合拷讯者取众证为定》。
③ 《历代刑法志》，群众出版社 1988 年版，第 589 页。

得犯至轻之刑而或致死？'"于是下诏规定"罪人无得鞭背"①。即唐太宗从针灸人体穴位模型上看到人的重要脏器都在胸背之间，于是规定对囚犯"不得鞭背"②。此后，拷囚的受刑部位为臀、腿部分受。贞观十一年（637 年）修订的《狱官令》进一步规定："决笞者，腿、臀分受；决杖者，背、腿、臀分受，须数等；拷讯者，亦同。"但是，"笞以下，愿背、腿分受者，听"③。即如果受刑人愿意笞的部位为背、腿的，也被容许之。上述刑讯工具、部位等的规定，也为国外的中国史学研究学者所证实④。唐文宗在太和八年（834 年）又重申："宜准贞观四年十一月十七日制处分，不得鞭背。"⑤

宋朝，法律规定："决笞者，腿、臀分受；决杖者，背、腿、臀分受，须数等。拷讯者亦同。"⑥太祖乾德元年（963 年）改作"徒流皆背受，笞杖皆臀受"，"讯杖如旧法"⑦。南宋时，"诸讯囚，听于臀腿及两足底分受"⑧。

辽金时期，法律规定："诸鞠问囚徒，重事须加拷讯。"而且拷讯时"臀若股分受，务令均停"⑨。

元朝，对拷讯的击打部位也有规定："因决讯者，并用小头。其决笞及杖，皆臀受。拷讯者，臀、腿分受。务要数停。"⑩

明朝，对于拷讯的部位也作了规定，据《明史·刑法志》载，拷讯

---

① 《新唐书·刑法志》。
② 《旧唐书·太宗本纪》。
③ 参见［日］仁井田陞：《唐令拾遗》，东京大学出版会 1983 年版，第 727 页。
④ 参见［日］仁井田陞：《唐令拾遗》，东京大学出版会 1983 年版，第 793 页。
⑤ 《唐会要》卷 40，中华书局 1955 年版，第 720 页。
⑥ 《宋刑统·断狱律·决罚不如法》。
⑦ （宋）李焘：《续资治通鉴长编》卷 4。
⑧ 《庆元条法事类·决遣》。
⑨ 《元史·刑法志》。
⑩ 《元典章》，中国书店 1990 年版，第 577 页。

囚犯，笞、杖刑为臀受，讯杖刑为臀、腿分受。

二、中国古代其他的刑讯方式和工具

在笞杖这种基本的刑讯方式和工具之外，中国古代还存在许多其他的刑讯方式和工具。

（一）笞杖之外古代常用的其他刑讯方式

鉴于古代笞杖之外的刑讯方式颇多，本书中不少地方有所涉及，这里择其要者略述一二。

（1）饥饿。秦时，饥寒既是折磨囚犯的手段，也被用作刑讯的方式。《睡虎地秦墓竹简·仓律》就有"食饐囚，日少半斗"的记载。这种刑讯方式虽无暴力胁迫的性质，但却是后来历朝变相刑讯的开端。南梁的"测囚"之法则可视为秦朝"食饐囚"进一步发展的结果。

（2）鞭刑。早在西周时期，刑讯的器械即为鞭，这在之前所述的西周青铜器《曶鼎》铭文的记载中已经得到证实。只是对这种鞭的具体材质、规格等的明确尚待发掘。南梁，除"测囚"之法外，也有"其鞭，有制鞭、法鞭、常鞭，凡三等之差。制鞭，生革廉成；法鞭，生革去廉；常鞭，熟靼不去廉。皆作鹤头纽，长一尺一寸。梢长二尺七寸，广三分，靼长二尺五寸。杖皆用生荆……其问事诸罚，皆用熟靼鞭、小杖"[①]。这里的生革，指未经加工过的皮革；廉，指带有棱角；熟靼，即经加工制造的熟皮；鹤头，鞭的形状像鹤头；纽，皮鞭编结起来的部分；梢，即

---

① 《隋书·刑法志》。

鞘，皮鞭下垂的部分；靶，即皮鞭的柄。① 这些对于刑罚的规定，同时也有刑讯的成分，司法实践中，也被作为刑讯的方式而使用。

（3）炮烙。辽代，据《辽史·刑法志》记载："拷讯之具，有粗、细杖及鞭、烙法。"② "辽穆宗应历十二年（962年）……辄加炮烙铁梳之刑。甚者至于无算。或以手刃刺之，斩击射燎，断手足，烂肩股，折腰胫，划口碎齿，弃尸于野"③。

（4）夹棍。夹棍，又称"三木之刑"，用木三根，"中梃木长三尺四寸，两旁木各长三尺，上圆下方，圆头各阔一寸八分，方头各阔二寸，从下量至六寸处，凿成圆窝四个，面方各一寸六分，深各七分"④。用刑时将囚犯绑在梃木上，用旁木穿以皮条夹囚犯之腿。往往刑未终，囚犯的腿就被夹断或丧失功能。

（5）拶指。"拶指以五根圆木为之，各长七寸，径圆各四分五厘"⑤。用绳穿连小圆木，套入手指，用力紧收夹囚犯手指，指尖鲜血淋漓，囚犯因疼痛难忍，常常昏死过去。拶指可分别用在一只或两只手上，也可把两只手同时夹起来。⑥

清朝，对于强盗、人命案件，法律容许对男子使用夹棍，对女子使用拶指。16世纪后期的明朝，西班牙使者在中国的见闻经该国修士整理编撰被记录下来："如用温和的手段或用计谋都不能得到犯人的口供时，法官只得对他动刑。动刑需十分谨慎小心，刑具有两种，一种脚刑，一种手刑。两种刑罚都十分残酷，以至于很少有人能够忍受下来而拒不交

---

① 高其迈：《隋唐刑法志注释》，法律出版社1987年版，第28页。
② 《历代刑法志》，群众出版社1988年版，第392页。
③ 《历代刑法志》，群众出版社1988年版，第393页。
④ 《大清会典事例》723卷。
⑤ 《大清会典事例》723卷。
⑥ 《大清律例·名例·五刑》。

代。法官必须有证据，哪怕一半的证据才得动刑。手刑刑具是用两指宽，一拃长的数个圆木棍做成，能滚动，上面有孔，一边固定，一边用绳子连接。把手指放在木棍之间，慢慢收紧绳子直到关节碎裂，此时犯人疼痛难忍，大声哀号，委实叫人同情。如此刑仍不见效，法官又有证据或迹象说明该犯确实有罪，就对他施以比手刑更为严酷的脚刑：这是用四拃长一拃宽的方形多孔木板，使铰链连接，用绳穿扎。把犯人的脚踝放入板中，慢慢敲打，以收紧上面的木板，以后一次比一次敲打得更重，直至踝骨碎裂，此时犯人比施手刑还痛苦万分。执行两种刑罚时，上级法官要在场，而且这些刑罚也很少使用，因为犯人见了这些刑具就会马上招供。他们宁愿少受些罪去速死去也不愿忍受这种酷刑。"① 上述手刑和脚刑的描述显然是当时及其前后历史均实际存在的拶指和夹棍的刑讯方法。

根据《清史稿·刑法志》，清朝法定的拷讯工具有：笞、杖、夹棍、拶指、枷号等。其中，笞、杖，是为正刑，夹棍、拶指、枷号等为加重的刑讯种类，亦为法律所承认。"热审得用掌嘴、跪炼等刑，强盗人命酌用夹棍，妇人拶指，通不得过二次。其余一切非刑有禁"②。

（6）其他。如《大清会典事例》对刑讯方式还规定："凡问刑各衙门一切刑具，除例载夹棍、拶指、枷号、竹板，遵照题定尺寸式样，官为印烙颁发外；其拧耳、跪炼、压膝、掌责等刑，准其照常行用。"③

---

① ［西］胡安·冈萨雷斯·德·门多萨编:《中华大帝国史》，孔家垈译，中央编译出版社 2009 年版，第 80—81 页。
② 《历代刑法志》，群众出版社 1988 年版，第 589 页。
③ 《大清会典事例》839 卷。

（二）特殊的刑讯方式

所谓特殊，即不具有普遍性，而只为某些朝代特有，或者虽然一直存在但并不为法律所肯定，前者如南北朝时期的"测罚"，后者如古代长期存在的廷杖。

1. 测罚

南梁时，对刑讯所用刑具规定为："问事诸罚，皆用熟靼鞭小杖。"[①]这一时期创立的最为典型的刑讯方式是"测罚"。命囚犯站立称测，拷打逼供为罚，合称"测罚"。"测罚"具体包括两种执行方式：一是南朝梁武帝时创立的"测囚"之法，即以断食测度囚徒，逼使其招供。《隋书·刑法志》所载南梁的刑法云："凡系狱者，不即答款，应加测罚，不得以人士为隔，若人士犯罚，违扞不款，宜测罚者，先参议牒启，然后科行。断食三日，听家人进粥二升。女及老小，一百五十刻乃与粥，满千刻而止。"[②]这种刑讯方式的具体内容已无从考察，只是根据《陈书·沈洙传》关于"梁代旧律，测囚之法，日一上，起自晡鼓，尽于二更"的记载，可以知道，"测囚"的时间，始自傍晚，直至深夜。而且，从上述《隋书·刑法志》"测囚"的记载还可以看出，在实施"测囚"的过程中，对于不肯招认的人犯，要先断其饮食三天，之后才容许家人送粥二升。如果是妇女、老人和小孩，可在一天半以后送粥，测罚满十天方可停止。[③]二是南朝陈武帝在继承南梁"测囚"的基础上创立的针对赃证

---

① 《历代刑法志》，群众出版社1988年版，第260页。

② 《历代刑法志》，群众出版社1988年版，第228、259—260页。其中，违扞不款，即坚决不肯招认；先参议牒启，然后科行，是说，先评议罪行，然后呈报上级，再依例执行。参见高其迈：《隋唐刑法志注释》，法律出版社1987年版，第28页。

③ 晡鼓，指申时，即下午三至五时；二更，约晚上九点至十一点。一夜为五更，每更约两小时。古时一日为百刻，每小时四刻。测囚每日"晡鼓"至"二更"约六小时，约合二十四刻。一百五十刻即一天半，千刻即十日。"满千刻而止"即每日测囚二十四刻，共需约四十二日的时间。

明显，而不招供者，以"测立"逼供的形式。《隋书·刑法志》所载南陈的刑法云："其有赃验显然而不款，则上测立。立测者，以土为垛，高一尺，上圆，劣容囚两足立。鞭二十，笞三十讫，着两械及杻，上垛。一上测七刻，日再上。三七日上测，七日一行鞭。凡经杖，合一百五十，得度不承者，免死。"① 上述两种"测罚"制度相比，南梁测立时间每日一次，长达六小时，对于受鞭伤的囚犯来讲乃非人所堪。南陈将此修改为一日测立两次，每次七刻（约两小时），前后立测共二十一日，每七天鞭杖共五十下，满一百五十下仍不承认的，免死。可见，不论是每日测立的时间还是测立的总天数，南陈都较之南梁减少了一半。

2. 廷杖

（1）廷杖的发展与性质。

廷杖，即根据皇帝的旨意在朝廷上对朝中的官吏实行的一种行杖其身的惩罚。关于廷杖的起始时间看法不一，一说始于东汉明帝，一说始于北周宣帝，在金朝与元朝普遍实施。明朝朱国桢《涌幢小品》卷十二云："《隋文帝本纪》称殿廷挞（鞭）人，唐玄宗时，御史蒋挺决杖朝堂为廷杖之始。"而明史研究前辈吴晗先生认为，廷杖"始于元代，元代中书省长官也有在殿廷被杖的记载"②。对于廷杖的工具，一般认为，廷杖之法始于东汉初，当时称捶扑、扑罚等。但廷杖之名则始于三国时的东吴。此后帝王廷杖臣下之事虽然史籍屡有记载，但仍属偶发，未成定制。至明朝，廷杖盛行。自明初朱元璋廷杖致死开国元勋永嘉侯朱亮祖起，廷杖便成为帝王刑讯和责罚臣下的常用方法，并成为一项不成文的制度，故《明史·刑法志》称之为"明之自创，不衷古制"，"杀人至惨，而不丽

---

① 《历代刑法志》，群众出版社1988年版，第231、262页。

② 转引自汗青：《天崩地解：1644大变局》，山西人民出版社2010年版，第9页。

于法"。

对于廷杖的实例和场面史书多有记载。除明朝朱国桢《涌幢小品》所记,《资治通鉴》中也有关于隋文帝在殿廷杖击大臣的记载:

上(隋文帝)性猜忌,不悦学,既任智以获大位,因以文法自矜,明察临下,恒令左右觇视内外,有过失则加以重罪。又患令史赃污,私使人以钱帛遗之,得犯立斩。每于殿廷捶人,一日之中,或至数四;尝怒问事挥楚不甚,即命斩之。十年,尚书左仆射高颎、治书侍御史柳彧等谏,以为"朝堂非杀人之所,殿廷非决罚之地"。上不纳。颎等乃尽诣朝堂请罪,曰:"陛下子育群生,务在去弊,而百姓无知,犯者不息,致陛下决罚过严。皆臣等不能有所裨益,请自退屏,以避贤路。"上顾谓领左右都督田元曰:"吾杖重乎?"元曰:"重。"帝问其状,元举手曰:"陛下杖大如指,捶楚人三十者,比常杖数百,故多死。"帝不怿,乃令殿内去杖,欲有决罚,各付所由。后楚州行参军李君才上言:"上宠高颎过甚。"上大怒,命杖之,而殿内无杖,遂以马鞭捶杀之。自是殿内复置杖。未几,怒甚,又于殿廷杀人,兵部侍朗冯基固谏,上不从,竟于殿廷杀之。上亦寻悔,宣慰冯基,而怒群僚之不谏者。①

其意是说,隋文帝杨坚经常在殿廷上亲自或令左右杖掠,有时一天要打几个人。行刑的人若是挥动大杖不够用力,他就大发雷霆,下令将其砍头。尚书左仆射高颎等人进谏,说朝堂不是杀人的场所,殿廷也非责罚之地,杨坚不与理会。无奈,高颎只得带领一帮大臣,到朝堂请罪,他说:"陛下养育天下生灵,致力革除弊端,而百姓无知,犯罪的人没有断绝,致使陛下处罚过于严厉。这都是我们没有尽到臣子的责任呀,请让我们辞职,为贤才让路。"杨坚听后问旁边的领左右都督田元:"我的

---

① 《资治通鉴·隋纪》。

杖重吗？"不料田元竟答："陛下的刑杖的确很重。"杨坚又问："何以见得？"田元用手比画说"陛下的杖比平常的杖大得多，打人三十杖，相当于平常杖数百下，所以经常把人打死"。杨坚这才很不情愿地作出让步，下令撤去殿内的大杖，再有需处罚者，直接交有关部门处理。后楚州行参军李君才上奏说高颎治国无方，而陛下对其过于宠爱，请求废黜高颎。杨坚一怒之下，命人杖打李君才。因朝堂上一时找不到刑杖，便命以马鞭代替，李君才被打抬出殿外便断了气。于是又恢复在殿内放置大杖。不久杨坚又因动怒对官吏当廷杖掠，兵部侍郎冯基一再谏阻，但无济于事，此人又在殿堂上被杀。杨坚事后也感到后悔，并且夸奖了冯基，但他并不承认自己妄杀无辜，而是对那些没出面谏阻的臣僚表示愤怒。

明史专家吴晗指出："朱元璋较元代实行得更普遍、更厉害，无论多大的官员，只要皇帝一不高兴，立刻就把他拖下去痛打一顿，打完了再拖上来，打死了就拖下去完事。"[1]明朝中期，特别是正德、嘉靖年间，廷杖尤甚。对此，《明史·刑法志》多有记载：通常是因言事，即在朝廷之上，文武大臣众目睽睽之下，应帝王之命而对臣下廷杖。正德年间，武宗朱厚照两次廷杖朝臣一百六十八人，死十五人，仅正德十四年（1519年），以谏止南巡，廷杖舒芬、黄巩等一百四十六人，死者十一人；世宗嘉靖三年（1524年），因群臣谏诤"大礼议"[2]，二百三十二名大臣跪伏于嘉靖刚刚召集群臣"议大礼"结束后的左顺门外，对着皇宫齐声号啕大

---

① 转引自汪青：《天崩地解：1644 大变局》，山西人民出版社 2010 年版，第 9 页。

② 明世宗嘉靖不是正德皇帝的儿子，而是正德皇帝的同辈兄弟，只因正德皇帝无子，故在正德皇帝去世之后，15 岁的嘉靖便以正德皇帝的同辈兄弟身份登基。因是庶出旁支继任大统，按照"为人后者为之子"的规矩，所以，朝臣们一定要嘉靖认他的伯父、正德皇帝的父亲明孝宗为父，即嘉靖要称明孝宗为"皇考"，而对自己的生父兴献王，则只能叫叔父，即"皇叔考"。嘉靖对此大怒："父母可更易若是耶！"围绕此，展开了历时三年的皇帝与内阁的博弈事件——"大礼议"，亦称"议大礼"。

哭，更有人大声呼号"高皇帝""孝宗皇帝"，紫禁城犹如办丧事一般。嘉靖帝当即下旨，命众大臣退下，众不从。对峙到中午，血气方刚的嘉靖下令对这些大臣廷杖，以示惩戒。上百人被扒下衣服，排在太和殿下，上百根棍子同时起落，一时间声响震天，血肉横飞。此案中对于为首的八人拷讯后编伍充军，其余四品以上大臣被杖责后夺俸，御史王时柯、员外郎马理等十八人被杖责后因伤势过重死亡，一百三十四人下狱。"公卿之辱，前所未有"①。嘉靖中，大理寺卿沈良才仅因议狱迟缓而被廷杖。万历时刑部员外郎艾穆记叙亲身被杖的情形说：司礼大铛数十辈捧驾帖来。首喝曰：带上犯人来。每一喝则千百人大喊以应，声震甸服，初喝跪下，宣驾帖杖吾二人，着实打八十棍。五棍一换，总之八十棍换十六人。喝着实打，喝阁上棍，次第凡四十六声，皆大喊应如首喝时。……杖毕喝踩下去。校尉四人以布袱曳之而行。②

上述"谏南巡"和"大礼议"事件，是规模最大的两次朝臣被集体廷杖，创下明朝乃至历史上廷杖的最高纪录。

从产生和性质来说，廷杖是由皇帝独创的法律属性不甚明确的刑讯和刑罚方法。廷杖的出现与发展完全是皇帝置法律于不顾，基于个人一时的意愿，强迫臣下服从其意志，一味任性和专制的结果。对于廷杖，法律既无方式的肯定，也无属性的规定，更无程序的规制。通常，廷杖使用的决定权在于皇帝而非司法机关；适用的对象则为朝廷大臣而非一般的人犯；适用的场所多在朝廷大堂而非司法场所。根据需要，廷杖时而表现为一种处罚方式，时而表现为一种刑讯手段，更多的是二者兼具。

---

① 《廿二史札记》卷33。
② 艾穆：《熙亭先生文集》，转引自张晋藩总主编：《中国法制通史》第7卷，法律出版社1999年版，第483页。

由于廷杖的使用完全取决于皇帝的喜怒，由于廷杖专门用于对付朝廷大臣，由于廷杖血腥残暴的场面和极强的随意性、侮辱性、强迫性，极大地衬托和展示了皇权的威严，故为帝王所钟爱，这又反过来推动了廷杖的恶性发展。

（2）廷杖的特点。

第一，廷杖的启动最初取决于皇帝，后发展到皇帝宠信的奸臣，但廷杖的过程又为实施者操控。廷杖的使用在程序上完全取决于皇帝个人的意愿，无须任何诘问和审理的过程。而皇帝的意志纯出于皇帝的情绪和心情，也没有规律和规矩可循。至于廷杖的实施过程，形式上似乎没有规定，事实上往往被行刑者和监督者掌控。以明朝为例，廷杖的使用，一般由皇帝下令，由锦衣卫校尉执行，司礼太监负责监刑。天启年间，因熹宗皇帝忠奸不辨，宠信太监魏忠贤，大臣们心急如焚。给事中魏大中、御史袁化中、抚宁侯朱国弼、兵部尚书赵彦等七十余名官员上书揭发魏忠贤的不法罪行，但熹宗仍然不理睬。后来，一生为官清廉的工部郎中万燝再行弹劾，魏忠贤便借廷杖威胁外廷大臣。魏忠贤先派小宦官到万燝家痛打万燝，然后将其拉到皇宫，廷杖一百，四天后万燝去世。大臣们上书为万燝申辩，魏忠贤则诬陷他贪赃受贿三百两银子。[1] 通常，形式上廷杖是皇帝的命令，但受刑者能否活命除了和被打的数量有关外，常常和行刑者的态度密切相关，取人性命或杖下留命在很大程度上取决于行刑者。据史书记载，锦衣校尉行杖时，只看监杖的司礼太监的两只靴尖。如靴尖向外成八字形，那么他们还不至于将人打死；如两只靴尖向内一敛，被杖的人就别想活命了[2]。

---

[1]　赵继红：《大明帝后风云录》，知识产权出版社 2011 年版，第 155 页。
[2]　丁易：《明代特务政治》，上海书店出版社 2021 年版，第 442—444 页。

第二，古代社会后期，除皇帝外，廷杖也成为高官消灭异己的手段。如前所述，在使用上，最初的廷杖只能由皇帝钦定，但后来渐渐也为其他高官所用。特别是明朝自正德、嘉靖起至万历时期，因皇权受到的制约越来越少，所以，除皇帝外，一些太监、大臣，充分利用廷杖无须罪名和程序，且可直接执行的特点，以及具有残酷和侮辱的双重属性，极力赢得皇帝的授意或者假借皇帝之名，将廷杖作为消灭异己的手段。在这方面，不仅大太监魏忠贤等如此，就是出色的政治家，时任首辅张居正也不例外。万历五年（1577年）张居正丧父，本应去职守孝三年，但其不愿离政，便指使亲信上书"夺情"①。因有违于正德十六年（1521年）嘉靖皇帝颁布的"命自今亲丧不得夺情"②之命，遭遇赵用贤等五名官吏弹劾。张居正因此大怒，遂勾连太监冯保，对五人施以廷杖。然而，最具讽刺意味的是，最终结束廷杖的，竟然是这些士大夫们恨之入骨的大宦官魏忠贤。只是魏忠贤虽然替他们保全了尊严，却会夺走他们的性命。③

第三，廷杖状况甚是残酷。明太祖最初对开国元勋永嘉侯朱亮祖廷杖时使用的工具即是鞭，但此后的廷杖史书多记载用木棍。廷杖从出现至消亡，对用刑的工具、程序等均无统一规定，由此导致了廷杖的残酷程度不断发展。《涌幢小品》卷十二云："（明）成化以前，凡廷杖者，不去衣，用厚绵底衣重毡叠帊，示辱而已，然犹卧床数月，而后得愈。正德初年，逆瑾（刘瑾）用事，恶廷臣，始去衣，遂有杖死者。"人犯被狱吏"捽伏倒地，用麻布把他从肩膀以下绑住，使他不能转动。再把

---

① 守孝期间，若为时事所迫或者皇帝所命而出理政事，称为"夺情"。
② 《明史·世宗本纪》："七月……，命自今亲丧不得夺情，着为令。"由此也可以看出嘉靖皇帝对人伦的极端重视。
③ 《明史·刑法志》：天启时，太监王体乾奉敕大审，重笞戚畹李承恩，以悦魏忠贤。于是万燝、吴裕中毙于杖下，台省力争不得。阁臣叶向高言："数十年不行之敝政，三见于旬日，万万不可再行。"忠贤乃罢廷仗，而以所欲杀者悉下镇抚司，士大夫益无噍类矣。

他双足用绳索绑住，由壮士四方牵拽握定，只露出臀部和腿部，接受廷杖。廷杖时，受刑人痛苦难忍，大声哀号，头面撞地，尘土塞满口中，胡须全被磨脱"[1]。"大礼议"事件之后，"时京官每旦入朝，必与妻子诀，及暮无事，则相庆又活一日"[2]。可见，廷杖是一种对人身体严重摧残之方式。

清初的胡承谱所著《续只麈谈·廷杖故事》，对于廷杖的情形作了具体而形象的记载：

凡廷杖者以绳缚两腕……至杖所，列校尉百人，衣襞衣，执木棍林立……须臾，缚囚至，左右厉声喝："阁棍。"人持棍出，阁于囚股上。喝："打！"则行杖，杖之三，令："着实打！"或伺上不测，喝曰："用心打！"而囚无生理矣。五杖易一人，喝如前。喊声动地，闻者股栗。凡杖，以布承囚，四人舁之；杖毕，以布掷地，凡绝者十之八九。列校行杖之轻重，必察二官之话言，辨其颜色，而黠者则又视其足：足如箕张，囚犹可生；靴尖一敛，囚无生理矣。

可见被廷杖者是死是活，除皇帝的意思外，行刑者的态度也至关重要，倘若听见说"用心打"或者瞧见行刑长官脚尖向内一别，那么受刑者必死无疑。即便侥幸没被打死，打完后把他往石板地上狠狠一摔，也足以将其摔死。

第四，廷杖具有极大的侮辱性。可以想象，那些德高望重的士大夫，本乃受人尊崇的国家栋梁，如今，不顾长须白发之年事，不论曾经一门领袖之功劳或为人师表之尊严，更置明人素重礼仪人望于不顾，突然间在大庭广众之间，众目睽睽之下被一伙彪悍的差役摁倒，扒掉裤子，露

---

[1]　柏杨：《中国人史纲》，山西人民出版社 2008 年版，第 549 页。
[2]　《廿二史札记》卷 33。

出私处，棍杖呼啸而下，噼啪作响，一时间血肉与棍杖同舞，惨叫与报数声齐鸣，当事人的斯文和尊严随之荡然无存，且其受辱后威信扫地，无地自容之心无以言表。对于廷杖所含侮辱之意，清代扬州八怪之一的郑板桥曾在给"辽东三老"之一的李锴的书信《与豸青山人》中，大加反讽：

> 刑律中之笞臀，实属不通之极。人身上用刑之处亦多，何必定要责打此处。设遇犯者美如子都，细肌丰肉，堆雪之臀，肥鹅之股，而以毛竹板加诸其上，其何忍乎？岂非大杀风景乎！夫堆雪之臀，肥鹅之股，为全身最佳最美之处，我见犹怜，此心何忍！今因犯法之故，以最佳最美最可怜之地位，迎受此无情之毛竹大板，焚琴煮鹤，如何惨怛？见此而不动心怜惜者，木石人也……我又不知当初之制定刑律者，果何恶于人之臀，惩罚时东也不打，西也不打，偏欲笞其无辜之臀也。臀若有口，自当呼冤叫屈……圣朝教化昌明，恩光普照，将来省刑薄税，若改笞臀为笞背，当为天下男子馨香而祝之。[1]

而且，廷杖摧残的不单是朝廷大臣的自尊和肉体，更是他们对皇帝和专制的忠诚。当着众臣的面挨打，轻则皮开肉绽，威仪扫地，重则一命呜呼，功业全抛。挨打的朝臣在肉体上受到摧残的同时，人格上也受到巨大的羞辱，伏地受杖时，只恨入地无门。经过廷杖摧残十分酷烈及普遍的正德和嘉靖两朝之后，加之其他各种因素的合力促进，相当部分官员开始明哲保身，渐渐地走向极端利己主义，对国家安危和社稷宗庙采取了一种冷漠的态度，这种冷漠态度在明朝政局，尤其是崇祯朝中，日益显露出来。

---

[1] （清）郑燮：《郑板桥文集》，巴蜀书社1997年版，第99—100页。

（三）狱具、戒具被作为刑讯的工具

戒具和狱具，本不具有刑讯和刑罚的性质，以戒具为例，本是用于拘系人犯，防止其脱逃的工具。中国古代戒具主要是以铁、木为之，有桎、梏、拲、钳、锁、杻、镣等，分颈械、手械、足械三种。古代历朝对戒具的种类和规格均有法律明文规定，"囚有械、杻、斗械及钳，并立轻重大小之差，而为定制"①。但在漫长的司法实践中，戒具和狱具逐渐被人为地延伸并赋予了刑讯的性质，有些朝代甚至通过法律将其规定为刑讯方式。

早在刑讯出现的西周时期，为了约束囚犯并以示对其的警示，对羁押的囚犯就要使用三木，即桎、梏、拲三种刑具。据《周礼·秋官司寇》记载，"掌囚：掌守盗贼，凡囚者，上罪梏拲而桎，中罪桎梏，下罪梏。王之同族拲，有爵者桎，以待弊罪"②。也就是说，对于轻罪囚犯用梏，将刑具加在颈上，类似于后来的枷；对于中罪的囚犯用桎、梏，即在颈上加梏外，再将刑具加在足上；对于重罪则用桎、梏、拲，即在桎梏的基础上，再将囚犯两手套入拲中。③当然，也有观点认为，根据《周礼·秋官司寇·掌囚》，古代三械为梏、桎、拲。械在手部为梏，械在足部为桎，两手共一木为拲。④梁代有"囚有械、杻、斗械及钳，并立轻重大小之差，而为定制"⑤的规定，北齐则将锁、枷、杻、桁等视为刑讯工具。唐朝，"又系囚之具，有枷、杻、钳、锁，皆有长短广狭之制，量

---

① 《历代刑法志》，群众出版社1988年版，第228页。
② （清）孙诒让撰：《周礼正义》，中华书局1987年版，第2872页。
③ 张晋藩总主编：《中国法制通史》第1卷，法律出版社1999年版，第340页。
④ 高其迈：《隋唐刑法志注释》，法律出版社1987年版，第40页。
⑤ 《历代刑法志》，群众出版社1988年版，第228页。其中，械、杻，系拘束手足的木制刑具；斗械，系较大的拘束手足的木制刑具；钳，即加在颈部的铁链，刑具的一种。

罪轻重，节级用之"①。元朝规定："至狱具，则有枷、杻、锁、镣、杖五者之制。枷长五尺以上六尺以下，阔一尺四寸以上一尺六寸以下，杻长一尺六寸以上二尺以下，阔三寸，厚一寸；锁长八尺以上一丈二尺以下；镣连环重三斤。"②明朝，据《明史·刑法志》载："枷，自十五斤至二十五斤止，刻其上为长短轻重之数。长五尺五寸，头广尺五寸，杻长尺六寸，厚一寸。男子死罪者用之。索，铁为之，以系轻罪者，其长一丈。镣，铁连环之，以系足，徒者带以轮作，重三斤。"③清朝，也有"枷杻，本以羁狱囚……示戮辱也"④的规定。枷号，木枷长二尺五寸，阔二尺四寸，普通的重二十五斤，加重的重三十五斤。⑤枷在犯人的颈部，以示惩戒。清朝的枷号没有限期，一般为数日或十数日，但重者有枷号至三个月、半年，以至一年及二三年者，甚至有永远枷号的犯人。⑥

狱具、戒具被用作刑讯的方式乃古代司法的一大特点，这虽是狱具、戒具等的衍化和派生，但其因此也具有了刑讯的功能和性质。既然狱具、戒具等多被作为束缚囚犯的工具，被延伸为刑具使用自然也就顺理成章。如古代的"枷"，其原本只是一种限制囚犯自由，以防其逃跑的戒具，最早源于西周约束囚犯的刑具"梏"，但随着斗转星移，枷的

---

① 《历代刑法志》，群众出版社 1988 年版，第 289 页。

② 《新元史刑法志》，载《历代刑法志》群众出版社 1988 年版，第 495 页。此与《元史·刑法志》的记载基本一致："诸狱具，枷长五尺以上，六尺以下，阔一尺四寸以上，一尺六寸以下，死罪重二十五斤，徒流二十斤，杖罪一十五斤，皆以干木为之，长阔轻重各刻志其上。杻长一尺六寸以上，二尺以下，横三寸，厚一寸。锁长八尺以上，一丈二尺以下，镣连（环）重三斤。"参见《历代刑法志》，群众出版社 1988 年版，第 437 页。

③ 《历代刑法志》，群众出版社 1988 年版，第 513 页。对此，有学者认为："枷：长五尺五寸，头阔一尺五寸。以干木为之。死罪重二十五斤，徒流重二十斤，杖罪重一十五斤，长短轻重，刻志其上。杻：长一尺六寸，厚一寸。以干木为之。犯死罪者用杻，犯流罪以下及妇人犯死罪者不用。铁索：长一丈。以铁为之。犯轻罪人用。镣：连环，共重三斤。以铁为之。犯徒罪者带镣工作。"参见张晋藩总主编：《中国法制通史》第 7 卷，法律出版社 1999 年版，第 30 页。

④ 《清史稿·刑法志》。

⑤ 《大清律例·名例·五刑》。

⑥ 《清史稿·刑法志》。

结构和用途也不断演变，并兼有了刑讯和刑罚等多重功能，出现了几人合用的"连枷"以及重达数百斤的"大枷""立枷"等。以唐朝为例，唐朝的戒具主要有：枷、杻、钳、锁。《唐六典·尚书刑部》对其法定规格均有记载：

> 枷，长二尺五寸以上、二尺六寸以下，共阔一尺四寸以上、一尺六寸以下，径头三寸以上、四寸以下。杻，长一尺六寸以上、二尺以下，广三寸，厚一寸。钳，重八两以上、一斤以下，长一尺以上、一尺五寸以下。锁，长八尺以上、一丈二尺以下。

但在武则天当政之时，酷吏来俊臣等擅用大枷，突破法定规格，把戒具变成了一种残酷的刑讯和刑罚工具。仅枷一项，就被发展为大枷十种。至清朝时，枷常常被用来惩治事关伦常或者风化的案件，使囚犯戴枷立于衙门口或者闹市，既具有处罚、羞辱犯人的性质，又具有警示其他人之意。就此而言，枷号具有刑罚的性质。但是，在诉讼中，对拒不招供的囚犯往往也对其戴枷，迫使其认罪，从这个意义讲，枷号又具有刑讯的性质。此外，诉讼和解押中为防囚犯脱逃，枷号还被作为戒具使用。

如果说，戒具主要是针对未决犯而言的话，那么，狱具则主要是指戒具对已决犯的施用。收监人犯依其罪情轻重，要加带戒具桎梏。明朝羁押之戒具分枷、锁、杻三种，另有刑具如笞、杖、讯杖及镣在审讯时使用。戒具之大小规格，使用程序都有一定规定，如"在禁之囚，徒以上应杻，充军以上应锁，死罪应枷。凡枷者兼锁杻，惟妇人不杻"[1]。人犯加戴戒具要待讯后视个别情况而减脱。人犯患病，也应脱去戒具，应脱而不脱，司狱官与典狱卒依例应负刑责。[2]又如，明万历年间（1573—

---

[1] 《大明律例附解》卷28。
[2] 《大明律·刑律·断狱》。

1620 年）还把"捆床"之制作为"法司定式"，对重刑犯人施之。此时"捆床"实际兼有刑讯、戒具和狱具之功能。山西按察使吕新吾对此记载甚详：

> 捆床之制，极为严密。头上有揪头环，项间有夹项锁，胸前有拦胸铁索，腹上有压腹木梁，两手有双环铁杻，两胫有短索铁镣，两足匣于报栏，仍有号天板一叶，钉长三寸，密如猬刺，利如狼牙，其板盖于囚身，去面不及二寸，仍以枭木关闸，而禁卒卧于其上，以听缚犯动静。复有四面枷栏状如鸟笼，人囚在槛，四体如僵，手足不得屈伸，肩背不得辗转。莫道蚤虱交攻，蚊蝱争噆，纵使毒蛇蛰身，饿鼠啮足，蚰蜒入脑，大蛇缠头，只得忍受，孰能变之。①

从现今的角度看，将戒具和狱具作为刑讯工具还具有应对未决犯的漏罪和已决犯的新罪的功能，未决犯通常都被羁押，在被控犯罪事实已查实等待判决前，如果发现了其原被控犯罪以外的其他犯罪，则需对其再次讯问，刑讯的重新启动因此成为可能。同理，已经被判决的人犯在关押或服刑期间如又被发现了原判犯罪以外新的犯罪，则可能随着新罪的侦破而对已决犯再次动用刑讯。

三、中国古代刑讯工具和刑罚工具界定的两个问题

中国古代刑讯工具和刑罚工具通常是被法律分别规定的，但在有些时候也被合并规定，还有些时候刑讯工具和刑罚工具相交织，这便使得对以下几种情况的说明成为必要。

---

① ［日］仁井田陞：《中国法制史研究》，第四部卷 14。

（一）刑讯与刑罚同用一种工具

这种情况通常表现为以下两种形式：

一是法律只规定了一种刑罚的工具，但同时也被作为刑讯的工具使用。如秦律对"笞"的规定。法律只是把笞刑作为法定的刑罚方式，但司法实践中也把它作为刑讯的手段予以使用。秦律刑罚种类名目繁多，有死刑、肉刑、耻辱刑、徒刑、流刑、赎刑等，其中肉刑的第一种方法为"笞"，即用竹片、木板责打被告人之背部。《睡虎地秦墓竹简》中有刑徒损坏工具，值一钱，笞十的记载。至于"笞"作为刑讯的手段，秦简《封诊式·治狱》篇关于"治狱，能以书从迹其言，毋治（笞）谅（掠）而得人请（情）为上；治（笞）谅（掠）为下；有恐为败"的记载即是如此。即使是到了中国古代后期，这种情况依旧存在。如清朝的《大清律例》规定，清朝的刑罚正刑为笞、杖、徒、流、死五种，但在审讯过程中，笞、杖往往又被作为刑讯囚犯的手段，其与刑罚五刑中的笞、杖也难以区分。①

二是法律对于刑具是属于刑罚工具还是刑讯工具的性质未予明确，致使后人对刑罚和刑讯工具的认识不尽一致，但同时都认为此工具事实上也被作为彼工具使用。如汉朝关于箠杖刑具的规定。汉初，文帝改革刑制废肉刑，汉景帝在此基础上再行改革，并于公元前 156 年，颁布了《箠令》，②明确规定："笞者，箠长五尺、其本大一寸。其竹也，末薄半

---

① 黄源盛：《中国法史导论》，广西师范大学出版社 2014 年版，第 311 页。

② 汉文帝十三年（前 167 年）正式改革刑制，主要是废除肉刑（墨、劓、膑、宫等刑，但其中宫刑并未真正废除），以笞、徒、死刑来取代原有的刑罚。具体为：把黥刑改为髡钳城旦舂，劓刑改为笞三百，斩左趾改为笞五百，斩右趾改为弃市。汉景帝执政后，进一步完善了文帝改制的内容。一方面，两次减少笞的数量。一次是景帝元年（前 156 年）下诏曰："加笞与重罪无异，幸而不死，不可为人。其定律：笞五百曰三百，笞三百曰二百。"另一次是中元六年（前 144 年）又下诏曰："加笞者，或至死而笞未毕，朕甚怜之。其减笞三百曰二百，笞二百曰一百。"又曰："笞者，所以教之也，其定箠令。"另一方面，景帝命丞相刘舍和御史大夫卫绾制定《箠令》："笞者，箠长五尺、其本大一寸、其竹也，末薄半寸，皆平其节。当笞者，笞臀。毋得更人，毕一罪乃更人。"具体规定了笞刑的刑具尺寸、重量、规格，行刑时中途不得更换人。

寸，皆平其节。"即刑讯工具为竹板；竹板的规格，长五尺、宽一寸、厚半寸，并要除去竹节。许多学者认为此乃刑讯之棰，但陈顾远先生认为，其本意"原为笞罪之刑具，非为拷问之设"①，只是由于当时官吏在审讯囚犯时将棰作为刑讯工具滥用，致后世将二者混淆以致误解而已。笔者认为，《箠令》中关于箠杖刑具的规定，既作为执行笞刑这一刑罚的刑具，又作为诉讼中箠杖刑讯的工具来规定的。可以印证这一问题的是，《汉书·司马迁传》中司马迁"经交手足，受木索，暴肌肤，受榜箠"以及《汉书·路温舒传》中"棰楚之下，何求而不得"的记载。这里的"榜箠""棰楚"均是就刑讯时受拷打而言的。

（二）法定名称相同但性质不同的刑罚和刑讯工具被交叉使用

法律中本来分别规定了刑罚和刑讯的工具，只是由于两种工具的名称相同，或者在长期的司法实践中二者发展的融通以及使用的交叉，致理论上对刑具的认识存在误解。较为典型的是古代有关"笞""杖"的法律规定。其中，笞刑作为一种肉刑，主要是一种痛苦型的刑罚或刑讯方法，即不因笞刑而使囚犯丧失身体功能或肢体受残，这是其区别于其他肉刑的主要之处。但在实际的笞刑执行过程中，往往使囚犯致死或者致残，因此，后人对此多有非议。笞刑出现较早，《周礼·秋官司寇》中"鞭五百""鞭三百"等说法，表明这种刑罚方式一直在延续。至秦时，不但把笞刑作为国家的法定刑，而且将其作为刑讯的手段予以规定。秦简《封诊式·讯狱》记载："诘之极而数讹，更言不服，其律当治（笞）谅（掠）者，乃治（笞）谅（掠）。"当然"毋治（笞）谅（掠）而得人请（情）为上；笞谅（掠）为下"②。《周易·困·初六》对"杖刑"本

---

① 陈顾远：《中国法制史》，中国书店1988年版，第254页。
② 《封诊式·治狱》。

义的解释是："臀困于株木,入于幽谷,三岁不觌。"高亨《周易古经今注》："臀困于株木者,盖谓臀部受刑杖也。杖以木株为之,故谓之株木。"[1]笞、杖既是我国古代由先前墨、劓、剕、宫、辟过渡到笞、杖、徒、流、死五刑中的基本刑罚,又是诉讼中刑讯的主要方式。二者都是对人的身体的责打,但二者适用的目的和对象却是不一样的。刑讯的"笞""杖"是审理案件中为达到逼取口供的目的而作为手段实行的,适用的对象通常是未决犯。而刑罚的"笞""杖"是结案时作为对已决罪犯的一种刑法制裁措施而予以使用的。唐律为区别此,在《狱官令》中规定了三种杖具:讯囚杖、常行杖、笞杖。三者分别适用于被审讯的未决犯、已定罪的杖刑犯以及笞刑犯。后人习惯上分别称上述刑讯工具的笞、杖为"讯囚杖",刑罚工具的笞、杖为"常行杖"。关于行刑的部位,决笞者,腿、臀分摊,也可背、腿分摊;决杖者,背、腿、臀平均分摊杖数;对于讯囚杖,实施击打的部位与杖刑相同。当然,一些朝代也试图在立法上将讯囚杖与常行杖(刑罚杖)二者区别开来,如元朝为区分二者的界限,专门规定了两种杖所受部位的不同:刑讯之杖是臀、腿分受,而刑罚之杖则仅为臀受。[2]但在实践中,二者往往是很难区分的。清朝时,笞和杖,既作为基本刑罚"五刑"中的两种刑罚,又是审判中刑讯的方式。正如清朝薛允升在《读例存疑》卷一中所言:"笞、杖有二意,有断决时之笞杖,有讯问时之笞杖。"因此,"笞""杖"有适用于程序的"讯囚笞、杖"和适用于惩罚的"刑罚笞、杖"。但在实际行用时,二者是很难分别的,在审判中对不肯招供的人犯施以笞杖是很"自然"的。在刑事案件中,笞杖可以被看作刑讯,但也可以作为对轻罪人犯的刑罚。在

---

① 张晋藩总主编:《中国法制通史》第1卷,法律出版社1999年版,第223页。

② "被拷者臀与股分受,务令均停,盖别于笞杖刑之臀受耳。"载陈顾远:《中国法制史》,中国书店1988年版,第258页。

民事审判中，笞杖往往被当作对败诉者的责惩，但同样也可看作对狡黠者的追供。

从法律规定上看，一方面，古代一些朝代的"讯囚杖"与"刑罚杖"在刑具规格上有时是一致的。据《宋史·刑法志》载，宋朝二者均为"长三尺五寸，大头阔不过二寸，厚及小头径不得过九分"，重量"勿过十五两"。据《清史稿·刑法志》记载，清朝讯囚笞、杖与刑罚笞、杖的工具是相同的。笞、杖工具的法定材质均为竹板，杖为大竹板，大头阔二寸，小头阔一寸五分，长五尺五寸，重量不超二斤；笞为小竹板，大头阔一寸五分，小头阔一寸，长五尺五寸，重量不超一斤半。另一方面，还有一些朝代，"讯囚杖"与"刑罚杖"的规格不同。如《唐律疏议·断狱·决罚不如法》载，唐朝"杖皆削去节目，长三尺五寸"，"讯囚杖"大头径三分二厘，小头二分二厘；"常行杖"大头二分七厘，小头一分七厘；"笞杖"大头二分，小头一分五厘。[1] 据《明会典》和《明律·狱具图》记载，明朝"讯囚杖"大头径四分五厘，小头径三分五厘，长三尺五寸，以荆条为之。而"刑罚杖"的工具，长三尺五寸，笞大头径二分七厘，小头径一分七厘；杖大头径三分二厘，小头径二分二厘。从上述刑讯工具规格的比较可以看出，"讯囚杖"一般较之"刑罚杖"更重，这是符合刑讯性质和目的的。

正是由于古代"讯囚杖"与"刑罚杖"具有上述固有的联系，所以，统治者往往将其一并考虑，同等对待。清末因废除笞杖为工具的刑讯而导致的对笞杖刑罚的废除就是例证。清末司法审判的改革中，刘坤一、张之洞在奏折中曾极言刑讯的弊端，建议以后"除盗案、命案证据已确，而不肯认供者准其刑吓外，凡初次讯供时及牵连人证，断不准轻

---

① （唐）长孙无忌等撰：《唐律疏议》，中华书局 1983 年版，第 557 页。

加刑责"。① 奏折转至修律大臣处，赢得一致的首肯。但是，鉴于刑讯以笞杖为刑具，如果仅仅废止刑讯，而仍然有笞刑与杖刑的存在，便免不了日后刑讯复生。为了从根本上解决刑讯问题，在废止刑讯时便不得不连同刑具使用之笞杖刑一同废止。对此，伍廷芳指出："居今日而欲救其弊，若仅宣言禁用刑讯，而笞杖之名因循不去，必至日久仍复弊生，断无实效。……臣等公同酌议，拟请嗣后除罪犯应死，证据已确，而不肯供认者准其刑讯外，凡初次讯供时，及徒流以下罪名，盖不准刑讯，以免冤滥。其笞杖等罪，仿照外国罚金之法，凡律例内笞五十以下者，改为罚银五钱以上二两五钱以下，杖六十者，改为罚五两，每一等加二两五钱，依次递加。至杖一百，改为罚十五两而止。如无力完纳者，折为作工，应罚一两折作工四日，依次递加至十五两折作工六十日而止。旗人有犯，照民人一律科断。"② 可见，刑讯的废止，导致了刑罚的改革。修律工作从禁止刑讯入手，依照西方罚金的办法，改革轻罪之笞杖刑为罚金，并在1910年奏上谕"着即刊刻成书，颁行京外，一体遵守"，颁行了一部具有1300多条内容的过渡性法典——《大清现行刑律》。③

由于古代刑讯工具和刑罚工具相交织，刑讯的手段功能往往兼具惩罚功能。某些朝代，个别昏君甚至将刑讯作为管理社会和维护社会稳定的手段，肆意扩大刑讯的方法和对象，导致暴政。

---

① 张之洞、刘坤一：《遵旨筹议变法谨拟整顿中法十二条折》，载怀效锋：《清末法治变革史料》（上卷），中国政法大学出版社2010年版，第16页。

② 《伍廷芳集》上册。伍廷芳两次奏折均收入刘锦藻撰：《清朝续文献通考·刑考》，台北新兴书局1959年版，第9884—9885页。

③ 详细过程及内容参见秦瑞介："大清新刑律释义序"，引自刘诒徵编著：《中国文化史》下册，中国大百科全书出版社1988年版，第832页；杨鸿烈：《中国法律思想史》，上海书店1984年版，第312-320页。

中国古代刑讯的程序要求

所谓刑讯的程序要求，不同于刑讯实施之前的"刑讯的程序条件"，它是指刑讯启动之后，法律对刑讯过程中的步骤、方法等的要求。

一、刑讯的决定主体和实施主体相分离

只要稍加注意，就会发现，中国古代刑讯的决定主体与实施主体始终是分离的，即刑讯通常是由官员决定而由差役负责实施。这种决定权与实施权的分开，既是决定者与实施者不同职责分工的体现，更是回避、监督和防止法外刑讯的逻辑使然。这种分权逻辑的设计，中心在于将刑讯的决定权与实施权相分离，从而防止因两项职责由同一主体实施而可能导致的不公。应该说，这样的法律规定符合权力制衡的原理，既可防止官吏利用职权在刑讯问题上徇私舞弊，又有利于保障刑讯按照法律规定的方式和程序进行。

相对刑讯的实施主体而言，决定主体对于刑讯的作用显然更大。因此，古代更加注意对审判和刑讯的决定主体以及相关程序的立法。从前

述唐律"事须讯问者，立案同判，然后拷讯"，强调承审官员会同现任长官同判，然后拷讯；到宋朝法律"鞫谳分司"，实行审判官员无权检法断刑，检法官员无权过问审判的两司独立，互相制约的审判制度；再到元朝"词讼正官推问"与职官同问（又称"同磨"）的法律制度，无不如此。

　　一般地说，对于诉讼不同环节的不同职能由不同主体实施，这是比较常见也是容易在制定设计时就考虑到的。但对于同一个环节的同一个问题，能够注意到这样的问题，确实难能可贵，这也说明古代对于涉及人身权利的刑讯制度以及刑讯制度的程序还是非常重视的。

二、不得以刑讯之法而状外求罪

　　所谓不得状外求罪，即不得在诉状之外追究其他犯罪，目的在于防止司法官吏借故加其他罪于囚犯而对其刑讯。刑讯制度定型的唐朝，司法机关或官吏必须依所告状鞫之，不得状外求罪。"诸鞫狱者，皆须依所告状鞫之。若于本状之外，别求他罪者，以故入人罪论"①。但为确保新发现的罪犯不致逍遥法外，疏议对该条又规定了例外的情况："若因其告状，或应掩捕搜检，因而检得别罪者，亦得推之。其监临主司，于所部告状之外，知有别罪者，即须举牒，别更纠论，不得因前告状而辄推鞫。若非监临之官，亦不得状外别举推勘。"②即如果经人检举，或者发现另有他罪者，不在此限。显然，疏议的解释更显兼顾。与此相同，宋朝在

---

① （唐）长孙无忌等撰：《唐律疏议》，中华书局 1983 年版，第 555 页。
② （唐）长孙无忌等撰：《唐律疏议》，中华书局 1983 年版，第 555—556 页

审讯过程中，一般也不得追究状外之事，否则，"论如法"。但是，事关劫盗、命案则除外。受此影响，当时的西夏王朝在《天盛改旧新定律令》中也规定，一事尚不明，"不许越司另告他处"，否则，"告者，取状者等有官罚马一，庶人十三杖"。即使是到了古代刑讯制度流变的后期，不得状外求罪的规定也并未因此而衰缓。明朝，"凡鞫狱须依所告本状推问，若于状外别求他事摭拾人罪者，以故入人罪论。同僚不署文案者不坐。若因其告状或应掩捕搜检，因而检得别罪，事合推理者，不在此限"①。这一规定既对可能出现的司法官吏欲诉外追究而刑讯的情况予以了禁止，也为司法机关不姑息放纵犯罪提供了保障。清朝，"凡听断，依状以鞫情，如法以决罚，据供以定案"②。所谓"依状以鞫情"，是说审讯应依据呈状推问，不可超出呈状所控告的范围。清律第四〇六条规定："凡鞫狱，须依（原告人）所告本状推问。"同时，清朝沿用了明朝的不得状外求罪的其他内容。

三、人犯不因刑讯而成为诉讼客体

中国古代诉讼中，因刑讯被法定化，人们产生了一种错觉，以为人犯只是诉讼的客体而非诉讼的主体。实际的情况是，"被告当然可以否认指控，原告也可以反驳被告的供述。双方当事人相互争辩是不可避免的，但主审官员有权利也有责任既充当辩护方也充当控诉方。明清时，庭审向公众开放，任何人都可以参与；但在宋朝，只有涉案人员才被允

---

① 《明律·刑律·断狱》。
② 《大清会典事例》第806卷。

许出庭"①。

"被告认罪时，由吏人逐句转录供词，然后向他宣读并要求签字（不识字者以中指画押）。在供词上签押后，事实认定完成，即'狱成'。但我们将会看到，对于严重的控诉，被告在下一阶段仍保有推翻供述并要求重审的权利"②。这里，仅以宋朝法律以回避的方式保障人犯诉讼权利、防止因刑讯而侵犯人犯诉讼主体地位的规定予以说明。第一，宋朝的"审判过程分为两个阶段：首先是事实审理，其次是法律适用。知县主持整个过程。讯问被告由知县及其佐官县丞和主簿同堂进行。县尉不得参与审理，因其职责止于缉捕罪犯。在审理过程中，为获得将人犯定罪的奖赏，他可能对被告非法施压。与以往朝代不同，更为成熟精细的宋朝法制意识到了分离巡捕和推鞫职责的好处"③。而且，两个阶段的划分有利于解决一旦缉捕人犯的县尉等官员出现在审判之中，人犯对之前可能存在的刑讯逼迫的口供不敢翻供的问题。第二，在法律适用阶段，"在刑事案件中，若被告在审判时推翻供述，案件则自动转由另一官员重审。此外，被告及其亲属可直接向上一级上诉，要求重新审查县衙的任何不公正行为"④。这意味着被刑讯的人犯在最初的审判阶段即可获得一次翻供的机会，而此种情况下，案件将由另外的审判官受命复审。第三，县级审判之后的州级审判中，"州衙门的左右推勘司各置一狱。此外，州衙门有时会设第三个推勘司，也置一狱。之所以要设两到三个推

---

① ［日］宫崎市定：《宋代的司法》，载［美］孔杰荣等编：《中国法律传统论文集》，中国政法大学法律史学研究院组译，中国政法大学出版社 2015 年版，第 35 页。

② ［日］宫崎市定：《宋代的司法》，载［美］孔杰荣等编：《中国法律传统论文集》，中国政法大学法律史学研究院组译，中国政法大学出版社 2015 年版，第 35 页。

③ ［日］宫崎市定：《宋代的司法》，载［美］孔杰荣等编：《中国法律传统论文集》，中国政法大学法律史学研究院组译，中国政法大学出版社 2015 年版，第 35 页。

④ ［日］宫崎市定：《宋代的司法》，载［美］孔杰荣等编：《中国法律传统论文集》，中国政法大学法律史学研究院组译，中国政法大学出版社 2015 年版，第 36 页。

勘司，是为了在事实调查过程中若有必要能够移司别勘。例如，在州的审判程序将近结束时，被告要在州的所有司法官员面前签押供状，他可以以受刑讯威胁屈打成招为由而拒绝签押，此时，案件将转移到另一推勘司重新审理"①。应该说，这里关于县尉在审判中的回避、人犯因事实认定阶段所受刑讯而容许在之后的审判阶段翻异以及州级审判中因人犯被刑讯而翻异别勘三种回避的设计本身就是宋代审判制度独特的内容，但其通过回避的规定进而实现对人犯诉讼权利的保障的做法更是可圈可点。

综上，中国古代人犯被刑讯与其是否具有诉讼主体的法律地位是两个不同法律问题，不能因刑讯影响人犯某些诉讼权利的行使就否定其诉讼主体的地位，更不能因此以讹传讹，得出人犯只是诉讼客体而非诉讼主体的结论。

四、刑讯实行回避制度

汉朝就有了司法官吏回避的规定。公元前156年汉景帝时期制定的《箠令》即规定："当笞者笞臀。毋得更人，毕一罪乃更人。"②这一规定固然有刑讯中如若容许更换司法官吏，则囚犯无以承受刑讯之酷烈的考虑，但也折射出借此以防刑讯中更换司法官吏而可能导致的谋私问题。与此相一致，北齐有"笞臀而不中易人"③的规定；隋朝有"笞者笞臀，而不

---

① ［日］宫崎市定：《宋代的司法》，载［美］孔杰荣等编：《中国法律传统论文集》，中国政法大学法律史学研究院组译，中国政法大学出版社2015年版，第36页。
② 《历代刑法志》，群众出版社1988年版，第17页。
③ 《历代刑法志》，群众出版社1988年版，第278页。

中易人"①的规定，唐朝实行审讯回避的"换推制度"，"拷囚及行决罚者，皆不得中易人"②，以及"凡鞫狱官与被鞫人有亲属、仇嫌者，皆听更之"③。

中国古代的回避制度当以宋代最为完善，这可以从两个方面来说明：

一方面，在审讯过程中的回避。（1）《宋刑统》规定："诸讯囚非亲典主司皆不得至囚所听闻消息，其拷囚及行罚者皆不得中易人。"（2）《宋刑统》沿承了唐朝回避的主要内容，规定"诸鞫狱官与被鞫人有五服内亲，及大功以上婚姻之家，并受业师，经为本部都督、刺史、县令，及有仇嫌者，皆须听换。推经为府佐，国官于府主，亦同"。即官吏与囚犯有这样一些关系的需要另换官吏审判。一是五服范围内的亲属，或者大功以上的姻亲。二是有授业师、长官和部属一类关系。三是有冤仇关系。（3）司法官吏不得到原籍所在地审讯案件。太宗至道元年（995年）诏审刑院："自今不得差京朝官往本乡里制勘勾当公事……其推勘官仍令御史台亦依此指挥。"④（4）负责缉捕盗贼的司法官吏严禁参与审讯活动。缉捕人必须回避审讯主要是考虑缉捕人员有先入为主的偏见，且邀功心切，自然会逼取犯罪嫌疑人承认罪行。光宗绍熙元年（1190年）诏令："今后监司、郡守按发官吏合行推勘者，如系本州按发，须申提刑司差别州官；本路按发，须申朝廷差邻路官前来推勘。庶使无观望徇私之弊，则罚必当罪，而人无不服矣。"⑤即按发的犯罪案，按发官必须申报上级机关另外选差与按发官同级的其他机构的官员审理，而按发官本人

---

① 《历代刑法志》，群众出版社1988年版，第234页。

② 《唐令拾遗》。

③ 《唐六典·尚书刑部》中对此的注称："亲谓五服内亲，及大功以上婚姻之家，并受业经师为本部都督、刺史、县令，及府佐与府主，皆同换推。"见《唐六典》，中华书局1992年版，第191页。

④ 《宋会要辑稿·刑法》3之52—3之53。

⑤ 《宋会要辑稿·职官》5之53—5之54。

必须回避。（5）为防止审讯过程中的官官相护，实行司法官吏间的回避。包括：一是指上下级间的回避。"诸职事相干或统摄有亲戚者，并回避。其转运司帐计官于诸州造帐官、提点刑狱司检法官于知州、通判……司法参军亦避。"① 二是指同级之间的回避："录问、检法与鞫狱，若检法与录问官吏有亲嫌者准此。"② 三是囚犯翻异，同案的后审官员如与前审官员有亲嫌关系，也应回避。宋神宗时甚至规定，大理寺官吏"禁出谒及见宾客"。③ 徽宗政和七年（1117年）规定：移师重审案件"其后来承勘司狱与前来承勘司狱有无亲戚，令自陈回避"④。这样，宋代法律关于司法官吏回避的规定在司法实践中就具有较强的可操作性。

另一方面，针对审讯中囚犯翻供的，实行司法官吏或者司法组织翻异别勘的回避制度。这一回避制度在中国古代诉讼中最具特点。此制源于唐末五代，唐长庆元年（821年）敕文规定："囚犯临决称冤重推者限三度，每度推官不同。"五代后唐明宗天成三年（928年）敕文规定："……行所勘囚人面前录问，如有异同，即移司别勘。"具体到宋朝的审理和刑讯囚犯而言，"翻异"即囚犯对口供的否定或者翻供；"别勘"即更换司法人员或者司法机关重新审讯。宋代，犯人在例行结案程序的录问时，享有首次表达自己意见的机会，一般徒刑以上的案件，在鞫谳结款以后，必须由没有参加审讯的，依法不须回避的官员提审案犯，核对供词。若此时或在行刑前的"过堂"中囚犯翻供、称冤的，案件则交由另一官员重新审理。如果经原审机关"移司别勘"后，当事人仍翻异不服的，则原审机关须把案件报送上级机关，由其"差官别推"，即由其负

① 《庆元条法事类·亲嫌》。
② 《庆元条法事类·亲嫌》。
③ 转引自张晋藩：《中华法制文明的演进》，中国政法大学出版社1999年版，第372页。这应该是中国诉讼过程中禁止司法官私下会见当事人的最早记载。
④ 《宋会要辑稿·刑法》3之70。

128

责派遣与原审机关不相干的另一机关的官员重新审理；或是令新差官员前往原审机关主审，或是将案件移往其他机关审理。为此，宋朝从中央到地方各级司法机构中都设有两个或两个以上的法司，如州级设有推判官主管的"当置司"，录事参军主管的"州院"，司理参军主管的"司理院"；开封府设有"府院"和左右军巡院等；路一级设有提刑司（宪司）、转运司（漕司）、提举司（仓司）和安抚司（帅司）等官司；中央刑部分为左、右厅治事，大理寺狱分为左、右推。这种多元并列的机构建制，除为了加强法司内部的制约外，在很大程度上是为了囚犯翻供或者申诉时，"移司别推"或"差官别推"之用。此制对后世影响颇深，至古代后期的明代时，不仅"军民人等有冤枉者，止许将实情申诉，听凭隔别委官勘理"[1]，而且，御史对地方的申诉，"所受理必亲决，不令批发"[2]，更不准交原审地方官处理。

为防止因换官别推制度循环不止而可能造成淹滞刑狱、滋长弊幸的情况，《宋刑统》沿用了唐的三推之制，即三次判决结果相同，犯人仍申诉者，不再复审。孝宗以后改为五次，"囚禁未伏则别推，若仍旧翻异，始则提刑司差官，继即转运司、提举司、安抚司，或邻路监司差官，谓之五推"[3]。但实际执行中，并未将此绝对化，如告推官受贿而枉判，前后推官相互包庇，或冤有确凿的证据的话，经中央司法机关决定亦可突破别勘的次数。

元朝，《元史·刑法志》规定："诸曾诉官吏之人有罪，其被诉官吏勿推。""诸职官听讼者，事关有服之亲并婚姻之家，及曾受业之师与所仇嫌之人，应回避"。如不回避者，"各以其所犯坐之"。《元典章·朝

---

① 《大明会典》。
② 《春明梦余录》。
③ 《宋会要辑稿·职官》5 之 63。

纲·庶务》也规定："凡言告官吏不公之人所犯，被告官吏理宜回避。"

明朝，《明律·刑律·诉讼》中"听讼回避"条规定："凡官吏与诉讼人内有服亲及婚姻之家，若得受业师及旧有仇嫌之人，并听移文回避，违者笞四十。若罪有增减者，以故出入人罪论。"由于自明太祖起，就实行"南人官北，北人官南"的异地任官制度，所以，除武官外，文官严格实行不得在本省任职的制度。由此在客观上便形成了这样一个事实，即明朝的"听讼回避"实际上主要是针对中央尤其是三法司的司法官吏而言的。

清朝诉讼的回避制度基本同明朝，只是因为满人执政故关于回避的规定略有修改。凡主审官吏与诉讼当事人同旗、同籍或有亲属、朋友、师生、仇嫌关系，需要移文回避，以防止官吏徇私偏袒，有意出入人罪。官吏如例应回避而不回避以致罪有出入的，以出入人罪论。

总体看，回避围绕这样三个方面来保障刑讯的依法进行：一是回避的理由和对象；二是不按规定回避的法律责任；三是对因不回避而故意出入人罪的处理。当然，古代的回避与现今法律关于回避的规定有所不同，当时提出回避的主体仅限于司法官吏自行要求回避以及官员间互相要求的回避，至于当事人有无权利提出申请要求司法官吏回避以及应该回避而不回避的情况如何处理，在古代的法律中尚找不到规定。因此，理论上讲，当时回避的规定实际上具有较大的任意性。虽然元代法律对此予以了弥补，规定应回避而不回避的，各以被告原应当判处的罪名论处，使唐宋任意性较强的法律规范发展为强制性的法律规范，但对当事人申请回避的问题直至明清依旧未作规定。

五、刑满不供的处理

中国古代，对于按照法律规定拷满不供的对象，不论其是囚犯本人还是证人或者控告人，均取保放之。对此，从汉朝的实例到唐宋的法律均有史料记载。

早在汉朝，虽然尚未见到关于刑讯数量、间隔等要求，但若穷尽刑讯之技，囚犯仍然不供，也只能释放。据《后汉书·缪肜传》载，地方官缪肜和县里一群小官吏同受诬陷入狱，被严刑拷打，众皆"畏惧自诬"，唯缪肜不服，"掠拷苦毒，至乃体生虫蛆"，经受了历时四年的残酷折磨，换了五个监狱，始终没有招认，终被无罪释放。

北魏时期，据《魏书·尉古真传》记载："太祖之在贺兰部，贺染干遣侯引乙突等诣行宫，将肆逆。（尉）古真知之，密以驰告，侯引等不敢发。（贺）染干疑（尉）古真泄其谋，乃执拷之，以两车轴押其头，伤一目，不伏，乃免之。"意思是说，北魏太祖道武帝在贺兰部落时，贺染干派侯引乙突等人密谋刺杀他，尉古真得到消息，悄悄报告道武帝预作防备，侯引等果然不敢下手。贺染干怀疑尉古真泄露了机密，抓住他严刑拷问，又用两根铁车轴轧他的头，尉古真的一只眼睛被轧伤失明，仍不肯招认，贺染干不得已，只好把他释放。

《唐律·断狱》"拷囚不得过三度"条规定："拷满不承，取保放之。"对囚犯拷打满数后，仍不肯招供的，则可以"取保放之"。而且，这一规定同样适用于被刑讯的原告和证人。《唐律·断狱》"拷囚限满不首"条："诸拷囚限满而不首者，反拷告人。其被杀、被盗家人及亲属告者，不反拷。被水火损败者，亦同。拷满不首，取保并放。违者，以故失论。"

宋朝承袭唐律"拷囚限满不首"条，"诸拷囚限满而不首者，反拷告人……拷满不首，取保并放。违者，以故失论"。①

六、对刑讯的监督

中国古代对刑讯的直接监督最初并不是由专门的监督机构进行，而是通过对案情和整个刑讯的过程的详细记录，以备案的形式来实现的。只是随着社会的发展，才逐渐有了对于诉讼进行监督的意识和机构。

秦朝即已经认识到口供在定案中的重要作用，坚持没有口供不能定案。但是，对于囚犯的口供，尤其是通过刑讯逼取的口供，必须从多方面加以核实印证之后才能作为定案证据使用。重大案件中，对于囚犯口供的复核要由上级或者原审以外的司法机关和官吏进行。为此，就要对口供等涉案材料以及整个审判的过程予以详细的记录，以防止囚犯一旦翻供，口供的证据价值或其他证据相互印证的关系不复存在。因此，法律要求司法机关将囚犯刑讯前后的口供均详细记录下来，使之以文字的形式固定。根据秦简《封诊式·讯狱》记载，秦时，即要求司法机关对当事人的讯问内容、方法、步骤及刑讯过程等作出详细的记载。凡讯狱，"必先尽听其言而书之"，即先听完口供并加以记录。而且要使受审讯者各自陈述，"虽智（知）其池"，即尽管知道他在撒谎，也"勿庸辄诘"，不要马上诘问。听取口供后，再根据其口供的矛盾之处和不清楚的地方提出诘问。诘问的时候，又要把其辩解的话记录下来，再看还有无其他不清楚的问题，并对这些仍然存在的疑问继续诘问，"以复诘之"，直至诘问到受审人辞穷。只有"诘之极而数池，更言不服"情况下，才依秦

---

① 《宋史·刑法志》。

律规定"乃笞掠"之。对于多次欺骗，即改变口供，拒不认罪，依法应当刑讯者，施行拷打。拷打受审人时必须记下：因某多次改变口供，无从辩解，故对其拷打讯问。江陵张家山汉简《奏谳书》案一七记载了一宗秦二世初年刑讯犯人，致使屈打成招的案例：士伍毛在汧邑盗得牛后，牵至雍县变卖销赃，被雍县亭长庆告发，案件遂归雍县审理。乐人讲因被士伍毛诬指合谋盗牛，而被雍县收审。被告和证人都对此案进行了陈述，被告士伍毛先承认"盗士伍觟牛，毋它人与谋"，士伍觟也否认亡牛。证人处表示，只看见士伍毛盗牛。另一证人和证明，毛所盗牛是他的。但负责此案的官吏史腾先入为主，臆断盗牛之事非一人所为，一定是合谋。因而诘问被告毛和讲。毛因不耐笞掠而诬指此前曾与讲合谋盗牛，乐人讲陈述毛盗牛时，自己正在咸阳践更，并无作案时间。讲因否认参与盗牛而遭笞掠，屈打成招，最后被判刑。[①] 此案说的是，士伍毛到雍县市场卖牛，亭长庆盘问后怀疑牛是毛偷来的，于是把毛扭送到雍县官府。初审由名叫腾的史加以讯问，毛承认了盗牛的犯罪事实。腾接着讯问毛还有谁一起盗牛，毛回答牛是一个人所盗。腾主观臆断盗牛非一人所为，一定有同谋，说毛没有老实交代，因此笞打毛的背部六下。过了几天，腾经过调查，牛的主人没有丢失牛，毛又改口说盗了一个叫"和"的人的牛，腾又追问其同伙，毛说是独自盗牛，腾认为毛不如实交代，因此磔笞毛的背、臀、股，血流了一地，毛疼痛难忍，只好诬指乐人讲，讲因此被拘捕。此案后来由名叫"铫"的来审理，铫讯问讲，是不是与毛一起盗牛，讲说没有这回事，并提出了此段时间自己正在咸阳践更的证据。铫又提审毛，对毛说：你盗牛时，讲在咸阳，怎么能和你一起盗牛呢？然后铫再次拷打毛的背部，毛痛不可耐，便编造

---

① 参见江陵张家山汉简整理小组：《江陵张家山汉简〈奏谳书〉释文（二）》，《文物》1995年第3期。

说：讲虽然没有一起盗牛，但事先曾和他共谋盗牛。于是毛编造了他和讲共谋盗牛的经过。铫得到毛的这些供词，便提审讲，讲辩解没有共谋盗牛。于是铫便对讲施以刑讯。讲担心自己会再次受到拷打，只好自诬说与毛共谋盗牛。此案的审讯过程与秦简《封诊式》所记载的讯问和刑讯程序基本相同。可见，自秦起，统治者虽把口供作为定罪的主要证据，实行罪从供定，无供不录案的制度，但却不主张轻易使用刑讯逼供，而是强调"尽听其言""各展其辞"，"以情审查辞理，反复参验"。同时，注意搜集证据，重视现场勘验，并实行"爱书"制度。由于法律上对口供地位的过高抬举、扩大其作用，所以口供对于定罪具有决定性的价值，司法实践中，为得到口供，司法人员往往对嫌犯严刑拷打。这也从侧面印证了秦朝"严刑峻法"理念在司法活动中的体现。自汉朝起，在刑讯逼取口供的程序上，为避免囚犯相互间或者囚犯与证人之间串通，一般先单独进行审讯，在初步取得供词和证词后，再将囚犯和证人汇聚一堂对质。于是，在汉代文献中，出现了"对簿""对狱""会狱"这样的情况和记载。

中国古代中后期，在要求对审讯过程更加详细记录备查的同时，还有一定的监管人员或机构，专对记录的案情和办理程序进行审查，直接或者间接对刑讯活动进行监督。《太平御览》卷六五〇《督》引《晋令》曰："应受杖而体有疮者，督之也。"监督杖刑不仅是针对有疮者，杖刑执行过程中因执事者不同会有轻重之分，故而有杖督之制。明朝，笔录为审讯过程中极为重要的环节，其内容一般包括诉讼当事人情况、证人情况、证据与证物、供词、画押以及审讯过程等，特别是供词，包含原告之状词与被告之供状，要准确无误，不得遗漏。① 清朝强调"凡人命重案，必须检验尸伤，填写部颁'尸格'（验尸报告），'鞫审强盗，必

---

① 《临民宝镜》。

须赃证明确'"；"事主呈报盗案失单，须逐细开明"。① 这里提出的"尸格""赃证""失单"都是证据，类似于现代诉讼法中规定的物证、书证、勘验鉴定等。清律规定："凡狱囚，鞫问明白，追勘完备……审录无冤，依律议拟，法司复勘定议奏闻。"② "凡狱囚，徒流死罪，各唤本囚及其家属，具告所断罪名，仍责取囚服辩文状。如不服者，听其自行辩理。"③ "鞫问明白""审录无冤""服辩文状"，都是讲要取得囚犯"服输口供"，并记录在案，才能定案。另外，清朝要求"直隶各省督抚设立用刑印簿，分发用刑衙门，将某案、某人因何事用刑，及用刑次数，逐细填注簿内，于年终缴督抚查阅。如有滥用夹棍，及用多报少情弊，即将用刑各官指参议处。并设立循环簿，将每日出入监犯名姓填注簿内，按月申送该府查对。如有滥刑监禁，及怀挟私仇，故禁平人，照律拟罪"④。

　　按照清朝法律规定，对囚犯的供词须制作供状并向其宣读，然后令其签字或者画押。⑤ 任何官吏不得对供状做任何更改，如果案卷记录被改动，即使不影响囚犯的刑罚，官吏也将被夺常俸；如因此影响囚犯刑罚的，官吏将被革职。⑥ 州县官吏如果容许书吏将笔录带回各自办公地点并使其得以将材料更改，书吏以"故出"或"故入"之条处罚；州县官吏以"失出"或"失入"之条处罚。⑦ 这样规定的目的在于防止司法官吏擅自变更囚犯的口供。

---

① 《大清律例》卷36，《断狱·故禁故勘平人》。
② 《大清律例》卷37，《断狱·有司决囚等第》。
③ 《大清律例》卷37，《断狱·狱囚取服辩》。
④ 《大清律例》，法律出版社1999年版，第562页。
⑤ 《六部处分则例》第48卷，第30页；《清律例》37卷，第124页。参见瞿同祖：《瞿同祖法学论著集》，中国政法大学出版社1998年版，第458页。
⑥ 《六部处分则例》第48卷，第30页；《清律例》37卷，第18页。参见瞿同祖：《瞿同祖法学论著集》，中国政法大学出版社1998年版，第459页。
⑦ 《六部处分则例》第42卷，第35页；《清律例》37卷，第124—125页。参见瞿同祖：《瞿同祖法学论著集》，中国政法大学出版社1998年版，第459页。

中国古代违法刑讯的法律责任

所谓违法刑讯，即有违法律规定的刑讯行为，其既可以是刑讯方式合法，但对象、数量、后果等超出法律规定的刑讯行为，也可以是刑讯方式本身就为法律所不载或禁止。

刑讯是古代司法中不得已而采取的获取人证的措施，其本身的副作用为历朝所认识，尤其是超出法律规定的非法刑讯更为统治者所警惕。从西周"仲春之月，毋肆掠"至汉和帝责备官吏周纾刑讯失职，对其降级处分，再从魏晋"拷讯如法""拷悉依令"，到隋朝"尽除苛惨之法"，法律不乏对刑讯的限制和非法刑讯的禁止，实践中也不乏帝王基于临时动意而对因刑讯造成错案的官吏给予惩处的例子，试图最大限度地扬刑讯之利弃刑讯之弊。但对违法刑讯所需承担的法律责任却迟迟未从制度和法律的层面上予以系统规定，这在客观上成为非法刑讯屡禁不止的制度和法律原因。直到唐宋刑讯被制度化和法律化之后，违法刑讯的法律责任的规定才得以完备。我们说，法律规范的基本要求在于，一方面，在赋予人们权利的同时规定人们应该履行的义务；另一方面，当出现行为人"当为而不为"或"不当为而为之"的违反法定义务的行为时，明确其应该承担的法律责任。在这两个方面中，缺少其中的任何一个方面，另一方面也就失去了其存在的价值，法律规定的最终目标也就难以实现。这才是"没有规矩不成方圆"之全面内涵。然而，实践中，人们往往只基于眼前利益而侧重于对权利的强调，有意无意地忽视了对违反义务而应承担的法律责任的规定，致使法律的规定常常不能得到全面的落实。为了阐述条理的清晰，以下按照刑讯制度发展的不同时期对违法刑讯的法律责任予以梳理说明。

一、中国古代刑讯制度发展时期的法律责任

西汉地节四年（前66年），汉宣帝下诏："今系者或以掠辜若饥寒瘐死狱中，何用心逆人道也！朕甚痛之。其令郡国岁上系囚以掠笞若瘐死者所坐名、县、爵、里，丞相御史课殿最以闻。"[1] 东汉初年，统治者标榜"除王莽之繁密，还汉世之轻法"，故也有官吏因刑讯不当致人犯死亡而被降职的实例记载。《后汉书·酷吏传》载，周纡任司隶校尉的"（永元）六年夏，旱，车驾自幸洛阳录囚徒，二人被掠生虫，坐左转骑都尉。"[2] 即永元六年（94年）夏天发生旱灾，和帝刘肇亲自到洛阳视察狱讼情形，看见有两名犯人被拷打之后伤口生虫，和帝责备司隶校尉周纡失职，并将其降为左转骑都尉。

北魏时，"刚坐掠杀试射羽林，为御史中尉元匡所弹，廷尉处刚大辟……灵太后乃引见廷尉卿裴延俊、少卿袁翻于宣光殿，问曰：'刚因公事掠人，邂逅致死，律文不坐。卿处其大辟，竟何所依？'翻对曰：

---

① 《汉书·宣帝纪》。
② 《后汉书·和帝纪》亦载其事，"（永元六年七月）丁巳，幸洛阳寺，录囚徒，举冤狱。收洛阳令下狱抵罪，司隶校尉、河南尹皆左降。"

'案律邂逅不坐者，谓情理已露，而隐避不引，必须棰挞，取其款言，谓挝挞以理之类。至于此人，问则具首，正宜依犯结案，不应横加棰朴。兼刚口唱打杀，挝筑非理，本有杀心，事非邂逅。处之大辟，未乖宪典'"①。由此可见，魏律即有"邂逅致死不坐"之规定，但必须"挝挞以理"，若"横加棰朴"，致人于死，则不合"邂逅"之意。

二、中国古代刑讯制度定型时期的法律责任

唐律对于违法刑讯的法律责任从这样几个方面作了规定：（1）官吏不按法定条件或程序刑讯的法律责任。《唐律·断狱》规定："应讯囚者，必先以情，审查辞理，反复参验，犹未能决，事须讯问者，立案同判，然后拷讯。违者，杖六十。"（2）刑讯违反法律规定的身体部位的法律责任。《唐律疏议·断狱·决罚不如法》规定：决罚"不如法，合笞三十；决罚不如法而致死者，徒一年"。（3）违反刑讯次数、数量、间隔时间等的法律责任。《唐律疏议·断狱·拷囚不得过三度》云："诸拷囚不得过三度，数总不得过二百，杖罪以下不得过所犯之数。……若拷过三度及杖外以他法拷掠者，杖一百；杖数过者，反坐所剩；以故致死者，徒二年。"（4）违反规定拷讯法定特殊对象的法律责任。即"诸应议、请、减，若年七十以上，十五以下及废疾者"及孕妇、产妇和有疮病的囚犯，"并不合拷讯。皆据众证定罪，违者以故失论。若证不足，告者不反坐"②。其中，按照"拷决孕妇"条的疏议，诸妇人怀孕，犯罪应拷

---

① 《魏书·侯刚传》。
② 《唐律·断狱》。

及决杖笞，皆待产后一百日，然后拷、决。若未产而拷及决杖笞者，对拷、决者，杖一百；如拷讯致孕妇重伤者，依前人不合捶拷法（即依上条："监临之官，前人不合捶拷而捶拷者，以斗杀伤论"），则按斗殴杀人、伤人罪处罚；如致孕妇流产或堕胎者，处徒刑二年；因拷讯致孕妇死亡者，处加役流。对产后未满百日拷讯者，比照未产而拷之罪减一等处刑；如属过失拷、决，在杖一百上减二等处刑；致伤重者，于斗伤上减三等处刑。另外，如果囚徒身患疮病，必须等疮病痊愈后才能进行拷刑。如果囚徒"有疮若病，不待差而拷者，亦杖一百；若决杖笞者，笞五十；以故致死者，徒一年半"①。就是说，对有伤或患病但未愈的囚徒进行拷讯的司法官吏，要处杖刑一百；对囚犯决杖笞者，笞五十。若囚疮病未差，而拷及决杖笞致死者徒一年半。（5）违反反拷告人的法律责任。《唐律·断狱》"拷囚限满不首"条："诸拷囚限满而不首者，反拷告人……拷满不首，取保并放。违者，以故失论。"即应反拷而不反拷或者不应反拷而反拷者，若故，依故出入论；失者，依失出入论。其本法不合拷而拷者，依前人不合捶拷法，亦以故失论。（6）"若依法用杖，依数拷决，而囚邂逅致死者，勿论；仍令长官等勘验，违者，杖六十。"②就是说，若依法用杖，依数拷决，而囚犯又恰于此时偶然死亡者，不以犯罪论。但对此，仍由主管长官以下官员亲自查验囚尸，确无其他原因时，具文报告上司。若长官等不及勘验者，杖六十。

五代后唐同光年间，为防司法官吏非法拷囚致死，却诬称病殁，遂置"病囚院"医治病囚，治愈后再据所犯轻重决断。官员故意违反，"致病囚负屈身亡，本处官吏，并加严断"③。后唐应顺元年（934年）敕文：

---

① 《唐律·断狱》。"不待差"即不等到病愈。
② 《唐律·断狱》。"邂逅致死"，谓不期致死，即偶然原因而死。
③ 《旧五代史》，中华书局1976年版，第1968页。

"盗贼未见本赃，推勘因而致死者，有故以故杀论，无故者减一等。"即盗贼在没有见到赃证时，若刑讯而致人死亡的，如果是出于故意，以故杀论罪；如是出于过失，则比照故杀减一等论处。同时还规定："如拷次因增疾患，候验分明，如无他故，虽辜内致死，亦以减一等论。"①后晋天福六年（941年），刑部员外郎李象提出："请今后推勘之时致死者，若实情无故，请依邂逅勿论之议。"而详定院则认为："若违法拷掠，即非托故挟情，以致其死而无情故者，依杀论。若虽不依法拷掠，即非托故挟情，以致其死而无情故者，请减故杀一等。若本无情故，又依法拷掠或未拷掠，或诸问未诸问，及不抑压，因他故致死，并属邂逅勿论之议。"②因此，对因个人私情故意刑讯致人犯死亡的，按故意杀人罪论处。

宋朝在继承唐律对司法官吏不依法刑讯而应承担相应的法律责任制度的同时，进一步对此予以强化，这集中反映在以下几个方面：

第一，以故意、过失、因公、因私为标准对刑讯官吏进行处罚。《宋刑统·断狱律》规定："其有挟情托法，枉打杀人者，宜科故杀罪。"对此，宋太祖时，任工部尚书、判大理寺事的窦仪等人在具有法律效力的"臣等参详"的解释中讲道："今后如或有故者，以故杀论。无故者，或景迹显然，支证不谬，坚持奸恶，不招本情，以此致死，请减故杀罪三等。其或妄被攀引，终是平人，以此致死者，请减故杀罪一等。"③即在追究因刑讯致囚犯死亡官员的法律责任时，以故意和过失为原则来划分责任的轻重：对于故意挟私情而刑讯致死的司法官吏以故杀论，应处斩刑。相对于唐朝的司法官吏"拷过三度及杖外以他法拷掠者，杖一百；杖数

---

① 《宋刑统·断狱律·不合拷讯者取众证为定》。
② 《五代会要》，中华书局1985年版，第115页。
③ 《宋刑统·断狱律·不合拷讯者取众证为定》。

过（二百）者，反坐所剩；以故致死者，徒二年"①的规定，宋朝的处罚显然重多了。

太宗兴国九年（984年），凤翔司理杨郯、许州司理张睿并坐掠治平人及亡命卒致死，大理处郯等公罪，刑部覆以私罪。诏曰：法寺以郯等本非用情，宜从公过议法。刑部以其擅行掠治，合以私罪定刑。虽所执不同，亦未为乖当。国家方重惜人命，钦恤刑章，岂忍无辜之人死于酷吏之手，宜如刑部之议。自今诸道敢有擅掠囚致死者，悉以私罪论。②

其意是说，太宗太平兴国九年（984年）大理寺和刑部在审理凤翔司理杨郯、许州司理张睿掠治平人及亡命卒致死一案中意见不一致，大理寺认为他们本非用情，宜从公过议法；刑部则认为他们擅行掠治，合以私罪定刑。太宗则令依刑部意见重罚，并下诏："自今诸道敢有擅掠囚致死者，悉以私罪论。"这一诏令在实践中得到了认真贯彻。安邑县令刘颙因公事而掠笞人至死，却诬狱吏擅自掠死。监司数次派官推治不服，最后派贾仲通按问。贾仲通劝刘颙说："君以事掠人死，非故也，不过抵罪；如诬吏自掠之，则吏又死矣。因误为故且不可，况因杀一人而杀二人，君其安乎！"③刘颙因此认罪。贾仲通所言即指狱吏擅自掠囚死以故杀论，而刘颙以公事掠囚死，可减故杀一等。

对于过失，宋朝则分两种情况，一是对罪犯事实清楚，证据充分，而囚犯拒不招实情而被刑讯致死的司法官吏，处以减故杀罪三等的刑罚。二是对将确属无罪平人拷掠致死的司法官吏，处以减故杀罪一等的刑罚。由此可见，相比唐律中"若依法用杖，依数拷决，而囚避迍致死者，勿

---

① 《唐律·断狱》。
② 《文献通考》第8册，中华书局2011年版，第5094—5095页。
③ 《西台集·朝议大夫贾公墓志铭》。

论"①的规定，宋朝在追究司法官吏刑讯致死囚犯的法律责任上，不仅仍有故意、过失之分，而且还根据司法官吏刑讯时主观上有无"挟私情"的成分，而将刑讯致囚犯死亡的情况分为因公和因私两种，对因私刑讯致死囚犯的官吏较之因公刑讯致死囚犯的官吏处罚要重。应该说，宋朝以故意、过失、因公、因私为标准对刑讯官吏进行处罚是很具特色的。

第二，宋朝还从其他方面治理官吏非法刑讯。一是对特定囚犯刑讯的禀报制度。宋"真宗时，复定司法官吏拷囚之责，凡捕盗，掌狱官不禀长官而捶，囚不甚伤而得情者，止以违制失公坐；过伤而不得情，挟私拷决，有所归求者，以违制私坐"②。真宗天禧二年（1018年）规定："自今捕盗长狱官不禀长吏而捶囚，不甚伤而得情者，止以违制失公坐（杖一百）。过差而不得情，挟私拷决有所规求者，以违制私坐（徒两年）。"③即使应该拷讯但不经长官批准者也要治罪。仁宗天圣元年（1023年），重申："诸州典狱者不先白长吏而榜平民，论如违制律，榜有罪者以失论。"④违制失之罚杖一百，违制私坐徒二年。同时，长吏也要负一定责任。仁宗天圣八年（1030年），进一步规定，凡大辟公事，长吏"信凭人吏擅行拷决，当重行朝典"。⑤二是将是否刑讯致死囚犯作为铨选官吏的考核条件。神宗元丰七年（1084年），祥符县缺令，朝廷准备选朝请大夫俞希旦权发遣祥符县，但给事中韩忠彦上言：希旦知滑州时以拷无罪人死而冲替，应入监档。神宗得知，即令改差。⑥高宗绍兴五年（1135年）九月十四日敕书载：命官犯罪，其犯公罪流"非用刑残酷及

---

① 《唐律疏议·断狱》。
② 陈顾远：《中国法制史》，中国书店1988年版，第257页。
③ （宋）李焘：《续资治通鉴长编》卷91。
④ （宋）李焘：《续资治通鉴长编》卷101。
⑤ 《宋会要辑稿·刑法》6之54。
⑥ 参见（宋）李焘：《续资治通鉴长编》卷345。

拷掠无罪人致死及失入死罪之人"，方可在年限和举主合格的情况下注官。① 宋朝还诏令各地销毁一切非法刑具以规范刑讯。

第三，特别规定拷讯十日内囚犯死亡的，拷讯的司法官吏要负刑事责任。对于拷囚致死的责任，唐律规定：如果是拷囚超过三度及杖外以他法拷掠者，杖一百；杖数过者反坐所剩，因而致死者徒二年；拷病囚亦杖一百，因而致死者徒一年半；不按施刑部位拷讯者徒一年；依法拷囚而邂逅致死者勿论。宋代较唐律在刑讯制度有所发展的重要方面，就是拷囚后囚犯死亡日限的确定。因为之前的刑讯实践中，有时官吏拷囚时，囚犯当时并没有被打死，有的被打成重伤，数日后才死亡，这种情况要不要追究官吏拷囚致死的责任，唐朝及其之前朝代的法律并没有具体规定。针对司法实践中这一普遍存在且非常突出的问题，宋徽宗四年（1122 年），有臣僚上言：

> 州县刑禁本以戢奸，而官吏或妄用以杀人。州郡犹以检制，而县令惟意所欲，淹留讯治，垂尽责出，不旋踵而死者，实官吏杀之也。乞依在京通用令，责出十日内死者，验覆。如法重者奏裁，轻者置籍，岁考其不应禁而致死者，亦奏裁。从之。②

由此可见，在宋徽宗之前，宋朝就有一个在京师地区适用的"在京通用令"，规定囚徒在拷讯后十日内死亡的，拷讯的官吏要负刑事责任。臣僚的上述建言此时得到了皇帝的肯定，这一"在京通用令"遂通行全国。这一举措对于遏制非法刑讯的积极作用无疑是值得肯定的。

第四，针对实践中存在的滥用刑讯的问题，从两个方面予以解决：一方面，在刑讯如超过三度，杖一百，杖数超过二百者反坐所剩③ 规定的

① 《宋会要辑稿·职官》8 之 48。
② 《宋会要辑稿·刑法》6 之 61。
③ 《宋刑统·断狱律·不合拷讯者取众证为定》。

基础上，对滥用刑具刑讯的官吏予以惩治。宋时，除笞、杖等法定刑具广泛应用外，因"限时勒诏、催促结款"之需，也还存在滥用"夹帮""脑箍""超棍"等各种刑罚的情况。因此，惩治滥用刑讯的官吏，就成为重要的问题。宋仁宗时，陇州（今陕西陇县）下面的陇安县五位平民被诬告为强盗，刑讯中一名被打死，四名招供后被处死刑。不久在邻县捕获真凶，冤案得以平反昭雪。陇州知州孙济因此被降职，刑讯的有关人员被除名，流放岭南。另一方面，诏令各地销毁一切非法刑具。宋真宗景德四年（1007年）十月，黄梅县尉潘义方拷讯朱凝，遣狱卒"以牛革巾湿而蒙其首，躁则逾急"。凝不胜痛楚而自诬。事发后，潘义方因使用非法刑具造成冤案而特勒停。[①] 因为此案，宋真宗同时诏令："应有非法讯囚工具，一切毁弃，提点刑狱司察之。"[②] 重和元年（1118年），徽宗下诏，禁止河北州县使用非法刑具，犯者以违制论。[③] 宋高宗绍兴十一年（1141年）四月也同样诏令"讯囚非法之具并行毁弃，尚或违戾，委御史台弹劾以闻"[④]。正是因为采用了以上措施，所以，宋代的酷吏较之前代要少。

辽金的法律规定"诸鞫问囚徒，重事须加拷讯"，而且拷讯时分打腿和股，务令平均。违者，"重罪之"[⑤]，但从已有史料看，不及当时西夏对此的规定全面。

西夏从三个方面对违法刑讯的责任予以了规定：

第一，对于擅自拷讯，受贿徇情拷讯或者超出法定限额拷讯者，法律规定要承担相应的法律责任。

---

① （宋）李焘：《续资治通鉴长编》卷 67。
② （宋）李焘：《续资治通鉴长编》卷 67。
③ 《文献通考·刑考 6》。
④ 《宋会要辑稿·职官》55 之 20。
⑤ 《元史·刑法志》。

自专拷打□为等时，有官罚马一，庶人十三杖……受贿徇情，不应拷而拷之，令其受杖数超于明定数等，一律笞三十以内者有官罚马一，庶人十三杖，笞三十以上至笞六十徒三个月，笞六十以上至笞九十徒六个月，笞九十以上一律徒一年。于已受问杖番数以外，再令自一番至三番以上屡屡悬木上，已令受苦楚，则依次加一等。受贿则当以枉法贪赃论，从其重者判断。①

第二，对于因刑讯致人犯死亡的，法律规定要根据刑讯者主观上有无罪过来确定其法律责任。依法刑讯致人死亡的不构成犯罪，反之，分别以故意杀人罪或者枉法借故杀人罪等惩罚。

依法打拷而致死者，未有异意，限杖未超，则罪未治。超过时，杖致死徒二年。若虽超而未亡，则有官罚马一，庶人十三杖。无杖痕而因染他疾病致死者，勿以杖致死论，当与已超过而未死□□相同。若怀他意，被告人自己诉讼，所诉是实，知证分白时，有意无理打拷死者，依有意杀法判断。若他人说项，受贿徇情而无理打拷，令杖数超而死时，依枉法借故杀法判断。②

第三，就监守者刑讯的法律责任作出了规定。囚犯本无罪而监守谓之有罪，未传唤而谓之传唤，打拷恐吓使其自杀，比殴打争斗相杀罪减一等。上吊、自刎而未死，则徒三年。囚犯即使有罪，不论罪之大小，他人等对有罪人枉逼打拷恐吓而致上吊、自刎者，出于故意则当绞杀，一时怒恼寻恶者徒十二年，戏言误说罪者徒五年。上吊、自刎未亡，则致误者徒五年，殴打争斗言恶者徒四年，戏而言之者徒三年。是使人、都监比前述他人之罪状各减一等。③

元朝，"有司诸断小罪，辄以杖头非法杖人致死"者，"坐判属官

---

① 《天盛改旧新定律令》，法律出版社 2000 年版，第 327 页。
② 《天盛改旧新定律令》，法律出版社 2000 年版，第 327 页。
③ 《天盛改旧新定律令》，法律出版社 2000 年版，第 326 页。

吏"①以罪。《元史·刑法志》规定:"诸职官辄以微故,乘怒不取招词,断决人邂逅致死,又诱苦主焚瘗其尸者,笞五十七。"还规定,司法官吏如果非法拷讯,连逮妻子,衔冤赴狱,事未晓白,身已就死,则对司法官吏处以"正官杖一百七,除名;佐官八十七,降二等杂职叙。均征烧埋银"。"诸弓兵祇候狱卒,辄殴死罪囚者,为首杖一百七,为从减一等,均征烧埋银给苦主,其枉死者应征倍赃者,免征"。

需要说明的是,元朝刑讯的特点是,笞杖刑分等均以"七"为尾数。史称元世祖忽必烈"定天下之刑","天饶他一下,地饶他一下,我饶他一下"②,于是便形成了加十下实际上减三下的情况。其中,笞刑分为六等。笞刑以七下为起端,以十下为等差,到五十七下为止,共六等。杖刑为五等,从六十七下到一百零七下③。同样的规定也反映在元朝笞杖的刑罚制度上。

三、中国古代刑讯制度流变时期的法律责任

明初,对非法刑讯即追究法律责任,洪武元年(1368年)下令:"凡鞫问罪囚必须依法详情推理,勿得非法苦楚,锻炼成狱,违者究治。"④同时还规定,"若妇人怀孕犯罪应拷决者,依上保管。皆待产后一百日拷决。若未产而拷决,因而堕胎者,官吏减凡斗伤罪三等,致死者杖一百,徒三年,产限未满而拷决者,减一等"⑤。又规定,"其于律得

---

① 《大元通制》。

② (明)叶子奇:《草木子》,中华书局1983年版,第64页。

③ 钱大群等编:《中国法制史通解(1000题)》,南京大学出版社1993年版,第181页。

④ 《明会典》。

⑤ 《明律·刑律·断狱》。

兼容隐之人，及年八十以上，十岁以下，若笃疾者，不得令其为证，违者笞五十"①。

《明律·刑律·断狱》还根据非法拷讯的不同情况，具体规定了法律责任："凡官司决人不如法者，笞四十；因而致死者，杖一百。均征埋葬银一十两。行杖之人各减一等。"②具体包括：（1）司法官吏拷讯囚犯时，若"应用笞而用杖，应用杖而用讯，应决臀而决腰，应决腿而鞭背"者，则"笞四十，因而致死者杖一百"，并负担安葬费（埋葬银）十两。（2）对于主管官吏"因公事于人虚怯去处非法殴打"，以及"以大杖或金刃手足殴人致伤以上"者，"减凡斗伤罪二等"，殴打至死者"则杖一百，徒三年"，另追罚埋葬银十两。（3）行拷之人各减一等，造成伤害者，减凡斗讼三等，致人死者杖九十，徒二年半。另外，据《明史·刑法志》记载，孝宗弘治期间，确定拷讯致死罪。如果官吏非法刑讯，伤人但不曾致死者，不分军民职官，俱奏请，降级调用；因而致死者，俱发原籍为民。如因公事拷讯，笞、杖臀腿去处，致死者，依律科断，不在降调之例。③嘉靖期间又规定："若但伤人，不曾致死者，俱奏请，文官降级调用，武官降级于本卫所带俸。因而致死者，文官发原籍为民，武官革职随舍余食粮差操；若致死至三命以上者，文官发附近，武官发边卫各充军。"

随着厂卫组织的发展，明朝滥用刑讯的情况较之历代有过之而无不及。以致嘉靖六年（1527年），明世宗不得不在诏书中对刑讯的对象、工具、程序要求及法律后果作出具体要求："凡内外问刑官，惟死罪并窃盗重犯，始用拷刑，余止鞭朴常刑。酷吏辄用挺棍、夹棍、脑箍、烙铁及一封书、鼠弹筝，拦马棍、燕儿飞，或灌鼻、钉指、用径寸嫩杆、不

① 《明律·刑律·断狱》。
② 《明律·刑律·断狱》。
③ 《历代刑法志》，群众出版社1988年版，第518页。

去棱节竹片，或鞭脊背、两踝致伤以上者，具奏请，罪至充军。"[1] 但问题仍未能彻底解决。

清朝关于违法刑讯的法律责任，主要体现在这样几个方面：

（1）从处置私自制作刑讯工具做起。清朝在各朝刑具由官方制作的基础上，进一步规定，禁止私自制作刑具，而且，所有刑具必须符合法定规格，由上级衙门检验并加烙印。违者，撤职并杖一百，上司未处分制作非法刑具官员的，降级。[2] 根据《大清会典事例》规定：

> 如有私自创设刑具，致有一二三号不等，及私造小夹棍、木棒捶、连根带须竹板，或擅用木架撑执、悬吊、敲踝、针刺手指，或数十斤大锁，并联枷，或用荆条，互击其背，及例禁所不及赅载，一切任意私设者，均属非刑，仍即严参，照违制律，杖一百。

（2）"其有将无辜干连之人，滥刑拷讯，及将应行审讯之犯，恣意陵虐，因而致毙人命者，照'非法殴打致死律'治罪，上司各官，不即题参，照'徇庇例'议处。"[3]

（3）《大清律例·刑律·断狱》"决罚不如法"条规定："凡官司决人不如法者，笞四十；因而致死者，杖一百，均证埋葬银一十两。行杖之人，各减一等。其行杖之人，若决不及肤者，依所验决之数抵罪，并罪坐所由。若受财者，计赃，以枉法从重论。"

（4）严格规定了滥用刑讯致人丧命的法律责任。

> 承审官吏，凡遇一切命案、盗案，将平空无事并无名字在官之人，怀挟私仇，故行勘讯致死者，照律拟罪外，倘事实无干，或因其人家道殷实，勒诈不遂，暗行贿嘱罪人诬攀，刑讯致死者，亦照"怀挟私仇故

---

[1] 《历代刑法志》，群众出版社 1988 年版，第 539 页。

[2] 《清会典》第 57 卷，第 6 页；《六部处分则例》第 50 卷，第 1—3 页。参见瞿同祖：《瞿同祖法学论著集》，中国政法大学出版社 1998 年版，第 458 页。

[3] 《大清会典事例》839 卷。

勘平人致死律"拟斩监候。如有将干连人犯，不应拷讯，误执己见，刑讯致毙者，依"决人不如法，因而致死律"杖一百。其有将干连人犯，不应拷讯，任意叠夹致毙者，照"非法殴打致死律"杖一百，徒三年。如有将徒流人犯拷讯致毙二命者，照"决人不如法"加一等，杖六十，徒一年。三命以上，递加一等，罪止杖一百，徒三年。其有将笞杖人犯致毙二命者，照"非法殴打致死律"加一等，杖一百，流二千里。致毙三命以上者，递加一等，罪止杖一百，流三千里。①

可见，清律对于挟嫌报复、敲诈勒索而刑讯致死囚犯，严加禁止，予以严惩，要处以斩监候。对于其他情况，刑讯致死囚犯，也定有不同处分，从杖一百到流三千里。但是，对于"依法拷讯，邂逅致死，或受刑之后因他病而死者，均照邂逅致死律，勿论"。②

（5）"若（官吏怀挟私仇），故勘平人者，（虽无伤），杖八十；折伤以上，依凡斗伤论；因而致死者，斩（监候）。同僚官及狱卒知情（而与之）共勘者，与同罪；至死者，减一等；不知情（而共勘）及（共勘但）依法拷讯者，（虽至死伤），不坐。"③

（6）对于"八议"之人、老幼废疾、孕妇、产妇以及三品以上官员拷讯的，"以故失入人罪论（故入抵全罪，失入减三等）"④。此外，清律第四条附例规定："三品以上大员，革职拿问，不得遽用刑夹，有不得不刑讯之事，请旨遵行。"⑤

（7）对犯罪的孕妇刑讯的，按《大清律例·刑律·断狱》规定，笞四十。"若孕妇犯罪以后，依律应拷讯的，须待产后一百日方可拷讯"；如

① 《大清律例·刑律·断狱》。
② 《大清律例·刑律·断狱》。
③ 《大清律例·刑律·断狱》。
④ 《大清会典事例》841 卷。
⑤ 《大清会典事例》725 卷。

果司法官在孕妇未产时进行拷讯，因此而致坠胎的，官吏减凡斗伤罪三等处刑；因此致死的，则要处杖刑一百，徒刑三年；如果在产后未满百日而拷讯的，比照未产而拷讯减一等处刑。如未产而拷讯，或未满产后期限而决，或过限不决者，则对司法官分别给予杖八十、杖七十和杖六十的处罚。

值得注意的是，清朝除了追究非法刑讯者类似今天的刑事责任之外，还规定了对非法刑讯者行政责任的追究。官吏所用刑具如不依法定斤两、尺寸，或者在法定刑具种类之外私创名目，均应按照擅用非刑例革职。此外，不合理的用刑，也要追究行政责任。清代规定，官吏在满杖之外，违例将人犯叠责致死者，应革职；如将无辜之人杖责致死者，革职提问，即便未有致死人命，也应降一级留任。官吏办理命盗、抢劫以及一切要案，人犯罪证确凿而百般狡赖者，官吏可以酌情使用拧耳、跪炼、压膝等刑，但是，对于案内干连人犯以及无罪之人，或者犯罪事实不难查清之案，擅用这类刑具刑讯的，该官吏则应降一级调用，因而致死者，依照擅用非刑例革职。清代刑讯通常由各省督抚设立用刑印簿，分发所属问刑各衙门，令其将某案、某人、因何事用刑，及用刑次数，逐细填注簿内，并于年终申缴督抚衙门查核。如有多用刑而报少情弊的，应降一级调用。其有滥用夹棍应区分人犯应夹、不应夹以及致死、不致死等不同情况，照例议处：将不应夹之人用夹棍而未致死者，降一级留用；致死者，降三级调用。应夹之人不供实情，官吏可以酌用夹棍，但若将人犯夹死者要予以相应的处分：人犯该当死罪者，官吏应罚俸一年，罪不应死者，官吏应降一级调用；如有恣意叠夹致死者，该员应革职，未致死者，降三级调用。此外，清朝还规定，对妇人不可使用夹棍，违者，降三级调用；如将孕妇施用拶指刑讯的，则降一级调用，因夹拶而致死者，该员应革职。[①]

———————

① 《钦定吏部则例》，成文出版社 1966 年版，第 644—645 页。

·第三章·

中国古代刑讯制度的文化基础

我们说，儒家思想在中国古代国家意识形态中始终占据着主导地位，孔子注重德治、礼教、人治而不重法治，主张德主刑辅。受儒家思想和学说的影响，礼教构成了中国古代国家总的精神，法制建立在伦理原则基础之上，这些，无不反映在中国古代刑讯制度上。当然，由于中国古代君主掌握最高司法权，君主拥有无限权力，言出法随，可以运用掌握的生杀予夺大权，治罪或宽恕任何人。刑讯制度恰恰是与专制集权的国家体制紧密相连的。正如马克思所说："专制制度必然具有兽性，并且和人性是不相容的。"[①]法国资产阶级启蒙思想家孟德斯鸠在谈到刑讯与专制政体的关系时曾指出："拷问可能适合专制国家，因为凡是能够引起恐怖的任何东西都是专制政体的最好的动力。"[②]法国18世纪另一启蒙思想家霍尔巴赫也认为："政府越是专制，它采用的刑讯手段就越是残忍。严刑峻法是残酷行政当局的固有特色。那里的惩罚方式完全取决于当权者个人的喜怒。"[③]而且，随着专制体制的不断强化，刑讯的对象、方法、程度、队伍、后果也相应地扩大、多样、残酷、壮大、严重，中国古代刑讯的历史再一次印证了这一结论。这里，笔者只是试图从中国传统文化对刑讯制度影响的角度说明刑讯制度的文化基础和支撑。

[①] 《马克思恩格斯全集》第1卷，人民出版社1956年版，第414页。

[②] ［法］孟德斯鸠：《论法的精神》上册，张雁深译，商务印书馆1961年版，第93页。

[③] ［法］霍尔巴赫：《自然政治论》，陈太生译，商务印书馆1999年版，第326—327页。

第一节

"礼法结合"是中国古代刑讯制度的思想基础

一、"礼法结合"法律思想之形成及主要精神

（一）"礼法结合"法律思想之形成

礼最初源于氏族社会的习俗，进入阶级社会后，发展为统治阶级的统治工具，"礼，经国家，定社稷，序民人，利后嗣者也"①。"事无礼则不成，国家无礼则不宁"②，礼的内容非常广泛，作用异常重要。礼义提倡的是天地人的相通，是缘于人情的伦理道德。《礼记·丧服四制》谈礼的缘起时说：

有恩有理，有节有权，取之人情也。恩者仁也，理者义也，节者礼也，权者知也。仁义礼知，人道具矣。

《礼记·曲礼上》则进一步说明了礼的包罗万象：

道德仁义，非礼不成；教训正俗，非礼不备；分争辨讼，非礼不决；君臣上下，父子兄弟，非礼不定；宦学事师，非礼不亲；班朝治军、莅

---

① 《左传·隐公十一年》。
② 《荀子·修身》。

官行法，非礼威严不行；祷祠祭祀、供给鬼神，非礼不诚不庄。是以君子恭敬撙节退让以明礼。

早在西周，一方面，周公旦从商末"重刑辟"招致亡国中吸取教训，提出"惟乃丕显考文王，克明德慎刑"①。所谓明德，即提倡尚德、敬德、重民，所谓慎刑，即刑罚得中，不"乱罚无罪，杀无辜"。明德慎罚不是对刑罚的削弱，而是为了更准确有效地施用刑罚，防止因乱刑而激化矛盾。另一方面，周公还通过制定和推行既不同于西方也有别于东方其他国家法律文化的礼，发挥其在律己、理家、治国中的特殊功能和作用。先秦时期，儒家倡导人治，主张"以德治国"，虽最终未被统治者接受，但这并不影响礼与法的相互渗透，荀子便是礼法融合的先行者，认为"治之经，礼与刑"。春秋、战国和秦朝重法轻礼，秦朝法家坚持"依法治国"，商鞅变法使秦国从西北边陲的弱国一跃成为七雄之首，并统一中国。怎奈秦朝继续实行重刑，导致统一后仅存数年便"天下愁怨，溃而叛之"②。周、秦两朝分别以德、法治国的两极做法之败为礼法结合埋下了伏笔。汉初统治者吸取秦朝"专任刑罚"且苛酷残暴以致亡国的教训，实行"无为而治"方针。汉武帝时，采纳大儒董仲舒建议，以儒学为母体，接受法家的绝对君权说、阴阳家的阴阳说以及其他学说之精华，建立了在一定程度上实现礼与法结合的占统治地位的新儒学，成为汉以后的各代封建王朝正统的法律思想，影响封建后世二千余年。后代虽有学者不断对其进行修正补充，但并未增加实质性的内容。可以说，战国至秦汉时期，礼与刑由二者分离走向合一，同时由于成文法典的发达，礼刑思想逐步融入律令。特别是自汉朝儒家主张制律必须本于礼，提出

① 《尚书·康诰》。
② 《盐铁论·刑德》。

"节民以礼，故其刑罚甚轻而禁不犯者，教化行而习俗美也"①。这种背景下，《礼记·缁衣》上孔子所说"夫民教之以德，齐之以礼，则民有格心。教之以政，齐之以刑，则民有遁心"，《论语·为政》中，孔子关于"道之以政，齐之以刑，民免而无耻。道之以德，齐之以礼，有耻且格"的理论成为当时政教的标准。

儒家重新启动礼治，并一直在中国古代占据统治地位。经过两汉释经解律，不仅在法典的编纂上引礼入法，而且在司法实践中实行"春秋决狱"，引经决狱。魏晋时期以经注律、以经解律的律学兴盛，使引礼入法的过程进一步深化，法律儒家化。西晋以后，由于士族门阀势盛，施政以及订定法制，走向儒家化，于是令成为规定制度，不带罚则，乃与律二分；律、令、礼三者间的关系，成为纳礼入律、入令，违礼、违令由律处罚。东晋初，丞相佐吏李充在其所著《学箴》中载："先王以道德之不行，故以仁义化之；行仁义之不笃，故以礼律检之。"②此即以礼律来实现仁义之政，至隋初制定刑律时，进而确立以"礼主刑辅"原则来定律，《隋书·刑法志》序中有"（圣王莫不）仁恩以为情性，礼义以为纲纪，养化以为本，明刑以为助"的记载。至唐朝，礼法的结合达到了"二者有机联系、相互渗透、密不可分"③的程度。唐朝确立"德礼为政教之本，刑罚为政教之用，犹昏晓阳秋相须而成者也"④的刑罚原则。借法的强制力推行礼的规范，又以礼的统治力量加强法的实施。明德慎刑以宽仁治天下，成为统治者治国的指导思想，礼指导着法的制定或直接入律。在以礼修律原则指导下，唐律"一准乎礼"，使礼的基本规范取

---

① 《汉书·董仲舒传》。
② 《晋书·李充传》。
③ 张晋藩：《中华法制文明的演进》，法律出版社 1999 年版，第 262 页。
④ 《唐律疏议·名例》"谋反"条之疏议。

得了法律的形式，构成了封建法律的主要内容，后世历代封建法律沿袭之。"宋元明清之所以采用唐律者，皆为其一准于礼之故，其说允否，姑不具论；然唐律之可以为礼教法律论之典型，则固可得而言也。"[1] 法学博士、台湾辅仁大学法学教授黄源盛认为："可以说，唐代当时的社会秩序，系建筑在五伦常理的基础之上，所以，这一部分的礼，就是维护五伦秩序的基本条款：凡违反者，刑必罚之；法之所禁，必皆礼之所不容；而礼之所允，刑必无涉，这就是所谓的'出礼入刑'，而为礼本刑用的关键。也可以这么说，《唐律》的立法精神，就静态的纯粹面观之，虽仍有'礼'与'刑'两种不同形式的社会生活规范，但就动态的实践面言之，礼是刑的精神真谛，刑以礼为指导原则，刑又以强制手段维护礼的尊严，'刑'是牢牢地受'礼'的规准。因此，如果说《唐律》的立法根基为'礼本刑用'的型态，自有其道理在。"[2]

礼的影响遍及社会生活的各个方面，司法、审判的观念和制度也概莫能外。即使是到了古代社会后期的明清，礼与法的结合仍基本延续了唐的精神，朱元璋在强调明刑弼教的同时，注意以礼定律，以礼导民的思想理念。

（二）"礼法结合"法律思想的主要精神

反映春秋儒家思想的《左传》在谈及治国时，就有"古之治民者，劝赏而畏刑，恤民不倦。赏以春夏，刑以秋冬"[3] 的记载，说明在春秋之时，刑与赏的治国手段的实施就已经同季节的变化相结合。礼的内容和形成多源于自然，法是人为作用的结果，治国方略上的天人合一思想初

---

① 徐道邻：《唐律通论》，台湾中华书局 1958 年版，第 32 页。
② 参见黄源盛：《中国法史导论》，广西师范大学出版社 2014 年版，第 251 页。
③ 《左传·襄公二十六年》。

见端倪。几乎同期的著名政治家子产，对这种天人合一的治国思想，借解释和描述儒家大经大法的"礼"时作了全面的诠释：

夫礼，天之经也，地之义也，民之行也。天地之经，而民实则之。则天之明，因地之性，生其六气，用其五行。气为五味、发为五色，章为五声。淫则昏乱，民失其性，是故为礼以奉之。为六畜、五牲、三牺，以奉五味；为九文、六采、五章、以奉五色；为九歌、八风、七音、六律、以奉五声；为君臣上下，以则地义；为夫妇内外，以经二物；为父子、兄弟、姑姊、甥舅、昏（婚）媾、姻亚（娅），以象天明；为政事庸力行务，以从四时；为刑罚威狱，使民畏忌，以类其震曜杀戮；为温慈惠和，以效天之生殖长育。民有好恶喜怒哀乐、生于六气，是故审则宜类，以制六志。哀有哭泣，乐有歌舞，喜有施舍，怒有战斗，喜生于好，怒生于恶，是故审行信令，祸福赏罚，以制死生。生，好物也；死，恶物也。好物乐也；恶物哀也。哀乐不失，乃能协于天地之性。是以长久。[1]

上述主张，一方面说明礼调整的范围异常广泛，另一方面则是说人类的一切活动在自然界中都有相对应的现象存在。"赏以春夏，刑以秋冬"不过是这种理论在实际中的反映。

礼的基本原则是"尊尊""亲亲"，尊尊为忠，亲亲为孝，维护王权与父权是礼的核心。皇权在专制社会的重要自不待言，仅古代的"八议"制度就足窥其一斑。"孝"为"仁"之根本，"仁义，礼之本也；刑罚，礼之末也"。[2]"孝"本是源于子女敬爱父母的一种自然感情，其产生于子女于父母之间的血缘关系，"孝"的本意是强调子女敬爱奉养父母的道德，"善事父母"。按照后来儒家的思想，推行人伦教化乃治国的重中之

---

① 《左传·昭公二十五年》。
② 《贞观政要》卷5。

重，"修身齐家治国平天下"既是实现这一教化的程序要求，也是教化的目的所在。自汉武帝"罢黜百家，独尊儒术"起，儒家思想影响力加强，凡不孝或违反伦常者均属重罪。宣帝更以孝号召天下，"导民以孝，是天下顺"①。北魏孝文帝总结汉以来的统治经验，提出礼法并用的治国方略，存留养亲制度的出现即是这一思想的产物。不仅如此，他还加重对不孝罪的处罚，太和元年（477年）诏曰："三千之罪，莫大于不孝。"②"不孝"被作为十恶重罪，而以"不孝"为主要内容的宗法伦理犯罪同样大篇幅的体现在《唐律》具体条文之中。

礼的主要内容是确认尊卑贵贱等级，调整以"尊尊""亲亲"为指导原则的社会关系。礼以"别"为本，以差等著称。但是，礼与法不仅同源，而且异曲同工，所谓"礼者禁于将然之前，而法者禁于已然之后"③。虽然礼主要是非强制性的法律规范，但礼与刑在性质上是相通的，适用上是互补的，违礼即违法，违法也违礼，失礼要入刑。

礼法结合而形成的法律思想即中国古代正统的法律思想，就是指上述以先秦儒家思想为核心，吸收了法家、阴阳家及其他各家有利于维护中央集权专制制度的思想和观念而形成的确立于西汉的法律思想。这是一种中华民族在漫长的生产和生活中逐渐形成的，古代中国土生土长的，在一个泱泱大国一直占据统治地位，统领、支配立法和司法，且长达两千余年而不曾间断的法律思想。它自然影响着中国古代的刑讯制度。这一法律思想的精神主要反映在两个方面：一是将宗法等级观念渗透到社会各个领域。其在孔子"君君、臣臣、父父、子子"思想基础上，概括出"三纲五常"之道；二是"德主刑辅"成为汉朝之后历朝治

---

① 《汉书·宣帝纪》。
② 《魏书·刑罚志》。
③ 《汉书·贾谊传》。

国的普遍原则。

二、"礼法结合"法律思想在刑讯制度中的体现

古代中国儒家思想居于统治地位，刑讯制度的出现和发展可以说与儒家学说密不可分，刑讯制度是儒家思想在司法中的一种外在表现。

（一）慎刑思想是构成中国古代刑讯制度的思想基础

"仁义，礼之本也；刑罚，礼之末也"①，具体到刑讯制度中，"礼法并用，以礼导律"思想的一个重要方面就是讲求对刑讯的慎用，从"先情审后刑讯"到适用刑讯的实体规定和程序要求，无不反映着慎刑思想。

儒家思想注重仁，强调以伦理为基础的完全出自内心的自觉行为。正如荀子所说的："心者，形之君也而神明之主也，出令而无所受令。自禁也，自使也，自夺也，自取也，自行也，自止也。"② 这一哲学思想对司法审判的影响即是强调被告人自觉地提供口供，而且这种出自内心的自我供认要比其他证据更为重要。这恰恰也是慎刑思想的表现，因为慎刑思想不仅要求司法官不滥用刑罚，还要求被审讯人自己承认有罪或承认相关的犯罪事实，把客观的犯罪行为与被审讯人的主观认罪态度结合在一起，要让被审讯人做到心服。但是这只是一种理想状态，实际的情况是很多囚犯不会自觉供述甚至抵赖，于是刑讯应运而生。但即使刑讯诞生，慎刑思想也体现在古代刑讯制度的字里行间。因此法律对刑讯制度

---

① 《贞观政要》卷 5。
② 《荀子·解蔽》。

也加以了清晰的规定。

汉代的董仲舒首开《春秋》决狱的先例，即援引儒家重要经典《春秋》中的微言大义进行司法断狱，其重要的一面为强调司法的慎重和宽仁，从而发展成为经义决狱的司法传统。儒家思想从而成为司法官吏定罪量刑的根据之一。"志善而违于法者免，志恶而合于法者诛"①。《唐律》"一准乎礼"，将儒家思想的一些基本原则明确规定在法律中，使其成为刑讯制度的原则和具体的法律规范。

（二）儒家纲常伦理对中国古代刑讯制度的指导

这主要表现为，在刑讯中贯彻礼教，体现儒家的纲常伦理。刑讯因人而异的等级观念的形成是与儒家推崇的中国传统的"礼"密切联系的。礼的基本精神和最主要特征就是强调贵贱、上下、尊卑、亲疏、长幼、男女之间的差别性，极力体现和维护因这些差别而形成的等级制度。这种差别性主要体现在两个方面：一是贵贱等差，古代刑讯制度中"八议"者不受刑讯的特权即是基于这样的思想。二是血缘等差，古代对证人刑讯时容许"亲亲相隐"的规定体现了这一精神。

"礼"作为中国古代社会最高的道德观念准则，指导和支配着社会的各个方面，"礼"作为被法典化的儒家纲常名教，最根本的功能就是确定社会各个等级应有的名分，并规范和影响与其相匹配的各项制度。伴随着"引礼入法""礼法结合"，"礼"所倡导的等级观念体现在法律的各个方面，从贵族官僚享有的"议""请""减""赎""当"等司法特权，到亲属间犯罪"准五服论"，从民族间不同的法律地位，到特定职业和行业在诉讼和刑讯上的法律特权，法律不仅没有实现平等，反而造成和维护

① 《盐铁论·刑德》。

着更大的不平等。

在刑讯的实施上，汉代注意官、民之间的平衡与儒家思想的应用。一方面，即使是达官贵人，一旦罹罪入狱，刑讯也难幸免。而且，对官员的刑讯往往是从作为同僚的证人身上开刀的，这既是汉代"长吏有罪先验吏卒"①制度的必然，也是这一制度的佐证。曹魏法律中确立的"八议"之制虽然是当时等级特权社会的必然产物，但是其副作用甚大，且潜移默化对后世乃至今天的司法产生影响。另一方面，诉讼中，对待老幼妇孕等"颂系之"，这固然与汉武帝"夫耄老之人，发齿堕落，血气既衰，亦无暴逆之心"②的思想影响有关，但也不排除统治者通过优惠、人道等做法以赢得民心，进而实现社会平衡和稳定的策略。有学者由此推断，早在汉朝"怀孕妇女在犯罪后妊娠期间是不准拷讯的"③。受汉朝儒家仁政思想和法律规定的影响，后世保留和发展了对待老幼、孕妇、废残不予刑讯的规定。

在我国古代的刑事司法制度中，受儒家"仁政""宽刑"的治国理念和"济贫救弱""矜老恤幼"社会保障思想的影响，诉讼中不同程度体现出国家和社会的特殊优恤，即使是在刑讯制度之中。这主要表现为：老幼残疾及孕等不拷讯的人性化的执法理念。古代刑讯制度中的许多规定本身就是中华法系中法律思想的内容。前述古代刑讯制度中的"老幼不拷""孕妇及产妇缓拷""亲亲相隐"及"八议"等规定均是源自中华法系中的法律思想。而其中许多内容本身就是儒家的经句。事实上，自汉朝"罢黜百家，独尊儒术"起，儒家思想就通过据经解律的方式向立法和司法渗透，它不仅因赋予法律条文以儒家精神而使律与经一致，而且促进了法律条文顺着儒家经义的方向发展变化，为儒家思想直接指导立

---

① 《春秋左传·僖公二十八年》，杜预注。

② 《汉书·刑法志》。

③ 李交发：《中国诉讼法史》，中国检察出版社 2002 年版，第 213 页。

法奠定了基础。以致中国古代司法中，根据儒家经典的原则和精神来审讯和裁决案件的实例和现象比比皆是，如"引经决狱"的制度。以"亲亲相隐"的儒家经句为例，早在《论语》和《孟子》中即有孔子和孟子主张父子相隐的史实。自汉起，"亲亲相隐"作为一项制度在立法和司法中被广泛适用，并延续了两千多年。在古代刑讯制度中至少在证人作证和回避制度中就涉及了"亲亲相隐"的规定。就刑讯中司法官吏的回避而言，如前所述，古代历朝几乎都规定了刑讯过程中司法官吏回避的制度，虽然有防止司法官吏徇情枉法之意，但笔者认为，在很大程度上，不排除这一制度是基于上述法律思想中儒家礼教"亲亲尊尊"观念的考虑，即通过回避制度防止可能出现的晚辈对长辈或者下级对上级的刑讯和审判。自唐以后，历代诉讼中都将"受业师"作为主要的回避对象，其在很大程度上就是基于这样一种考虑。

刑讯的特权、老幼残疾孕不讯等均以儒家纲常伦理思想为基础，全面受到儒家思想的指导，如从西周对待普通民众"上罪梏拲而桎，中罪桎梏，下罪梏"，而"王之同族拲，有爵者桎"①，到唐朝"诸应议、请、减……并不合拷讯，皆据众定罪"②，再到清朝，对官僚强调"有不得不拷讯之事，请旨遵行"③。在反映贵族官僚在刑讯上的特权的同时，还夹杂着后来的纲常礼教成分。同时也说明，礼的差等性与法的特权性是一致的，中国古代刑讯制度被纲常伦理所充盈。

（三）"宽仁体恤"精神贯彻于古代刑讯制度之中的体现

刑讯本身的暴力不能否认其制度的宽仁体恤，其内容不足二一，包

---

① 《周礼·秋官司寇·掌囚》。
② 《唐律疏议·断狱·议请减老幼不拷讯》。
③ 《大清律例·应议者犯罪附例》。

括法定刑讯部位及其变化、刑讯数量、间隔时间及其计算等。无不体现出对国家和个人利益的兼顾，从一定意义上反映了以人为本的思想。而且一旦因刑讯造成冤错案件时，也要从体恤这一精神出发，设法施仁布恩，尽可能予以弥补。

这里拟从刑讯造成冤案后，尽力平反的角度来说明"仁义，礼之本也"的思想精神。中国古代，因刑讯造成冤狱而被平反后，国家能否给予冤民或其家属以赔偿，对此，法无规定，国无制度。这是因为，一方面，中国古代社会的性质决定了它不可能有冤狱赔偿制度。古代是人治而非法治社会，在古代统治者看来，平反冤狱已属施仁布恩之事，国家没有义务再赔偿冤民的经济损失；另一方面，古代社会百姓处于被统治的无权地位，尚无民主意识，清官明君能平反因刑讯造成的冤狱，感恩戴德犹恐不及，哪里还敢奢求国家赔偿。但是，一些开明的帝王有时也出于"礼法并用""仁政"等为长久统治或某些因素一时的考虑，除在政治上对受冤者平反外，也还特命给予某些影响较大的刑讯冤狱受害者或其家属一些恩惠。据《晋书·卫瓘传》载，晋代卫瓘因得罪楚王司马玮，被玮矫诏灭门。冤狱平反后，"朝廷以其'举门无辜受祸'，乃追其伐蜀勋，封兰陵郡公，增邑三千户，谥曰成，赠假黄钺"。《宋史·岳飞传》记载，宋朝秦桧刑讯岳飞的冤狱平反后，"孝宗诏复飞官，以礼改葬，赐钱百万，求其后悉官之。建庙于鄂，号忠烈"。清康熙八年（1669年）七月一日，上谕吏部，原何户部尚书苏纳海、总督朱昌祚、巡抚王凳聊无大罪，鳌拜等不按律文将他们冤枉处死。"伊等国家大臣，并无大罪，冤死深为可悯，理应昭雪，作何恩予谥及荫子入国子监读书。"[①] 不仅如此，对于某些平民百姓，在刑讯冤狱平反之后，帝王偶尔也会施恩，

---

① 《古今图书集成·祥刑典·理冤部汇考》。

从国家财政中开支少许以示安抚。显然这些复官、封爵、赐钱、赠谥号等恩惠虽不属于冤狱赔偿，但却具有冤狱补偿的性质，具有对刑讯造成过失的弥补的性质，不失为一种仁义之举。

礼与法具有共同的社会根源，本质上又都是统治者意志的体现，但礼所包括的内容以及对社会调整的作用更广泛，更深入，且被赋予礼教、德化的外貌，又与重家法伦理的国情相合，因此易于被接受。推行"礼主刑辅"者被誉为"治世之端"。这是中国传统法律文化中最具特色之处。

"德主刑辅，先教后刑"是古代刑讯制度的指导思想

与"礼法结合"相适应，"德主刑辅，先教后刑"是中国古代法律文化的又一思想。如果说"礼法结合"是中国古代刑讯制度的思想基础，那么，"德主刑辅，先教后刑"便应该是古代刑讯制度的指导思想。

一、"德主刑辅"法律思想的形成与含义

在中国古代，因神权思想随着商朝的灭亡过早地退出了历史舞台，所以，西周初年，统治者在总结了殷商灭亡的教训后，提出了"明德慎罚"的治国思想。《尚书·康诰》曰："惟乃丕显考文王，克明德慎罚。"至于明德和慎罚的关系，《尚书·吕刑》说："惟敬五刑，以成三德"，表明只有先做到慎罚，才能使德明，即明德应具体落实到慎罚上。这样，周初的"明德慎罚"思想第一次把"德治"同"慎刑"联系到了一起。

先秦儒家在强调"礼治"的同时，继承了周公的"明德慎罚"思想，

强调"德治"。所谓"为政以德，譬如北辰，居其所而众星拱之"①，"道之以政，齐之以刑，民免而无耻；道之以德，齐之以礼，有耻且格"②。崇尚"法治"的法家，并不完全否认礼义教化的作用，认为礼、义、廉、耻，是国之四维，"四维不张，国乃灭亡"③。战国时期，法家思想在秦国占据统治地位，德礼之说被搁置。但秦的速兴速亡让汉初统治者明白了"专任刑罚"的后果。故而自始在德刑关系上就特别强调"德"的主导作用。贾谊曾指出："道之以德教者，德教洽而民气乐；驱之以法令者，法令极而民风哀。"④认为以礼义教化治天下，可以"累子孙数十世"，仅以法令刑罚，就"子孙诛绝"，强调应采取礼义教化的统治方法，先德后刑。西汉中期以后大儒董仲舒在先秦儒家德治思想中杂糅了阴阳五行说，提出了大德小刑的"德主刑辅"思想，董仲舒将刑、德与阴阳、四时相比附："天道之大者在阴阳。阳为德、阴为刑；刑主杀而德主生。……天之任德不任刑也。……王者承天意以从事，故任德教而不任刑"⑤，并认为"刑者，德之辅也；阴者，阳之助也"⑥，从而为"德主刑辅"的法律思想奠定了理论基础，自然为汉武帝所采纳。应该说，法自然的治国思想虽在春秋之时已经形成，但并未形成一套完整的理论体系，也未在思想界完全占据统治地位。这一情况到了西汉董仲舒时才发生了根本改变。董仲舒在西周周公旦"明德慎刑"思想的基础上创制了完整的"德主刑辅"的理论体系。儒家所提倡的"德主刑辅，先教后刑"和"以德去刑"渐渐与法家所提倡的"以刑去刑"走向结合，以礼入法、礼法结合成为

---

① 《论语·为政》。
② 《论语·为政》。
③ 《管子·牧民》。
④ 《汉书·贾谊传》。
⑤ 《汉书·董仲舒传》。
⑥ 《春秋繁露·天辨在人》。

一种主流。这一思想经过几百年的发展，到唐代，"礼法合一"在唐律的"德本刑用"中得到了完善体现，实现了德法不同规范的高度统一，从而结束了自汉朝后延续七百年上下的经义决狱的状况，实现了"一准乎礼，而得古今之平"。①

自董仲舒以后，一些著名的统治者和思想家，都表达了对"德主刑辅"思想的赞同。如王充的"文武张设"，李世民的"明刑弼教"，韩愈的"德礼为先而辅以政刑"，丘浚的"礼教刑辟交相为用"，康熙的"以德为民，以刑弼教"等。可以说，自汉代以后，德主刑辅思想就开始成为占统治地位的法律思想，并延续至整个封建社会，其间未有大变化。②

二、"德主刑辅"法律思想的要义及实践

古代"德主刑辅"法律思想主要包含这样几个方面内容：一是君权神授的思想；二是德主刑辅的学说；三是法有等差的观点；四是司法时令说。这四方面内容的核心都是法应则天的观点。董仲舒认为天有情感，故用皇帝作为其代言人，天道分阴阳，阳主生，阴主杀，上天有好生之德，故阳尊阴卑，在人间的反映便是大德小刑，德主刑辅。天地万物皆有阴阳，故人们之间有尊卑之别。尊卑不同，适用法律也应不平等。天有春夏的万物生长、秋冬的万物肃杀，人世间便有教化奖赏与断狱行刑，为与天意一致，故应当春夏行赏，秋冬行刑。此外，从德治思想提倡者的角度，董仲舒为了防止君王滥用神授的不受世俗制约的皇权可能导致

---

① 《四库全书总目·政书类》。

② 参见郭成伟主编:《中华法系精神》，中国政法大学出版社2001年版，第80页。

的对德治的破坏，提出了灾异谴告说，即上天若对其代言人不满意，便会生出种种灾异现象，警告现世君主的不德之政。灾异谴告说在理论上虽然是荒谬的，但它体现了这一理论设计者试图利用迷信思想来限制无限的皇权的良苦用心。但因其本身缺乏科学依据，所以，经不起后来实践的检验。

今天看来，以下观点或许能够反映德主刑辅法律思想的本意：

德主刑辅的法就是符合心主身从的人法，亦即人的德性对兽性、理性对非理性控制的法。从传统中国人的立场看，这样的法是合乎道德的，可谓是有情有理的良善之法。

从对法的意义来说，传统中国法的道德原理的最大价值在于它的向善性，或者说它对善的追求。我们知道，在传统中国，善的核心是仁，仁的核心是爱，因此，仁爱是传统中国文化中善的特定内涵。仁爱的力量至强至大，最终发展成了中国文化的基本精神。作为中国文化基本精神的仁爱或者说善，表现在法律上就是《唐律疏议·名例》所说的"防其未然"和"存乎博爱"。①

与刑罚的适用相一致，刑讯制度中的"德主刑辅"原则也不是一成不变的，统治者往往根据社会发展的需求作出相应的调整。正如近代学者章太炎在分析"礼可误，刑不可误"的原因时所言："空为仪式者，令不必行，诚不必止，故中国重刑。"②此言虽与德主刑辅的提法不尽一致，但却道出了二者的变化关系以及极端情况下"刑不可误"的真谛。当然，德主刑辅思想的目的是力图维护一种和谐发展的社会状态，而防止其走极端。

---

① 张中秋：《传统中国法的道德原理及其价值》，《南京大学学报（哲学·人文科学·社会科学）》2008 年第 1 期。
② 章太炎：《五朝法律索引》，《章太炎全集》4，上海人民出版社 1982 年版，第 77 页。

按照德主刑辅的思想，刑罚在治国时虽然必不可少，但只是处于辅助地位。既然如此，为了不至于因实施刑罚而破坏德治，最好的做法就是借用西周的明德慎罚思想，把慎重刑狱看成明德的体现。与此相一致，古代把刑讯作为推行教化的手段，"先情审后刑讯"是"先教后刑"总的指导原则在刑讯制度中的具体体现。相信在这种思想支配下，不论是对司法官吏还是囚犯，都是可以接受的。囚犯因此可能主动供述，官吏因此会认真对待刑狱。

应该说，中国古代司法的实践就是德主刑辅的实践，这里仅以《后汉书·鲍昱传》注引《东观汉记》所载实例说明如下：

沘阳人赵坚杀人系狱，其父母诣昱，自言年七十余唯有一子，适新娶，今系狱当死，长无种类，涕泣求哀。昱怜其言，令将妻入狱，解械止宿，遂任身有子。

《后汉书·钟离意传》：

迁堂邑令。县人防广为父报仇，系狱，其母病死，广哭泣不食。意怜伤之，乃听广归家，使得殡敛。丞掾皆争，意曰："罪自我归，义不累下。"遂遣之。广敛母讫，果还入狱。

此二例中的狱囚，都是死刑犯人。面对这样的犯人，二位县令没有刻板地据守决令，而是从人情与人道出发，采取大胆灵活的办法，使死囚犯人暂时以"丈夫"和"儿子"的身份，替家族尽责，替母亲尽孝，从而实现他们作为"人"的最后价值。这样做，目的同样在于以德化人，使罪犯本人及其周围的人受到感化，得到教育，从而减少和消除犯罪。①西汉统治者吸取秦朝"专任刑罚"且苛酷残暴以致亡国的教训，董仲舒强调"大德而小刑""德主刑辅"的治国方法，称其乃"天意"，把"不

---

① 张晋藩总主编：《中国法制通史》第 2 卷，法律出版社 1999 年版，第 643—644 页。

教而杀"斥为"逆天""逆人道"。从这个角度看，两案体现了德主刑辅的法律精神。

明清之际杰出的哲学家、思想家王夫之仍继续"教化以先之"的思想理念。即使是类似包拯、海瑞这样古代司法的清官也主张并奉行这一思想，宋朝的包拯有"治平之世，明盛之君，必务德泽，罕用刑法"①之言，明朝的海瑞也有"如有用我，我举礼乐为天下用"②之志。而这一切，无不同时反映在当时的刑讯制度中。中国古代刑讯制度中"先情讯后刑讯"的原则实际上就是以上述思想和规定作为理论基础的，而老幼或者孕、产妇可免于或暂缓刑讯的规定则又从另一个侧面反映了上述思想。应当说，如同治国的主要手段是德与法，而德比法更为重要一样，刑讯实际也是一种德与法的结合。而且，德是刑讯的前提条件和工作重点，刑讯不过是一种无奈的下策之举，这也是法律对刑讯限制甚多的主要原因。"德主刑辅，先教后刑"既是确立古代刑讯制度的指导思想，也是刑讯制度内容和刑讯实施的指导思想。

纵观中国历史上礼与法、德与刑关系的发展变化，不难看出，正确认识和适时调整礼与法、德与刑的关系对于社会稳定和发展十分重要。礼与德的内容和形成多源于自然，它是一种无形的对人们精神境界的要求，其主要价值在于指导人们应该做或不该做什么（虽然其最初本不具有强制性）。法与刑是人为作用的结果，它主要是靠国家强制力来保证兑现的，其所要解决的是违反法律规定怎么办的问题，惩罚是其主要的功能。刑为乱世所崇尚，亦为盛世不可缺，但一味强调法、刑的作用而忽视礼、德的价值，最终只能是抽刀断水。

---

① 《包拯集》。
② 《海忠介全集》。

第三节

刑讯制度体现"天理、人情、国法"的结合

"天理、人情、国法"简称为"理、情、法"。前述"礼法结合"也好,"德主刑辅"也罢,它们既是治国理政的模式,也是当时法制的理念,在具体的立法和司法中,则体现为"情理法有机结合、综合为治"的原则。中国古代国家治理,注重综合考虑天理、人情、国法的内在要求。在"天人合一"理论框架之下,天理入律,使天理法律化而"律设大法、理顺人情",又使天理、人情、国法三者交融合一,成为官吏奉行的圭臬。理政、断案必须融合天理、国法、人情,必须充分考虑社会正义、国家法律、伦理亲情等各种因素,以此实现"礼法结合""德法共治"模式下的社会正义。

一、"天理、人情、国法"及其关系的理解

近代法学家陈顾远先生对天理、人情、国法及其关系有专门论述,他认为:

> 王道不外乎人情,法律不出乎人生。我们如能把"人情"由第一位

移到第三位，使"国法"不为"人情"所屈，便不能认为情、理、法的话是毫无价值可言的。

这个天理，至少由各家学说看来，是普遍地永恒地蕴藏在亘古迄今全人类的人性之中，从个人良知或公众意志上宣示出来，不受个人或少数人下意识的私情或偏见的影响，而为无人可以改变可以歪曲的准则。

法学家所说的习惯法以及经验法则上的事理，就是中国人所说的人情。习惯，只须不违反公序良俗，只须未由法律以明文另为规定其他准则，都有法律的效力。习惯不是某个人的成品，而是多人的惯行；纵有创举在先，要必合乎人情，乃能蔚为风尚。倘得人情之正，更自风行无阻。事理为事物当然之理，离开了人，便没有事物，离开了人也就没有经验。事物之理和经验法则还都不是从人情中酝酿而成，孕育而出的吗？何况这个人情，如若属于私情偏见，向为社会所不齿，而世之所重视者乃为情理一事，尤其为与天理无违的情理一事。因为谁都是人，人当然有人之性，人当然有人之情。所以圣人依人性而制礼，缘人情而作仪，在道德律上如此，在法律上更应如此。儒家是"亲亲而仁民，仁民而爱物"，并非"拂人之性"而为说。"泛爱众而亲仁"，"老吾老以及人之老，幼吾幼以及人之幼"，也是根据人情而立言。所以儒家的法律观，便不否认人情的因素。

国法是什么？就是法学家所说的制定法或成文法。依正常的道理而言，有其制定的来龙，有其成为的去脉，上须顺应天理，下须顾及人情。绝不是高悬在情理以外，强使理为法屈，情为法夺的。

……所以天理、国法、人情，实在是三位一体，实在都属于法的范围。没有天理的国法乃恶政下的乱法，没有人情的国法乃霸道下的酷法，都不算是助长人类生活向上而有益于国家社会的法律。

天理是理，国法人情也是理；国法是法，天理人情也是法。天理人情的认定，就如法的立场而言，虽各派法学家各有其偏重之点，总都是法的一部分。

……任凭如何安排，法理总是与情理、事理互相配合不应脱节的。唯如不以社会律为准，或在运用上忘了人的所以为人的自然律，好像法律专是人对人类以外的火星人而设，也就失去了法律的正常作用了。一般人在"法"字以外，要喊出一个"情"字，就是认为法理与情理、事理应为配合，法理总得在不逆情理之下求其精微，须在不悖事理之中求其奥妙！

……国法、人情是天理分散在特殊部门的各别表现，一如表现在政治、伦理方面然。国法的理特称之为法理，人情的理特称之为情理，并包括事理在内。

说到人情，同样须受到天理的陶冶，情乃得其和，事乃得其当。这就是世所公认的情理与事理，仍然在天理范畴的限度内而自有其范畴。因为违反道德律的私情偏见，已为天理所否认，也就根本不能以情理事理为称了。

……从人类良知上所体会的天理，从人类理性上所获得的天理，既为一切社会生活的根源，而法律又是社会生活的规律，自然要以它为依归的。这就是所谓"天命之谓性，率性之谓道，修道之谓教"，而法律也就是教的一端。①

应该说，天理、人情、国法三位一体历来被看作中国传统法律文化的特色。情理法是一个从客观事实出发，最终从多方面综合体现司法公正性的过程。何谓理？人同此心，心同此理。"理"与"礼"是相通的，《礼记·仲尼燕居》中载，子曰："礼也者，理也。"意思是说礼是按照道

---

① 陈顾远：《天理·国法·人情》，载范忠信等编：《中国文化与中国法系：陈顾远法律史论集》，中国政法大学出版社 2005 年版，第 275—280 页。

德理性的要求制定出来的规范。《荀子·乐论》更是强调:"礼也者,理之不可易者也。"即礼是不能被替代的法则。正因如此,宋朝著名思想家、教育家朱熹的"礼即理也"成了名言。"理"与"礼"都是人们在日常生活中形成的相处的规律,而以礼立法是中国古代的传统。公理是人的正当情感与诉求在一定社会环境中逐渐形成的共同伦理道德观念和公序良俗,是一种基于人的基本属性和社会伦理道德而评判衡量是与非、善与恶的标尺,具有规律、道理与准则的属性。天理是人与社会应当共同遵循的一些社会规律和自然法则。何谓法? "法,非从天下,非从地生,发于人间,合于人心而已"[1],法出于公理与天理,是国家将内含着善良、公平、正义、秩序和自然法则的公理与天理外化为人们的行为准则。"何谓人情? 喜、怒、哀、惧、爱、恶、欲七者弗学而能"[2]。情重于法,法以情为核心。法不容的仅仅是私情,而法要容的"情"指的是在社会上具有广泛认同度和代表性的世情与民情。只有通世情、民情的法才是赢得民众认可的法,只有达公理、天理的法才具有生命力,通"情"达"理"是良法的前提与基础。只有当法正确体现"情"时,法才有权威,依法作出的裁判才能被人们所接受。

法之所以要容"情",是基于人性的要求,因为法是人的产物,是基于人性的需求而产生的规则,凡是违背人的正当情感与诉求的法,应该被修正或废止,只是有些法修改和废止在时间上来得要晚一些。法与情交融的途径在于立法的人本化、司法的人性化和文明化,当法律有悖于世情民情或两者发生冲突时,法律应当作出适当退让。刑讯固然有违人性,但通过法律使其制度化,便最大限度地符合了人的天性。

---

[1] 转引自郭成伟主编:《中华法系精神》,中国政法大学出版社2001年版,第297页。
[2] 《礼记·礼运》。

　　情、理与法律本质上是相互亲和的，法律既是情、理被实定化的部分，也是情、理发挥作用的一种媒介，不仅法律本身的解释依据情理，而且法律也可因情理而变通。中国古代注重推行国家法律所定赏罚与情、理所形成的毁誉评价相一致，实现"赏誉同轨，非诛俱行"：法律所"赏"者，一定为情、理所"誉"；法律所"诛"者，一定为情、理所"非"。如果国家法律所奖励者，民间评价多有非议；而国家法律所惩罚者，社会舆论反而称誉，这样的法律，就因违反情、理而不具有法律应有的正当性。

　　"天理体现为国法，从而赋予国法以不可抗拒的神秘性。执法以顺民情，又使国法增添了伦理色彩，使得国法在政权的保证推行之外，还获得了神权、族权和社会舆论的支撑，因而更具有强制力，这正是天理、国法、人情三者统一的出发点和归宿。"① 不过，这里所谓"天"，似就自然理则而言，并不含强烈的宗教神秘或迷信色彩。统治者的着眼点是人事，而非神灵；是"君"与"父"的实体，而非超现实的偶像；从"人"到"理"到"天"是一体的，从性理到社会人文再到自然秩序是一贯的。

二、中国古代"情理入法"的理论分析

　　中国古代政治哲学很大程度上把"公"理解为"无私"，并进而提出"天道无私"的实体公正内容，这除了与中国古人尊崇自然、敬畏自然的思维有关外，还与中国作为历史悠久的农业文明国家具有内在联系。作为农业文明高度发达的社会，中国对上古社会人们集体耕作中产生的某

---

① 张晋藩:《中国法律的传统与近代转型》，法律出版社 1997 年版，第 51 页。

些规则给予了最大程度的保留，并且通过文化的形式对这些规则进行修饰、论证和宣扬，尤其是建立在古代社会宗法制度基础上的尊祖遗风被概括为一种"孝"，成为中国伦理文化的核心。

从《尚书》《诗经》和大量的青铜器铭文来看，早在西周时期，孝就是当时社会重要的伦理观念。经过春秋战国秦汉之际儒家学者的刻意阐发，孝被看作人的本质甚至是宇宙的根本。汉代以后的统治阶级对孝予以认同并大力提倡，形成了以孝治天下的思路。经过思想文化学术和政治的双重倡导，孝成为中国传统文化的核心观念。①

"孝"不仅限于对父母的孝顺，而是要以对父母的孝顺为中心由近及远地延伸到对兄长的善待、对父辈的关心、对曾祖父母的尊重、对宗族的庇护、对乡党的帮扶、对君主的忠诚，同时反过来，父母、长辈、乡党和君主等对子女、晚辈、同乡和臣民等也就具有抚育爱护的职责。过去我们把孝理解为一种单向的伦理法则是不全面的。

在中国古代宗法社会中，一个家庭是一个集体，一个宗族是一个集体，一个家族是一个集体，一个社会也是一个集体。我们将这种古代集体主义称之为宗法集体主义。个人、家庭、宗族、家族、社会均以孝为核心伦理观念，由亲到疏，由近及远，逐层推及，渐次辐射延伸，由众多宗法小集体构成宗法大集体。在中国传统文化中，没有个人主义的地位，个人要实现人生价值，必须通过自己与他人的伦理关系、履行自己在宗法体系坐标中的特定伦理责任与义务、牺牲个人利益以维护宗法集体利益才能体现出来。②

受这种伦理主义的影响，人们在处理利与义的关系时就有倾向性，

---

① 陈桐生:《中国集体主义的历史与现状》,《现代哲学》1999 年第 4 期。
② 陈桐生:《中国集体主义的历史与现状》,《现代哲学》1999 年第 4 期。

当利与义发生冲突而难以调和时，那么义的价值要高于利。人与人之间不是单纯的利益交换关系，还有更为重要的感情维系关系。人们在处理利益交换问题时，往往可以设计出十分精确的理性规则，而要处理人们的感情维系问题，就不可能依赖精确的理性规则，而是主要依靠人们的情理常识，可以说即便是有精确的理性规则，也是服务于这种"情理"需求的。清代著名刑名师爷汪辉祖认为，司治刑名的根本规范不是法律而是情理。他说："幕之为学，读律尚己，其运用之妙，尤在善体人情。盖各处风俗往往不同，必须虚心体问，就其俗尚所宜，随时调剂，然后傅以律令，则上下相协，官者得著，幕望自隆。若一味我行我法，或怨集谤生矣。"① 这点不仅深刻地影响了中国古代的司法活动，也使中国古代的政治活动具有深刻的伦理烙印。某种意义上说，作为中国最高官员的"宰相"一职，它就保留了十分形象的伦理意义，"'宰'，就是在酬祭社神的庆典中主持分配'酢肉'的人，'相'就是赞礼司仪、陪伺招待"②。国家只是放大了的家庭，行政官员和司法官员是百姓的"父母"官，既然是"父母"则处理子女之纠纷定然以伦理要求为最高原则。

在中国古代，当法律与伦理发生冲突时，一般而言要尽量地运用伦理的原则解释法律的目的和意思，从而准确适用法律，以达到法律与伦理的和谐。但在现实生活中，也确实可能发生法律与伦理冲突异常激烈的情况，例如唐代著名的徐元庆案。在该案中，"犯罪嫌疑人"徐元庆的父亲曾因无礼而冒犯了当时的县令赵某，赵某心胸狭窄，动用公权力堂而皇之地将徐元庆的父亲拘捕并且找了理由问斩。徐元庆清楚县令分明是公报私仇，于是某日乘赵某不备，将其手刃碎尸，随后自首。对于如何处理徐元

---

① 周国平：《"法表儒质"：清代刑名师爷理案原则初探》，《西安外事学院学报》2005 年第 1 期。
② 易中天：《闲话中国人》，上海文艺出版社 2006 年版，第 10 页。

庆，朝廷上下分歧很大。有观点主张依照大唐律例判处死刑，有人主张从轻发落，因为徐元庆毕竟是替父报仇而以身试法。最后朝廷采纳了陈子昂的建议，先处死徐元庆，以维护法律之尊严，而后公告表彰，以扬其为父报仇之义举。陈子昂还为此写了《复仇议状》的千古名篇，其中有一句确实经典："今倘义元庆之节，废国之刑，将为后图，政必多难；则元庆之罪，不可废也。何者？人必有子，子必有亲，亲亲相仇，其乱谁救？"当然，陈子昂的建议也遭到柳宗元等后来者的批判。但作为一个著名的案件，它凸显了伦理在裁判中的重要地位，即便是在这种特殊情况下，裁判者也不忘记动用行政政策弘扬案件中值得传播的伦理情义。

在中国古代司法活动中，当伦理与法律冲突时，一方面，受中国传统儒家伦理与文化思想的影响，人犯与其亲属间具有"亲亲相隐"的法定义务。亲属间不能揭发彼此的犯罪，否则要受到法律的惩罚。因为，维护家庭的稳定，维护亲情以及专制制度的价值远远大于因"大义灭亲"而对个案的侦破。显然，这有别于古代西方将亲属间是否揭发犯罪作为权利的规定，揭发权利是否行使完全敢决于权利者自身。因此，西方国家法律既不能罚亲属间相互包隐的行为，也不惩罚亲属间"大义灭亲"的行为。另一方面，古代有的清官"大义灭亲"的行为似有悖于"情理入法"的理念，实则二者是一致的。其一，如前所论述的那样，中国古代的"公正"是与"无私"具有大致相同内涵的用语，"司法的公正"也就具有"司法者无私"的意思，这本身是人们的一种司法情节或者对司法的官吏的基本要求。其二，"注重情理入法"主要是讲司法官员在适用法律时要充分考虑纠纷的起因、纠纷当事人之间的伦理关系和人们对法律裁判的基本期待等因素，而不是强调司法官员要利用自己的职权为亲人谋取利益。恰恰相反，为了防止司法官员的"私欲"膨胀，中国古代法律较早地设置了司法官员任职和受理案件的回避制度。可以说，这里的"情理"主要讲的是案件以外作为客观意义上第三人的普通民众的"情与理"。

此外，以"情理入法确保公正的效果"还有一个意思就是要注重案件的判决能否真正化解纠纷，实现社会秩序的稳定。在清代康熙年间，有名为陆陇其的判官。据野史记载，陆陇其每次审判盗窃犯时都会问其为什么要犯罪。犯罪人都以贫穷难以度日为由狡辩。但陆陇其并不因此勃然大怒。接着他会让犯罪人学习纺纱，并且告之要学会了才能释放，若不然则罪加几等。犯罪人为了能早日出狱都会用心学习。但在释放之日，陆陇其都会叮嘱犯罪人："这纺纱线不过一百多钱，现在几天内除去你们吃饭之费用，起码有几百钱的收入，如果你日后再犯盗窃之罪，你我都无话可说了。"大多数犯罪人出狱后都会改过自新，只有那些三次以上仍不思悔改者，陆陇其才会采取狠招，即令差役将犯罪人急驱上千步，然后灌下热醋，使其终生咳嗽，不能为盗。① 这个案件最给人启示的，在于陆陇其深刻地认识到，单纯对犯罪人判决刑罚并不能根治盗窃，只有解决犯罪人的社会生存问题才能真正实现法律的目的，也就是说司法活动不单纯是机械适用法律的活动，还是创造社会政策的过程，只有那种实现法律预期目的的司法裁判才算是效果良好的司法活动。

三、"天理、人情、国法"相结合的司法实践

（一）司法主体情理法结合的能力

中国古代社会的司法，力求司法官吏具有平衡法与情之间关系的能力。由于自古注重在法与情的处理上，重视经义、强调教化，因此中国

---

① 参见刘星：《中国法律思想导论》，法律出版社 2008 年版，第 124—125 页。

古代社会司法活动中，司法官吏在依法的同时更注意据理下判、原情而论。具体案件处理过程中的执法原情更能体现出对伦理、人道的重视，淡化了法与民众的对立性，强化了法与情的亲和力。

对于官吏平衡法与情的能力，北魏思想家苏绰将其分为"善之上者""此亦其次""斯则下矣"三类：

赏罚得中，则恶止而善劝；赏罚不中，则人无所措手足，则怨叛之心生。是以先王重之，特加戒慎者，欲使察狱之官，精心悉意，推究根源。

先之以五听，参之以证验，妙睹情状，穷鉴隐伏，使奸无所容，罪人必得。然后随事加刑，轻重皆当，舍过矜愚，得情勿喜。又能消息情理，斟酌礼律，无不曲尽人心，而远明大教，使获罪者如归。此则善之上者也。

然宰守非一，不可人人皆有通识，推理求情，时或难尽，唯当率至公之心，去阿枉之志，务求曲直，念尽平当。听察之理，必穷所见，然后拷讯以法，不苛不暴，有疑则从轻，未审不妄罚。随事断理，狱无停滞。此亦其次。

若乃不仁恕而肆残暴，同人木石，专用捶楚，巧诈者，虽事彰而获免，辞弱者，乃无罪而被罚。有如此者，斯则下矣，非共理所寄。

今之宰守，当勤于中科，而慕其上善，如在下条，则刑所不赦。[1]

唐律集法、情、理于一体，结束了长期以来以"引经决狱"为形式的"礼"干扰下"法"的脆弱和混乱，使举世闻名的一代封建成法臻于完善。此后，在德主刑辅思想指导下，以礼立法，使情理法律化成了一个突出的特征，法理情在司法的结合上更加突出。除十恶、官当、解官、服丧、存留养亲、服制等入律外，与刑讯制度有关的八议、回避等制度也在法律中得到完善。

---

① 《北史·苏绰传》，中华书局1970年版，第2236—2237页。

（二）情理法结合的实践

由于世间万象，人情百态，法律不可能对每一个案件都作出适合的规定；由于事物总是在不停地发展变化，稳定的法律永远滞后于事物的发展；由于情与法本身就有相通之处，法在很大程度上就是情的体现。这就使得情法允协成为必要。情理法结合之中，有"法中之情"和"法外之情"之分。对于"法中之情"，明朝敖英指出：

> 或问我朝定律，于情法何如？予乃作而叹曰：至矣哉我朝之律，可谓情与法并行而不悖者也。如十恶不原，法也；八议末减，情也。干名犯义者，法也；得相容隐者，情也。自首免罪者，情也；犹追正赃者，法也。罪有加者，法也；有减者，情也。有从重者，法也；有免科者，情也。凡法之所在而不姑息之者，义之尽也。凡情之所在而必体悉之者，仁之至也。[1]

事实上，这也是唐律以来所有律要求的"法中之情"的原则。《元史》载，周自强为婺州路义乌县尹，周知民情，而性笃宽厚，不为深刻。民有争论于庭者，一见即能知其曲直，然未遽加以刑责，必取经典中语，反复开譬之，令其咏诵讲解。若能悔悟首实，则原其罪；若迷谬怙恶不悛，然后绳之以法严惩不贷。

关于"法外之情"，明朝时有这样一个故事：

> 刑部主事王某，在山东做县令时，有民妇回娘家探亲，路远，妇乘月色独行。适一樵夫尾随其后，至野外，握斧大呼，妇惊仆倒地，遂强奸之，尽掳首饰而去。妇号泣奔还，偶遇令出，攀舆哀诉。令曰："吾当令人往捕，汝第言失去首饰已耳，毋露奸情也。"遂嘱咐其以"遇虎逃生，丢失物件，恳请归还，一定有偿"进行招告悬赏。结果，樵夫怀孕的妻子，带着物件来领赏。由此逮住樵夫，拥至县庭，召妇审视，首饰

---

[1] （明）敖英：《东谷赘言》卷上。

一无所失。因痛杖之百，收监时气绝。召夫责曰："尔妇将母，何不伴送？幸盗止利其首饰耳，倘至伤命奈何？"亦笞之十，令携妇归家。

盖县令不令其言奸者，缘律条坐斩，问拟颇重，且恐夫知必弃其妇，故曲为保全耳。①

此县令在审判这一案件时，为了保全妇人的名誉，叮嘱当事人把案中强奸一节瞒下，可谓世事洞明，人情谙练，从而既惩办了罪犯，又保全了被欺凌妇女的脸面，证明了樵夫妻子的无辜避免了悲剧的发生，虽法外用情，但乃"情法两全"。

除了官吏对情理法关系的协调平衡外，还有一些皇帝在执法中原情甚至屈法申情。正是皇帝的行为，带动了各级官吏的仿效。古代后期的明清，皇帝此类做法有增无减。南梁即有屈法申情的记载：《梁书·刘季连传》载，梁武帝天监四年（505年）蜀人蔺道恭为父复仇，在建康建阳门杀死仇人刘季连，"面缚归罪，帝壮而赦之"。《南史·孝义传》载，普通七年（526年）广平张景仁在公田渚遇杀父仇人韦法，"手斩其首以祭父墓。事竟，诣郡自缚，乞依刑法"。武帝三子萧纲时为雍州刺史，"乃下教褒义之，原其罪"。《南史·孝义传》载建康人张悌与三人结伙行劫案：

所得衣物，三劫持去，实无一钱入己。县抵悌死罪。悌兄松诉称："与弟景是前母子，后母唯生悌。松长不能教诲，乞代悌死。"景又曰："松是嫡长，后母唯生悌。若从法，母亦不全。"亦请代死。母又云："悌应死，岂以弟罪枉及诸兄。悌亦引分，乞全两兄供养。"县以上谳。帝以为孝义，持降死，后不得为例。②

---

① （明）周元暐：《泾林续记》，转引自刘笃才：《情法与律例》，载陈金全等主编：《中国传统司法与司法传统》（上），陕西师范大学出版社2009年版，第85页；（下）648页。
② 《南史》，中华书局1975年版，第1836页。

《隋书》记，王伽为齐州行参军，州使送流囚李参等七十余人诣京师。行至荥阳，伽怜其辛苦，悉呼而谓之曰："汝罪既犯国法，亏损礼教，身带锁链绳索，应得之罚也。令复重劳援卒，岂不独愧于心哉！"李参等认错道歉。伽曰："汝等虽犯宪法，枷锁亦大辛苦。吾欲与汝等脱去，行至京师总集，能不违期不？"皆拜谢曰："必不敢违。"伽于是悉脱其枷，停援卒，与之约："某日当至京师，否则，吾将为你们受死。"舍之而去。流人俱悦耳，依期而至，一无离叛。皇帝闻之为异，召见并称善良久。于是悉召流人，并令携负妻子俱人，赐宴于殿廷而赦之。

《昨非庵日纂》载，洪武中，有校尉与邻妇通奸。一晨，校尉见其夫出，即入门登床。夫复归，校伏床下。妇问夫何故复回？夫曰："天寒，恐你熟睡，故来添被。"乃加被而去。校忽念彼爱妻如此，而她却负去，即取佩刀杀妇去。有卖翁常供蔬妇家，至是入，叫无人，即出。邻里人锁卖者抵罪，狱成，判了死罪。校尉跪出呼："妇是我杀，奈何累人。"人引见皇上，备奏其事，愿意一死。明太祖曰："杀一不义，生一不辜，可嘉也。"即释之。①

皇帝通过"屈法申情"既发挥了其最高裁判者的地位和作用，也纠正了诉讼中只顾及法律而疏忽纲常伦理的情况。这是中国古代统治者用以解决法与德、法与理在适用上发生冲突的惯用手法，以此标榜"仁政"。在中国古代社会后期，尤其如此。朱元璋在强调明刑弼教的同时，注意以礼定律、以礼导民的思想理念。在司法实践中，对于伦理亲情的案件，可屈法以申情。"有子犯法，父贿求免者，御史欲并论父。太祖曰：'子论死，父救之，情也，但论其子，赦其父。'"②"山阳民父得罪，

---

① （明）郑瑄撰：《昨非庵日纂》，转引自郭成伟主编：《中华法系精神》，中国政法大学出版社2001年版，第298页。
② 《明史·刑法志》。

当杖，子请代，上曰：'朕为孝子屈法。'特赦之"①。

"法中之情"也好，"法外之情"也罢，官吏也好，皇帝也罢，诸如此类案例不胜枚举。总之，看似矛盾的执法原情司法原则在古代中国社会恰恰又是必需的。人情干法但不能超越法在一定阶段所代表的公正，更主要的是不能超越所维护的主要利益；而司法过程中情理兼容，"使法与伦理结合，易于为人所接受，法顺人情，冲淡了法的僵硬与冷酷的外貌，更易于推行"②。按照基本情理，轻刑缓刑、宽仁能得人心。但是，按照更高情理，治理方式应当与世情相符合，一味宽容与严刑酷罚都是不合情理的，前者会带来放纵，为非作歹者会大大增加而天下不治，后者会失去民心，使官民离心而天下不治。只有情理法交融恰到好处，才能真正发挥情理兼容的作用。

---

① 《明史纪事本末·开国规模》。

② 张晋藩:《中国法律的传统与近代转型》，法律出版社 1997 年版，第 53 页。

· 第四章 ·

中国古代刑讯制度的特点评析

第一节

中国古代刑讯的制度化和法律化

一、中国古代刑讯制度自成体系

中国古代刑讯制度从无到有，不断完善，自成体系。不论国家处于统一状态还是割据状态，也不论是汉族统治还是少数民族统治，刑讯作为重要的法律制度内容贯穿于中国古代司法的始终。

中国古代刑讯自周朝产生之后，不断发展，内容由少到多，范围由小到大，体系由简到繁，至唐朝已经制度化和法律化，为后世提供了范本，且独树一帜，自成一家。中国古代刑讯制度独特的模式和体系主要体现在：首先，在确立制度的指导思想和原则上，坚持德主刑辅，先教后罚，而非简单的刑讯惩罚主义或刑讯工具主义。这些原则具体反映在刑讯制度的方方面面。其次，从实体到程序的内容规定上，从法律规范的角度就刑讯涉及的正反两个方面问题作出了即使是在今天看来也不失全面的规定，正是这样的一系列规定对当时的司法起了积极的维护作用。最后，中国古代刑讯制度是当时中国特色司法制度的重要总结。中国古代长期闭关自守，刑讯制度是在中国古代自身司法实际情况的基础上长期发展的结果，符合并反映了当时中国的国情。其许多精神和逻辑设计为今天一系列法律制度的建立提供了借鉴。

当然，一项制度若被规制在良好的法律范围之内，可能有利于社会的延续，而一旦突破人性的框定，则犹如洪水猛兽，适得其反。尤其是当某一制度的内容本身就侵犯人性之时，其内容越丰富、设计越合理，发展中潜在的威胁也就越大。这就注定了其只能存在于社会发展的某一历史阶段而不可能存在于全过程。古代的刑讯制度正是如此。

二、中国古代刑讯的制度化、法律化

（一）中国古代刑讯的制度化

刑讯的制度化，可以从两个方面来理解。一方面，由刑讯本身的性质所决定。在今天的人们看来，古代的刑讯充满了残酷和恐怖，古代也正是以此作为获取囚犯口供的手段。然而，刑讯在程度上必须恰到好处，否则，过轻或者过重，均达不到刑讯的目的。为此，必须对刑讯进行规范，使其严格运行于制度框架之内。另一方面，刑讯本是一种活动，这种活动一经运行，必然涉及方方面面的问题，对这些问题也需要予以规制，以解决刑讯在每一个环节、每一个阶段要遵循的规程和准则，一系列规则和准则的有机结合组成了整个刑讯的制度，这个过程表现为刑讯的制度化。刑讯发展到唐朝定型时期，法律不仅对刑讯的条件、刑讯的对象、刑讯的刑具、刑讯的部位、刑讯的数量、刑讯的回避、刑讯的程序、刑讯的缓免等刑讯立法和实施过程中可能遇到的问题作了全面而具体的规定[①]，更重要的是对于违法刑讯的法律责任予以了明确，规定违律

---

① 参见那思陆:《中国审判制度史》，上海三联书店 2009 年版，第 101 页。

刑讯是犯罪，并要根据违律的不同情况和结果承担相应的刑事责任。这就为遏制非法刑讯从法律上提供了可能和保障，从而也使中国古代刑讯得以制度化和法律化。

制度化的形成说明刑讯在古代已不简单是个案而是具有普遍性的问题，对这种普遍性的问题需要制度予以规制，这也就为制度的法律化奠定了基础。

（二）中国古代刑讯的法律化

刑讯法律化的基本意思是说，古代拷讯有法可依。刑讯作为通过对人犯身体使用暴力摧残来获取证据的一种非人道方式，居然能从制度的规定转化为法律，被法律所肯定并规范，上升为国家的意志，不能不说这是古代刑讯的一大特点。这固然说明古代专制的霸道、野蛮以及对人权的蔑视和侵害，同时也从另一个方面告诉我们，古代刑讯是有法可依的。法律不仅从实体到程序对刑讯进行了规定，而且，规定了违法刑讯的法律责任。对此，前文已经作了全面的介绍。应该说，古代统治者通过法律对中国古代刑讯制度内容考虑之全面、规定之详细、执行之严格，堪称上乘。通过有法可依，强调有法必依，违法必究，将这种野蛮残酷的刑讯方式控制在一定的范围和程度之内，从而达到预计的目的。刑讯活动完全纳入了法律调控的范畴，是否使用刑讯、怎样使用、使用到什么程度，均取决于法律的规定，而不是人为的任性。这种通过法律既规范合法刑讯，同时禁止和制裁非法刑讯的有理有节的做法，不能不说是辩证法的另一种使用，其能够出现在千百年之前的古代，可以说是古代统治者把法律这一工具运用到了极致，也着实令我们感慨。

三、刑讯制度化、法律化的人员保障

一方面，制度化、法律化的刑讯制度与高层官僚群体的水准密不可分；另一方面，再好的法律制度最终要靠与法律制度相匹配的各级官员的不懈努力予以落实。中国古代的官员队伍，尽管也存在这样那样的问题，但总体讲，对上能够得心应手，对下能够履职尽责，为官的基本素质还是具备的。这主要是因为：第一，中国古代的官员一般是通过严格的科举考试遴选出来的。科举制度在中国延续约一千四百年，该制度是封建时代所能采取的最公平的人才选拔形式，吸收了大量出身中下层社会的人士进入统治阶层。科举考试的成绩和选拔足以证明他们是掌握儒家经典和文字造诣的佼佼者，其绝大部分人具有良好的品德和较高的水平，对所从事的工作认真负责。第二，官员自身具有职业操守，专制的特点又使得多项制度及官员相互间形成监督氛围。16世纪后期，西班牙使者到中国的所见所闻以及后来由该国修士门多萨整理编撰的记载从不同的角度印证了上述情况。"在所有的民事和刑事诉讼中，法官都以笔头下令。他们要公开在各级官员面前审案和调查证人，这样做是为了防止造假，提出不合适的问题或录下诉讼者根本就没说的话。如果他们向证人单独调查，且证人之间口供不一，就把他们叫在一起，被审者会出现争吵，这样就能找到事实的真相。如果还搞不清，便对他们动刑，迫使他们交代。法官认为那些有身份、有经验的人不必动刑就会交代。牵连到重要人物的大案，法官不放心书记员写的案情，便多次查看证人的交代材料，然后自己亲自书写案情。由于这种恪尽职守的工作，很少有人抱怨法官判案不公。他们历来对工作兢兢业业，这是一种优秀的品质，值得所有法官效仿，以避免由于玩忽职守而产生恶果。他们除一视同仁地秉公办案以外，还采取一些预防性的措施和其他一些值得效仿的办法"①。"当初他们做内阁任命时，给他们下达的禁令之一，就是不准在自己的官邸私自接见诉讼者，不得在开庭前，在没有公众和大臣的情况下私自断案……在任何一次开庭前都不得喝酒，哪怕身体再不舒服，得了大病也不得沾一滴酒。他们认为与其吃饭喝酒后升堂还不如根本不升堂。由于相互监督，大臣们根本不可能既受贿又能躲过同行的监视。正因在官邸也严守皇旨，加上每个人都提防自己的同伴，因此他们彼此就成了敌人"②。上述主客观条件使得官员大多恪守职责，秉公办事。第三，实行异地做官。中国古代不允许巡抚、总督和知府、知州、知县等官员在自己的家乡任职，以免因亲戚或仇人的关系而产生好恶，从而引起执法不公的现象。加之当时交通不便，异地任职的效果更加明显。第四，一些朝代实行高薪，以防官员受贿。如宋朝担心官员徇私枉法而实行高薪，"由于官员和胥吏既承担控诉职能又承担审判职能，朝廷必须防止他们受贿枉法。胥吏不像官员那样拥有值得维持的高等地位，他们地位低下，即使行为不当也无甚可失，因而尤其易受诱惑。王安石改革以重禄法专门对此进行规制，据此法，占据重要职位的胥吏，譬如与司法相关的那些，可获得较高俸禄。这些胥吏若收受任何手续费或贿赂，即使再少，都会受到严厉惩罚。相反，其他胥吏仍然从百姓手中收取手续费，以这种不固定收入谋生，他们受贿的危害对司法机关来说威胁更小"③。高级官员不违法，低级官吏违法的概率自然也就降低，更何况，低级官吏受贿对司法的损失相对要小。

---

① ［西］胡安·冈萨雷斯·德·门多萨编：《中华大帝国史》，孙家堃译，中央编译出版社 2009 年版，第 79—80 页。
② ［西］胡安·冈萨雷斯·德·门多萨编：《中华大帝国史》，孙家堃译，中央编译出版社 2009 年版，第 78—79 页。
③ ［日］宫崎市定：《宋代的司法》，载［美］孔杰荣等编：《中国法律传统论文集》，中国政法大学法律史学研究院组译，中国政法大学出版社 2015 年版，第 43 页。

　　正是历代这样一批高素质的官员队伍，保障了刑讯制度在法定范围内的运行，维系了专制制度在中国几千年的延续。至于违法刑讯，各个朝代在所难免，但终归是非主流的现象，虽与合法的刑讯有一定的关系，但毕竟与酷吏、厂卫刑讯这种特定背景下体制、制度的问题有所不同。

口供至上，刑讯辅之

一、口供至上

（一）口供至上的含义及缘由

所谓口供至上，是指中国古代诉讼中强调口供的价值，与其他各种证据相比，尤其重视口供在定案中的作用。《尚书·吕刑》称："两造具备，师听五辞；五辞简孚，正于五刑。"即司法机关"断狱息讼"时，要求当事人双方当庭进行陈述，司法官吏以察听五辞的方法，审查判断其陈述的真伪，并以口供作为定案的主要根据。"五听"之首即为"辞听"，辞听者，意在审查囚犯之供述是否真实也。一定意义上讲，"五听"中的其他"四听"也不过是从其他不同的角度审查和印证囚犯供述真伪的方法。司法官吏除了听取当事人的陈述外，还要"察听于差"，兼听当事人的陈述并进行比较，以发现矛盾，最大限度地发挥主观能动性，查明案情。《吕刑》中"察辞于差，非从惟从"的要求便说明了这个问题。秦之后，口供在诉讼中的地位得以进一步提升。由此，出现了过高估计和重视口供的价值，定案一味强调囚犯的口供而轻视其他证据的情况。这种情况与欧洲中世纪诉讼中视口供为"证据之王"是一致的。在欧洲一些国家的法定证据制度下，口供同样格外受重视，被看成是最好的、最有价值的证据，只要具备一定形式条件，就是完善的或者完全的证据，即仅凭口供同样可以定案。如《俄罗斯帝国法规全书》第三百一十六条规定，受审人的坦白是全部证据中最完善的证据，"是够认罪判刑，是不必怀疑的"。在法定证据制度中，"曾经占有中心地位的，是犯罪嫌疑人的承认"。①。所不同的是，法定证据制度要求司法官吏严格按照法律对各种证据效力的预先规定机械地适用，而"五听"要求司法官吏酌情审查判断，自行决断。中国古代对于囚犯的口供，不论是囚犯自行供述还是因刑讯所获，都要告知囚犯所犯罪名，并要在相关笔录上签字画押，名曰"款伏（服）"，即认罪的供词，以示认罪伏法，留存备查。这是因为，在所有证据种类中，被告人口供是最重要的一种证据，是定案的关键。即使到了清朝，法律依旧规定："凡狱囚，鞫问明白，追勘完备……审录无冤，依律议拟，法司复勘定议奏闻。"②"凡狱囚，徒流死罪，各唤本囚及其家属，具告所断罪名，仍责取囚服辩文状。不服者，听其自行辩理"③。"鞫问明白""审录无冤""服辩文状"，都是讲要取得犯人"服输口供"才能定案，口供是结案的必要条件。否则，一般情况下，仅凭口供以外的其他证据，即使达到了确实和充足的程度，也不得结案。

我们所以说是在一般情况下，是因为中国古代无供不能定案也非绝对，从古代的立法和司法看，二者都有例外。在立法上，如前述唐朝的《唐律·断狱》疏议云："计赃者见获真赃，杀人者检得实状，赃状明白，理不可疑，问虽不承，听据状科断。"就是说，对此类证据确实，无可怀

---

① ［苏］安·扬·维辛斯基：《苏维埃法律上的诉讼证据理论》，王之相译，法律出版社1957年版，第92、94页。转引自张子培主编：《刑事诉讼法教程》，群众出版社1987年版，第183页。
② 《大清律例·断狱·有司决囚等第》。
③ 《大清律例·名例·犯罪事发在逃》。

疑的案件，即使囚犯不供认也无须刑讯，尽可直接定罪。到了近代，有人据此认为，"口供主义，以当事者自白为根据。中国唐律有云'赃状露验，理不可疑，虽不承引，即据状断之'（《断狱律》第八条），可见唐时尚不以口供主义为然。迨其后专重口供，讼之曲直，一凭当事者之口舌，流弊滋多"。① 在一定程度上，这种观点不无道理。宣统二年（1910年）刊印的《大清刑事诉讼法草案》第326条对此也作了相应的回应："认定事实应依证据。证据之证明力任推事自由判断。"该条立法理由是："本条第一项明揭废止口供主义，采用众证主义。按：断案不必尽据口供，已见《唐律》所谓'赃状露显，理不可疑，虽不承引，即据状断'者是也。"② 只是上述唐朝的规定在后来的明清时期被取消了，而被"鞫问刑名等项，必据犯人之招草，以定其罪"③ 的规定所代替。同时，清律又有"众证明白，即同狱成"的例外规定，但这只是对共同犯罪主犯在逃的特殊情况而言，这时可以根据同案犯的口供，确定在逃犯的罪罚，是一种缺席判决。对拘押中的犯人，不能众证定罪，一定要取得"服输供词"④。在司法上，经刑讯仍得不到囚犯口供的，在特定情况下也非绝对不能定案，如前述岳飞被秦桧刑讯案，就是在刑讯没有逼取到供述的情况下以"莫须有"罪名定案的。只是这类案件少之又少，通常还要得到皇帝的特批。

---

① （清）熊元襄：《刑事诉讼法》，安徽法学社宣统三年（1911年）版，转引自尤志安：《清末刑事司法改革研究——以中国刑事诉讼制度近代化为视角》，中国人民公安大学出版社2004年版，第132—133页。

② （清）沈家本：《大清刑事诉讼法草案》，修订法律馆宣统二年（1910年）刊印，第147页，转引自尤志安：《清末刑事司法改革研究——以中国刑事诉讼制度近代化为视角》，中国人民公安大学出版社2004年版，第142—143页。

③ 《唐明律合编》5，第699页。

④ 《大清律例·断狱·狱囚取服辩》。

（二）中国古代诉讼重视口供的主要原因

第一，在于将口供视为囚犯对案件事实的交代。"狱辞之于囚口者为款。款，诚也，言所吐者皆诚实也。"[①] 在立法者看来，口供是囚犯在审讯时亲口交代的，所以是真实的、可信的。据此，古代司法中皆"断罪必取输服供辞"[②]。第二，口供以外的所有证据均是辅助性的，其只有借助口供才能发挥证明作用。没有口供，即使其他证据确实充分，也不能定案。所以，法律不仅视"口供乃证据之王"，而且规定"无供不录案""罪从供定"。于是，古代为了满足定案的要求，在其他证据齐全，但囚犯拒不供认的情况下，法律则允许刑讯。第三，受古代客观历史条件所限，在绝大部分情况下，如果囚犯不供认，凭借司法机关自身的力量很难将案件全部的事实查清。即使查清了案件事实，但若囚犯否认，则仍存在主要证据欠缺的问题。因为，在古代统治者的眼中，囚犯对自己所实施的犯罪过程最为清楚，而"罪从供定，犯供最关重要"[③]。囚犯不供，自然不具备定案条件。第四，在中国古代，民众尚无民主意识，世代自给自足的农业生活使其基本固定生活在一定的范围，与外界的交流有限，被奴役的社会地位使其养成了服从和守法的习惯，长期儒家思想的熏陶使其更知道三纲五常的重要，民众单纯而朴实的性格也由此形成。这一切，为古代统治者"口供至上"奠定了坚实的基础。第五，中国古代"口供至上"的价值主要体现在定案而非对证据的收集，更不在于今天意义上的破案。即在其他证据均已具备的情况下，口供这种特殊证据具有印证其他证据的作用。如同所有的物证不具有单独证据价值，必须借助人证才能发挥证明作用一样，人证需要借助口供才能发挥证据证明的作用。

---

① 《资治通鉴》，中华书局1956年版，第6474页。
② 《清史稿刑法志注解》，法律出版社1957年版，第108页。
③ 《折狱龟鉴补·草供未可全信》。

由于口供直接关系到所有证据能否定案，正是从这个意义上，我们说较之其他证据，口供是至上的。

（三）"口供至上"应明确的几个问题

1. 口供至上的不足

从逻辑上看，中国古代口供至上的认识至少有两点缺憾：第一，当时对口供含义的理解不尽全面。口供本来具有两重含义，一是对犯罪的供认，具有对涉案行为供述并承认案件事实的性质；二是对指控的辩解和反驳，具有辩护的性质。但是，中国古代的口供不同于现代诉讼意义上的口供，其专指囚犯对指控案件事实的承认，而不包括囚犯对指控事实的辩解和反驳，因而口供又被称为"守实"。于是，口供便仅仅成了囚犯对于发问负有的绝对回答的义务形式，而不是辩解权利行使的结果。第二，口供至上这种逻辑忽略了这样一个事实，即口供并非都是囚犯在心悦诚服的条件下作出的，如果囚犯迫于威胁或受引诱、欺骗直至刑讯而作出供述，势必只有"款服"之名，而无"诚信"之实。即使口供是囚犯在自愿的条件下作出的，囚犯所处的被追究者的特定诉讼地位，以及由此可能带来的不利后果，也不能保证排除其基于不同的动机而在供述中带有的倾向乃至虚假的成分。

2. 强调口供的重要性不等于口供是定案的唯一凭据

中国古代社会在审理案件的时候虽然注重口供，但并非将口供作为定罪量刑的唯一根据。只是近代以来，由于我们对古代刑讯的弊端一味地夸大，现代人对古代司法实践中的刑讯多有误解。早在西周时期，法官在正式判决前，除要反复考察犯人的供词外，还要广泛征求对判决的意见。《周礼·秋官司寇·司刺》载：

司刺：掌三刺、三宥、三赦之法，以赞司寇听狱讼。壹刺曰讯群臣，再刺曰讯群吏，三刺曰讯万民。壹宥曰不识，再宥曰过失，三宥曰遗忘。壹赦曰幼弱，再赦曰老旄，三赦曰蠢愚。以此三法求民情，断民中，而施上服、下服之罪，然后刑杀。

意思就是说"司刺"是专门执掌三刺、三宥、三赦的条例，辅助司寇审理狱讼的司法官。三刺：第一是征询群臣的意见，第二是征询群吏的意见，第三是征询民众的意见。三宥：第一是宽宥没有认清而错杀人的犯人，第二是宽宥过失犯罪的人，第三是宽宥因遗忘而杀人的犯人。三赦：第一赦是赦免年幼弱小的儿童；第二赦是赦免年高智昏的老人，第三赦是赦免智力低下的愚者。用这三种方法征求民众的意见，作出符合民众意愿的判决，从而用向上靠或向下靠的方法定罪量刑。法官征询各方意见后，对案件作出判决。判决十天后宣读判决书，即所谓"读鞫"。

除了上述类似的明确规定之外，在古代传统司法实践中，法官在审理案件时也并非仅看重口供，同时也重视通过物证来发现案件的真相。这里仅以北魏时期司马悦审理董毛奴被杀一案作为例证。司马悦，字庆宗，北魏时期任豫州刺史。当时，他下辖的汝南上蔡县有一个叫董毛奴的人在路上被人杀死，随身携带的五千钱也被抢走了。上蔡县县令怀疑是本地一个叫张堤的人图财害命，于是下令将其抓捕并从他家搜查出五千钱。在审问的时候，张堤开始不承认，县令便要对其进行拷打，张堤非常害怕，于是招认是他杀人并抢财。案件上报到州衙门后，司马悦查阅案件卷宗发现了不少疑点，怀疑案情不实，便传讯董毛奴的哥哥董灵之，问他说："你弟弟被杀钱被抢，凶手当时肯定慌慌张张，现场应当遗留点什么，你拾到了什么东西？"董灵之说："只捡到了一个刀鞘。"司马悦于是召集州内的工匠，叫他们传看刀鞘。其中有一个叫郭门的工匠看过刀鞘后报告说："这个刀鞘是我做的，去年卖给了同城人董及祖。"司马悦派人拘捕了董及祖，一经审讯，特别是看到刀鞘后，董及祖供认了杀人劫财的罪行。司马悦于是依法处死了董及祖[①]。

3. 各种证据证明作用的体现需要借助口供

从证据学的角度讲，证据不外乎物证和人证，但物证固有的属性决定了物证与物证之间的联系往往必须借助人证才能发挥其证明作用，不仅如此，即使是口供以外的人证，也需要借助口供，才能相互印证。如果说，今天随着科学技术的进步，口供的价值可能被科技所替代的话，那么，在科技手段发展有限的古代，口供在诉讼中的这种特殊价值则显得尤其突出。从这个意义上讲，口供在整个证据和证明过程中，具有至关重要的作用。

二、刑讯辅之

（一）"刑讯辅之"的理解

所谓"刑讯辅之"，是就其与"口供至上"的关系而言的。一方面，口供对于定案非常重要，所以，在情审无效而又不能排除人犯嫌疑的情况下就要动用刑讯，以求口供。古代强调囚犯口供重要性的初衷本是为了确保判案的正确，但是，转而也使囚犯的口供成了定案中不可或缺的最重要证据，进而导致了官方对囚犯口供的青睐，在囚犯拒不供认的情况下，刑讯作为立法和司法的必然诉讼手段应运而生了，刑讯制度也因此上升为诉讼活动的中心环节，并被合法化。另一方面，口供的主体毕竟是嫌疑人，口供的内容因此难免真真假假，就轻避重，所以，口供也需要通过其他证据予以印证。口供印证其他证据之时本身也是其他证据对自身的验证。这种相互的印证和检验同样是"刑讯辅之"的目的。因

---

① 庞朝骥:《司马悦不轻信口供》,《法治日报》2012 年 4 月 18 日。

此，刑讯因口供而起，口供是刑讯的目的的逻辑在此同样适用，而且，正是"口供至上"的逻辑导致了"刑讯辅之"的结果。

（二）古代"刑讯辅之"的根据

1. 囚犯和国家在诉讼中的不同地位决定了国家对囚犯"刑讯辅之"的必然

中国古代司法不独立，行政集立法、司法于一身，司法因此充满了专制野蛮的色彩。与之相一致，中国古代的司法官吏既是案件事实的发现者，又是提起诉讼的控告者，还是案件最终的裁决者，为了最大限度地发现和惩治犯罪，司法机关拥有充分的权力及广泛的职能。如此庞大的权力足以使司法官吏对案件无须根据证据而作有罪推定。与之相对应，囚犯基本上不享有任何诉讼权利，招供意味着人身自由将被限制或者剥夺，意味着杀头、坐牢等刑罚的制裁。因此，即使是犯了罪的囚犯也多不会一经审讯就予以供述，至于没有犯罪的，则更无供认可言。于是，定案中口供的不可或缺与办案中口供的难以取得形成一对国家与囚犯间的尖锐矛盾，而国家则以游刃有余的刑讯手段作为解决这一矛盾的最佳选择。可见，在中国古代诉讼中，囚犯只是诉讼中被国家司法机关刑讯从而发现案件事实的工具。囚犯可以辩解，但这绝非法律赋予他的权利；相反，刑讯则是囚犯必须承担的"法定义务"。随着辩解的加强，"法定义务"的履行也就更加强化。虽然有些法律的规定在客观上也似有利于囚犯，但这些法律规定的出发点是基于防止司法官吏滥用职权的考虑，而绝不是对囚犯权利的保护。[①] 法律虽然也规定，如若囚犯对判决不服，

---

① 欧洲中世纪虽然也实行纠问式诉讼，但同时还赋予了被告人一些保护自己的诉讼权利，如在法国，被告人可以聘请代理人、享有保释权等。这是与中国古代同时期所不同的。参见汪海燕：《刑事诉讼模式的演进》，中国人民公安大学出版社 2004 年版，第 366 页。

则"更为详审",但是重新审理带来的首先是对囚犯的再次拷讯。这一切说明,古代"专制制度必然具有兽性,并且和人性是不相容的"①。只是这种兽性主要是针对普通民众的。正如恩格斯在《德国农民战争》中所说:"主人可以任意把农民打死,或者把农民斩首。加洛林纳法典中的那些含有惩戒意义的篇章提到了'割耳''割鼻''剜眼''断指断手''斩首''车裂''火焚''夹火钳''四马分尸'等等,其中没有一项不被这些尊贵的老爷或保护人随心所欲地用来对付农民。"

2. "刑讯辅之"具有实效

"刑讯辅之"之所以有市场,很重要的原因在于其具有一定的实际效果。理论上讲,"刑讯辅之"是以先行情审为前提的,所以,更易为人们接受。而且,较之情审,刑讯不仅方法简单,效果也常常十分灵验,因刑讯而使案件得以最终认定的事件在史书中多有记载,这也正是刑讯得以沿用的主要理由。尽管历代统治者对于刑讯的种种弊端也有所察觉和认识,但在当时,却苦于没有更佳的方法予以替代,故只能是择其利弊继续保留,并寄希望于通过周密的法律规范、严格的司法操作以及健全的监察制度对刑讯存在的弊端予以杜绝。当然,事实上,古代的刑讯既是收集证据的方法,也是判断证据真伪的手段。此外,就统治者自身而言,刑讯之法亦不失为其随心所欲达到多重目的的一种有效手段。应当承认,这些设想和做法较之不受任何限制的滥用刑讯无疑是一种进步,但是,刑讯的性质决定了它在根本上是残酷的、野蛮的,这就注定了其是不科学的。

3. "刑讯辅之"是中国古代刑法发达在诉讼中的必然体现

从实体法和程序法关系的角度看,正是中国古代刑法的发达带动了刑讯制度的发展。马克思曾经指出:"实体法却具有本身特有的必要的

---

① 《马克思恩格斯全集》第1卷,人民出版社1956年版,第414页。

诉讼形式。例如中国法里一定有笞杖，和中世纪刑律的内容连在一起的诉讼形式一定是拷问。"① 这不仅说明，刑讯作为诉讼制度的重要组成部分，作为一种获取证据的方法，并不是中国古代所特有的，"刑讯不仅为中世纪的'司法'采用，古代希腊人和罗马人也曾采用，刑讯不仅是罗马人和希腊人，而且也是一切古代民族都采用的一种普遍的证明方法"②。"刑讯是全部形式证据制度、全部审问式诉讼程序或者侦查程序的主要杠杆"③。同时也说明，刑讯制度与刑法的联系密不可分，二者相辅相成，缺一不可，而且，刑讯制度随着刑法的发达而提升，刑讯制度反过来又推进刑法的发展。还需要注意的是，虽然西方国家在古代也都有过专制统治的历史，但时间都不及中国长，规模都不及中国大，体系都不及中国完备，关系都不及中国盘根错节。这一切，虽然使得中国因闭关自守而在民商法的发展上不及欧洲，但反过来，却又促进了中国古代刑法的高度发达。而这又需要有与之相适应的诉讼程序，刑讯制度作为与刑法配套的产物自然最突出地被反映出来，也正是因此，"英国于一百年前的上世纪（十三世纪），即颁布《大宪章》，保障人权、非经过法院审讯，对人民不得逮捕监禁，而中国却出现诏狱和廷杖"④ 的情况。然而，相对于赤裸裸的刑讯，先情审后刑讯更近人性。

---

① 《马克思恩格斯全集》第 1 卷，人民出版社 1956 年版，第 178 页。
② ［苏］安·扬·维辛斯基：《苏维埃法律上的证据理论》，王之相译，中国人民大学出版社，1956 年版，第 100—101 页。
③ ［苏］安·扬·维辛斯基：《苏维埃法律上的证据理论》，王之相译，中国人民大学出版社，1956 年版，第 100—101 页。
④ 柏杨：《中国人史纲》，山西人民出版社 2008 年版，第 549 页。

第三节

先情讯，后刑讯

由于中国古代诉讼集侦查、起诉、审判职能于一体，通常，侦查活动和审判活动是合一的，因此，侦查活动的刑讯实际上也发生在审判活动之中，相应地情审也就发生在诉讼的全过程中。

一、"情讯"的含义及价值

中国古代诉讼虽然重视口供和刑讯，但并非所有案件不分青红皂白一概刑讯之，这不仅体现在法律对刑讯条件的限制上，更体现在刑讯必须以"先情讯"为前置程序上，刑讯仅仅是情讯之后不得已的手段。古人深知，目的虽然大于手段，但手段的优劣往往直接关系到目的实现的程度。

《周礼·秋官司寇·小司寇》就有"以五刑听万民之狱讼，附于刑，用情讯之，至于旬，乃弊之"的记载，这里的"用情讯之"就是要被审讯人心服，此后历代奉行。此处的"情"具有情理、明德慎刑之意，目的是通过情讯使被讯囚犯既口服又心服。"情"在中国古代以儒家为主的传统文化中占据着重要的地位，小至人情世故，大至治国，概莫能外。我们从广为人知的《曹刿论战》中也可以清楚地看到传统中国对"情"文化重要性认识的深刻程度。春秋时期，曹刿在与鲁庄公的对话中，认为"衣食所安，弗敢专也，必以分人"不过是"小惠"，民弗从也；"牺牲玉帛，弗敢加也，必以信"不过是"小信"，神弗福也；真正"可以一战"的还是"小大之狱，虽不能察，必以情"。[1]长勺之战鲁国出兵迎战齐国，最后以弱胜强，充分证明了曹刿的判断。司法中强调情讯的重要作用自然也在情理之中。

"情"作为中国古代一种由司法机关适用的法律渊源，其内涵极其丰富，既包括国家法律、民间习惯、法律观念、道德规范、儒家经义，又包括外部客观世界存在与发展的内在逻辑，事物发展规律，与国民性相适应的社会公德、职业道德、家庭美德以及人们的共同生活态度，内心情感，价值取向，还涉及具体案件的案情和法律文书的用词和行文逻辑等。"情"作为一种审案断狱的要求，具有情理、明德慎刑之意。"狱贵情断""察狱以情""狱当论情"，均是要求司法官吏在办案过程中，"尽己情察审"，并"以情恕"。因此，案件在程序适用和实体处理方面，情理就成为法律的重要精神，铺陈情理就是挖掘法律的精神。正如《名公书判清明集》"户婚门"载胡石壁判语："殊不知法意、人情，实同一体，徇人情而违法意，不可也；守法意而拂人情，亦不可也。权衡于二者之间，使上不违于法意，下不拂于人情，则通行而无弊矣。"[2]

"情讯"也即"情审"，"用情讯之"具体体现为，司法官吏在审讯囚犯时，遵循"唯差唯法"的原则，运用"五听"这一独具特色的断狱

---

① 《左传·庄公十年》。
② 《名公书判清明集》，中华书局1987年版，第311页。

制度求取案情真伪，使囚犯心悦诚服。所谓"五听"，即"五辞"，又称"五辞听狱"，源于《周礼·秋官司寇·小司寇》："以五声听狱讼，求民情。一曰辞听；二曰色听；三曰气听；四曰耳听；五曰目听。"即要求司法官吏在审讯囚犯时，注意从其言语、脸色、呼吸、听觉、眼神五个方面观察囚犯的言谈举止，了解其内心活动，从而判断口供的真伪。如有异常，则要怀疑其供述的可靠程度，并从中发现疑点，找出线索。郑玄注"观其出言，不直则烦；观其颜色，不直则赧然；观其气息，不直则喘；观其听聆，不直则惑；观其眸子瞻视，不直则眊然。"意指观察被讯问者言辞，假如是理亏，其言语便繁杂错乱没有条理；观察被讯问者的脸色，理屈则其神色也因羞惭而面红耳赤；观察被讯问者的呼吸是否均匀平稳，若理屈则呼吸喘而不顺；观察被讯问者的注意力是否集中，若虚假则心神不属，往往听不清楚别人的问话；观察被讯问者的眼神，理屈则其眼神也闪烁不定，双目无神。只有在经过情讯，并结合各种证据，认定囚犯作案嫌疑甚大，但其仍不肯供述的情况下，方可刑讯。"五听"是通过观察被讯问人的面部表情，分析其心理活动，从而判断其陈述是否真实的审讯方式。"五听"审讯方式，较之最初民风淳朴，人们普遍信奉神灵、相信报应的夏商社会中的神示证据，无疑具有合理成分，对法官判明真伪具有积极作用。司法官吏根据"五听"对证据的价值和案件的事实作出的判断往往对案件的认定具有决定性的作用，这也是"五听"的断案方法贯穿于古代诉讼始终的重要原因。应该说，"五听"断狱之法既是中国古代诉讼制度的重要特点，也是中国古代司法工作的总结，大有当今审判心理学之意。

北魏"永平元年（508年）秋七月，诏尚书检枷杖大小违制之由，科其罪失。尚书令高肇，尚书仆射、清河王怿，尚书邢峦，尚书李平，尚书、江阳王继等奏曰：'臣等闻王者继天子物，为民父母，导之以德化，齐之以刑法，小大必以情，哀矜而勿喜，务于三讯五听，不以木石定狱。伏惟陛下子爱苍生，恩侔天地，疏纲改祝，仁过商后。以枷杖之非度，愍民命之或伤，爰降慈旨，广垂昭恤。虽有虞慎狱之深，汉文恻隐之至，亦未可共日而言矣。'谨案《狱官令》：诸察狱，先备五听之理，尽求情之意，又验诸证信，事多疑似，犹不首实者，然后加以拷掠"①。

唐代儒家学者贾公彦指出："以囚听犯罪附于五刑，恐有枉滥，故用情讯之，使之真实。"明代杰出学者丘浚认为："既得其罪，附于刑矣，恐其非心服也，又从而用情以讯之……其谨之又谨如此，此先王之世，天下所以无冤民也欤？"②可见"用情讯之"是为了做到心服，而心服及至于"无冤"，这是中国儒家"慎刑"思想中的一项重要内容，也正是在此意义上，"断罪必取输口供"成了中国古代司法审判的一条原则。直到明朝，"五听"仍被奉为重要的审案方式，据《明会要》记载："惠帝为太孙时，逻者获七盗。太孙目之，言于帝曰：'六人皆盗，其一非之。'讯之，果然。帝问何以知之？对曰：'《周礼》听获，色听为上，此人眸子了然，顾视端详，必非盗也。'帝喜曰：'治狱贵通经，信然。'"

二、"先情讯后刑讯"是古代刑讯的基本原则

（一）刑讯以"情讯"的无效为前提

"先情讯后刑讯"是中国古代"德主刑辅""先教后刑"等治国理念和方法在诉讼制度中的具体体现。西汉吸取秦朝"专任刑罚"且苛酷残

---

① 《魏书·刑罚志》。
② 鲁嵩岳：《慎刑宪点评》，法律出版社1998年版，第191页。

暴以致亡国的教训，汉儒董仲舒强调"大德而小刑""德主刑辅"的治国方法，把"不教而杀"斥为"逆天"。至唐朝，已形成"德礼为政教之本，刑罚为政教之用"①的法律规定。而这一切，无不反映在当时"先情讯后刑讯"的刑讯制度之中，刑讯只有在情讯无效的情况下方可实施。

从程序的角度看，一方面，"先情讯后刑讯"符合供述的真实必然要求程序的合理这一基本的司法逻辑。情讯较之刑讯手段显然要合乎情理，由此得出的结论也易为囚犯和社会所认可和接受。目的的达到往往要求手段和程序的正当，这是结果公正的保障。就诉讼而言，陈述的真实可靠要求手段和程序的缓和与合理，不惜任何手段虽然也能达到通过正当程序而达到的目的，但因其并非陈述人自愿而难保结论的真实，因为，当口供在除自愿以外还有其他成分时，其真实性便不得不引人怀疑。这一切决定了中国古代"先情讯后刑讯"之逻辑的必然。它既是古代刑讯的条件，也被奉为刑讯的原则。另一方面，案件涉及的其他材料需要借助"五听"才能发挥证据的作用。理论上说，从证据存在和表现形式的角度，可以把证据分为人的陈述和实物证据两类。而实物证据必须通过"五听"才能发挥其证据的作用，离开了"五听"，实物证据很难单独作为证据对案件起证明作用。而听断的基础是人的"言辞"的陈述，并且情讯较之刑讯手段更具人情和人性，由此得到的人的陈述也就因其发自自愿而更加可信。

正是由于通过"五听"而实现的情讯方式具有以上优势，其才在中国古代社会延续了几千年。对于这一点，就是后来被誉为刑法鼻祖的意大利刑事古典学派创始人贝卡里亚也不否认，其在《论犯罪与刑罚》这一著作中讲道："审查犯人就是为了了解真相。真相有时会从大部分人的

---

① 《唐律疏议·名例》。

面目表情中不期而然地流露出来，然而，如果说从一个平静人的语气、姿态和神色中很难察觉出真相的话，那么，一旦痛苦的痉挛改变了他的整个面目表情，真相也就更难流露出来。任何强暴的行为都混淆和抹杀了真假之间微小的客观差别。"①

（二）刑讯必须依法实施

中国古代，情讯是刑讯的前提条件，在没有经过情讯之前，不轻易动用刑讯。但这并不意味着，刑讯一经启动，就可以不受限制。即使是在古代，刑讯同样要在法律容许的范围内进行。这至少应该包括以下两个方面的内容：一是刑讯时要严格遵守法律对刑讯的各项规定，这是把刑讯纳入法律框架的基本要求。二是对于违反法律规定刑讯的行为人要依法追究其法律责任，这是保障合法刑讯必不可少的条件。此外，情讯与刑讯的结合也是中国古代倡导的慎刑思想在诉讼中的具体体现。刑讯是一种暴力手段，一旦施用，由此造成的不良后果是无法挽回或补救的，所以，不到万般无奈的情况下是不可以动用刑讯的。

当然，情讯与刑讯的结合还反映在刑讯一旦发现破绽，转而继续情讯的情况。对此，我们不妨通过具体案例予以说明：

清代，陈其元任南汇知县时，棉花行主姚某控告王某欠他棉花钱共计 106 个银圆，有债券、中证人、代笔人为证。姚某声称不但没有讨回欠款，反而被凶猛地殴打。陈其元首先询问了原告、中证人、代笔人，他们的陈述与状子上所写一致。随后，陈其元提审被告，被告跪在堂下，惊慌战栗，不能说话，过了好久才辩解说："实在没有欠钱。"陈其元怀疑他没有说出实情，追问："既然没有欠钱，为什么人家控告你？"王

① ［意］贝卡里亚：《论犯罪与刑罚》，黄风译，中国大百科全书出版社 1993 年版，第 33 页。

说："我纵然欠钱，何必请开烟馆的作中证人？"陈其元笑着说："你又不是贵人，开烟馆的如何作不了中证人？"王又回答："我自己会写字，怎么会请人代书？"陈其元大声呵斥道："你蓄意不良，不亲自书写，就是为了以后赖账！"差役一齐吆喝。王某伏地招供，表示愿意还钱，但却泪如雨下。陈其元觉得此事蹊跷，命令将他带下堂去。

陈其元将原告叫到堂前，问道："你的债券为什么不叫王亲笔书写？"回答说："他自己托人代笔，我不知道。"陈其元问："这债券是他带来的，还是在你家里写的呢？"姚某犹豫了半晌回答："是在我家写的。"陈其元问："代笔人是跟他一起来的吗？"他说："不是。某甲住在村口，这天因在茶店相互劝酬饮茶，就带他到我家里写的。"陈其元故意提高声音问："是在茶店里带来的吗？"回答："是。"

当时某甲已经在堂下。陈其元命令把原告带到房门外，唤某甲到堂前。陈其元知道某甲已经听见"茶店"二字，就问他："你代替王某写债券，为何不在姚某家里，却在茶店呢？"某甲回答："这天一起在茶店吃茶，就在那里写了。"陈其元又问："你事先已经定好要作代笔人，那么纸笔都带去了吗？"回答："没有。笔是在茶店借的，纸是买的。"陈其元让人把他带到后堂，将中人某乙传进来，陈其元拍着公案说："王某并不欠钱，你与姚某将其骗到你家，逼他出券，你硬行签字作中，是何道理？"乙惶惧地说："我不过好言相劝，实在没有相逼。"陈其元问："起先在茶店已经说明，为何又到你家？"乙回答："我开烟馆，地方比较宽裕，某甲又想吸烟，因此就凑到我家来写借据，还顺便把我写成中证人。"

陈其元大笑，命令将原告、被告、代笔人一起带到堂前。陈其元告诉原告："此案我已经审理明白，你所欠不止 106 元，实际上是 318 元。"王某大惊，哭喊"冤枉！"姚某也从旁辩白，说："实是 106 元。"陈其元说:"本来嘛!债券共计三张,一张是在你家写的;一张是在茶店写的,还有一张是在某乙的烟馆写的,岂不是318元吗?现在已经呈上来一张,还有两张,可马上交来!"几个人相互看看,都吓瞪了眼。陈其元将王某释放;将姚某、某甲、某乙惩治,并荷枷游街示众。①

本案的审理虽不乏逻辑推理成分,但同时也说明,被告在纠问式诉讼模式下,迫于刑讯威逼,本已招供,但案件承审官吏根据疑点,由最初相信被告口供转而对案件产生疑虑,经过合乎情理的仔细情审,最终否定了被告最初迫于刑讯的招供。

---

① 参见(清)陈其元:《庸闲斋笔记》,中华书局1989年版,第56—58页。

合法刑讯与非法刑讯并存

囚犯的口供价值和地位的不适当提升使刑讯制度的出现自然合法化，而合法刑讯的存在就必然导致其与非法刑讯的交织并存，由此形成了中国古代刑讯制度与非法刑讯并存的状态。

一、非法刑讯因合法刑讯而生

刑讯作为中国古代司法一种特有的现象，延绵二千余年，其产生、存在和发展是与当时特定的历史条件密不可分的。受中国古代生产力发展水平、案件侦破技术、司法官吏整体办案能力以及整个民族文化教育素质所限，刑讯很自然便成了当时诉讼中逼取囚犯口供或证人证言的辅助性司法手段而为法律所肯定，随着其行之有效功能的体现又被不断予以完善。正因为如此，有学者提出："中国古代出现的冤案并不是合法刑讯本身的必然结果，相反是违反了刑讯制度的非法之刑才导致的结果。"[1] 这种观点虽然有些绝对，但却有一定道理，这也正是古代历朝认

---

① 王立民:《法律思想与法律制度》，中国政法大学出版社 2002 年版，第 151 页。

可刑讯合理并将其合法化的基础。随着刑讯被法律所规范，刑讯便有了"合法"与"非法"之分。合法刑讯即按照法律规定的方式、方法、步骤等进行的刑讯；非法刑讯是指超出法律对刑讯条件、对象、方式、方法、刑具、数量、程序等限定所实施的刑讯。理论上讲，虽然合法刑讯与非法刑讯在行为的客观表现形式上区别不大，且行为人主观上也都是故意的，但就非法刑讯造成冤假错案的情况或后果来讲，刑讯者的主观心理却有故意和过失之分。过失不具有造成冤假错案的目的，其逻辑通常是，先有非法刑讯的原因，再有冤假错案的结果。而故意具有明确的制造冤假错案的目的，其特点是，制造冤假错案是原因，非法刑讯是结果。因此，当以故意制造冤假错案为目的时，非法刑讯就成为必要条件。历史上，虽然大部分非法刑讯的后果都是由于司法官吏在刑讯过程中主观上的过失而造成，但是因故意刑讯而造成的冤假错案也不胜枚举。由于非法刑讯的副作用较大，古代历朝都予以禁止，多数朝代为此还规定了相应的惩治措施，但在司法实践中，法外刑讯终未禁止。究其原因，我们不应忽视也不容置疑的一个事实是，合法拷讯限度的规定一定是基于普通囚犯身体的最大承受能力而由法律予以确认的，然而，由于每个囚犯的身体、心理因素、涉案情况等不尽相同，所以，合法刑讯并非都能达到获取囚犯口供的目的。当合法刑讯力所不及时，突破合法刑讯的底线以及囚犯身体承受能力，加重刑讯数量或者变更刑讯手段的非法刑讯便应运而生。因为，在一般人尤其是司法官吏的眼中，合法刑讯与非法刑讯在性质上是一样的，只是程度有所不同而已。殊不知，当量的积蓄超过一定程度的时候往往会引起质的变化，而超出法定范围的刑讯与设置合法刑讯的初衷是完全相悖的，结果难免会适得其反，因刑讯而导致的冤假错案就是例证。此外，一些不合适的法律规定，也是导致非法刑讯的诱因。如前所述，宋朝初年，曾一度提高刑讯的条件，限制滥用刑讯。由于过高的要求难以贯彻始终，法律的规定渐渐流于形式，非法刑讯愈后愈滥。后来，又为了"限时勒招，催促结款"[①]，致使施用的非法酷刑更倍于以往。

由此看来，全部问题的症结不在于刑讯是合法还是非法，而在于法律既然容许刑讯，又欲将其限定在一定的范围和程度以内，这本身就是矛盾的。因为，既然法律认定刑讯本身是合法的，非法刑讯就不会因为法律的禁止而杜绝，相反，会在司法实践中花样繁多，无所不用，并不可避免地成为合法刑讯的补充，酷吏也由此而派生。既然口供是定案的主要根据，法律又容许在一定情况下刑讯，因此，刑讯合法与否并不重要，因为，二者在追求口供这一目的上是一致的，从这个意义上说，正是合法刑讯滋生了非法刑讯和酷吏，非法刑讯和酷吏是合法刑讯的必然结果。理论上试图用法律规范刑讯，并期望以制度将刑讯严格控制在法律规定的范围之内，出发点本身是好的，但这种立法大前提和逻辑上的偏差和错位，决定了其发展会走向相反的方向。

二、非法刑讯的方式

所谓非法刑讯方式，即为法律所不见或禁止，但在司法实践中逐渐出现并使用的刑讯方式。可以说，法外所用的刑讯方式五花八门，数不胜数，程度异常残酷，令人不寒而栗。对此，本书在不同部分多有涉及，这里，仅就一些朝代法律明令禁止的和在司法实践中使用的被史料记载的非法刑讯方式予以说明。

北齐除了法定的锁、枷、杻、桁等刑具外，实践中还有大镣、长锯、

---

① 《宋史·刑法志》。

剉碓、屠裂等非法刑具。自文宣帝天保六年（555年）之后，"有司折狱又皆酷，讯囚，则用车辐骆杖夹指压踝，又立之烧犁耳上，或使以臂贯烧车钉。囚不胜苦，皆诬伏"[①]。其中，"车辐骆杖"中的"骆"，系束紧之意，用车轮压杖于人身上，作为压踝夹指之用，一般用于刑讯囚犯。"立之烧犁耳"即让囚犯站在烧红的犁耳之上，与"臂贯烧车钉"相似。[②] 对此，也有其他的解释，如车辐，指组成车轮的直木；骆杖，指用以夹人的棍棒；踝，指脚跟。这些就是后来的拶指和夹棍。车钉，车轮上面穿过轴头的铁孔，意即命囚犯把臂膊穿过烧热的车钉。北周也有"有司考讯，皆依法外"[③] 的记载，"北周之末，拷问益严，捶楚之外，并有霹雳车，以威妇人"[④]。这里的霹雳车"又作礔砺车，以威妇人"，详为何物，无记载，估计是用来恐吓妇女的刑具。[⑤] 据《隋书·刑法志》记载，"前代相承，有司讯考，皆以法外。或有用大棒束杖，车辐鞵地，压踝杖栿之属，楚毒备至，多所诬伏。虽文致于法，而每有狂滥，莫能自理"[⑥]。束杖，即一捆木杖；鞵地，即皮鞋底；杖栿，用栿木制成的杖。[⑦] 此外，唐之前，不同朝代曾经有过刑讯鞭笞、械杻等多种刑讯工具同时使用的情况。

唐朝安禄山之乱后，随着以前严厉刑罚的恢复，法外刑讯的情况与日俱增。《唐会要》卷四十"君上慎恤"载，太和八年（834年）四月敕云："其天下州府，应犯轻罪人，除罪状巨蠹，法所难原者，其他过误罪

---

① 参见《历代刑法志》，群众出版社1988年版，第277页。
② 张晋藩总主编：《中国法制通史》第3卷，法律出版社1999年版，第576页。
③ 《隋书·刑法志》。
④ 陈顾远：《中国法制史》，中国书店1988年版，第255页。
⑤ 参见张晋藩总主编：《中国法制通史》第3卷，法律出版社1999年版，第619页。
⑥ 《历代刑法志》，群众出版社1988年版，第239页。
⑦ 高其迈：《隋唐刑法志注释》，法律出版社1987年版，第58页。

愆及寻常公事违犯，并宜准贞观四年十一月十七日制处分，不得鞭背。"可见，中唐以后，鞭背得以恢复使用。此外，唐朝，还出现了索元礼、周兴、来俊臣等酷吏，将非法刑讯的方式和惨烈程度发挥到了极致。

宋代是一个重视法制建设的朝代，"内外上下，一事之小，一罪之微，皆先有法以待之"。①其立法不囿于旧律，司法不限于旧制，多所变革，力求务实，是继唐之后在法制上成就最为辉煌的朝代。宋朝注重防范和治理非法刑讯，少有酷吏。但随着专制制度的不断强化，皇权必然凌驾于法律之上，从而使法律成为统治者的御用工具，导致法律秩序的紊乱。

宋朝对"拷掠之具，素有成规"，且法律明文规定以证定罪，但非法刑讯实际上超过了笞杖等实体刑。"州县不用荆子而用藤条，或用双荆合而为一，或鞭股鞭足至三五百"②，"尉职警盗，村乡争斗，惮经州县者多投尉司，尉司因此置狱，拷掠之苦，往往非法"③。官吏们常常"非理擅行，为害滋甚，用惩惨酷"④。宋雍熙元年（984年），以宋太宗亲自纠正的王元吉被"鼠弹筝"刑讯诬陷案最为有影响。真宗时，"开封府勘进士廖符，械系庭中，暴裂其背而鞫之，无状。炎暑之时，罪未见情，横罹虐罚"⑤。真宗景德四年（1007年），黄梅县尉潘义拷讯朱凝，使狱卒"以牛革巾湿而蒙其首，燥则愈急。凝不胜楚痛即自诬"⑥。仁宗时，"陇安县民诬平民五人为劫盗，尉悉执之，一人掠死，四人遂引服，其家辨于州，州不为理，悉论死"⑦，造成一桩屈打成招的诬服案。徽宗

---

① （宋）叶适：《水心集·奏议·实谋》，载《四库全书》第1164册，上海古籍出版社1987年版，第97页。
② （宋）马端临：《文献通考·刑考6》。
③ （宋）王栐：《燕翼诒谋录》，载《四库全书》第407册，上海古籍出版社1987年版，第721页。
④ 《宋大诏令集·禁约讯囚非法之具诏》，中华书局2009年版，第745页。
⑤ 《宋会要辑稿》，中华书局1957年版，第2719页。
⑥ （宋）李焘：《续资治通鉴长编》，载《四库全书》第315册，上海古籍出版社1987年版，第89页。
⑦ 《历代刑法志》，群众出版社1988年版，第352页。

重和元年（1118 年），河北西路提点刑狱虞奕进言："州县虐吏辄借杖为溜筒，用铁钳项以竹实沙而贯之，非理惨酷。"[①]至理宗朝，狱吏更"擅置狱具，非法残民，或断薪为杖，捂击手足，名曰'掉柴'；或木索并施，夹两腿，名曰'夹帮'；或缠绳于首，加以木楔，名曰'脑箍'；或反缚跪地，短竖坚木，交辫两股，令狱卒跳跃于上，谓之'超棍'，深痛骨髓，几乎殒命"。[②]

监狱里，"有饮食不充，饥饿而死者；有请求，吏卒凌虐而死者"。对于已死囚徒，则"先以病申。名曰监医，实则已死；名曰病死，实则杀之"。"天下之狱，不胜其酷"。

元朝，自元世祖时起，虽然"鞫狱之制，自有定制"。但是，非法刑讯依旧不可避免。据《新元史·刑法志》记载，元世祖时，就有"绳索法"和"去衣鞭背"的非法刑讯方法。成宗时，"州府司县官失其人，奉法不虔，受成文吏，舞弄出入，以资渔猎，愚民冒法，小有词诉，根连株累，动之千百，罪无轻重，即入监禁，百端扰害，不可胜言"。仁宗时，"傡傡之徒，不计事理虚实，欲图升进，往往锻炼成狱，反害无辜"。元朝实际存在的非法刑讯方式至少包括：（1）大披挂。关于"大披挂"元朝及后世多有提及，但却缺乏具体的记载。直至 2002 年，随着韩国学者意外发现失传多年的元代法律典籍残本《至正条格》，"大披挂"的详细内容才得以披露。残本《至正条格》条格《狱官》门"非理鞫囚"第一条所载，世祖至元九年（1272 年）文书，明确记载了"大披挂"的含义，即"将犯人枷立""上至头髻，下至两膝，绳索拴缚，四下用砖吊坠，沉苦难任"[③]。（2）"王侍郎绳索"。指阿合马专权时，专用酷吏为刑

---

① 《文献通考·刑考6》，载《四库全书》第 613 册，上海古籍出版社 1987 年版，第 716 页。
② 《历代刑法志》，群众出版社 1988 年版，第 359 页。
③ 参见张帆：《重现于世的元代法律典籍——残本〈至正条格〉》，《文史知识》2008 年第 2 期。

部官员，刑部侍郎王仪"尤号惨刻"，自创用绳索法，"能以一绳缚囚，令其遍身痛楚。若后稍重，四肢断裂"。世祖至元十九年（1282 年）阿合马被杀后，这种"非理苦虐"的刑讯方法仍未禁止。直到世祖至元二十二年（1285 年）此法才被禁止。[①]（3）跪瓷芒、碎瓦等。"外路官府，酷法虐人，有不招承者，跪于瓷芒碎瓦之上，不胜痛楚，人不能堪，罪之有无，何求不得，其余惨苛，又不止此。"[②]此法在忽必烈至元中期盛行，还有的官吏令罪囚精跪褫衣露膝于粗砖顽石之上，或于寒冰烈日之中，结果"使其人筋骨支离，不可屈伸，腿脚拳挛，不能步履"，再令狱卒时复提换，每移一处，则两膝脓血，昏迷不醒。即使得免，亦为废人。况外无拷掠之痕，内有伤残之实。甚至有因伤残死者，如平滦路乐亭县薄尉郭愈，将涉嫌妇人张阿刘用布瓦研跪两膝，又于背脊项䯋因伤身死[③]。（4）鞭背。此种刑讯方法曾被唐太宗和金海陵王下令禁断，元却在审讯时，"有司不据科条，辄因暴怒，滥用刑辟，将有罪之人，褫去衣服，笞背考讯，往往致伤人命"[④]。元世祖至元末年（1295 年），怀孟路笑薛同知，因事于刘跷背上打讫十七下，刘跷即便身死[⑤]。故元世祖令"今后似此鞫问之惨，自内而外，通行禁断，如有违犯，官吏重行治罪"[⑥]。中书省也参照执行。并且禁止"去衣鞭背"和"笞背考讯"的现象，"诸鞫狱辄以私怨暴怒，去衣鞭背者，禁之"，"违者重加其罪"。[⑦]（5）杀杀问事。即官吏在讯问中，对囚犯"杀杀击之，打及一颊，则冲损头目，以致含血满口，两颊肭肿，伤于肌肤，连月不愈。及其甚者，或打其耳际

---

① 《元典章》，中国书店 1990 年版，第 577 页。
② 《元典章》，中国书店 1990 年版，第 577—578 页。
③ 《元典章》，中华书局 1990 年版，第 578—580 页。
④ 《新元史·刑法志》。
⑤ 《元典章》，中国书店 1990 年版，第 578 页。
⑥ 《新元史·刑法志》。
⑦ 《新元史·刑法志》。

近于太阳虚怯去处，左边击，则右耳出血，右边击，则左耳出血。经日昏迷，轻则救之苏醒，痛楚之余，血气闭塞，致成聋聩"，严重者致伤人命①。（6）炮烙。炮烙本乃先秦既有的酷刑，但据《元典章》记载，元成宗大德年间（1297—1307 年），泗州天长县铜城巡检司官吏，将平人袁虎子用狱具非法拷讯，虚招杀人，及法外将当三铜钱用火烧红，放于袁虎子两腿烧烙②。巡检司本以捕盗为职责，却非法炮烙拷讯平人。

明朝，法外刑讯恶性发展，"酷吏辄用挺棍、夹棍、脑箍、烙铁，及一封书、鼠弹筝、拦马棍、燕儿飞，或灌鼻、钉指，用径寸嫩杆、不去棱节竹片，或鞭脊背、两踝致伤……"③还有拶指、夹棍、竹签、鞭等名目。

明朝非法刑讯所以盛行，固然与当时特定的历史条件有关，但同时与明初朱元璋采用酷刑也密不可分，最具代表性的当数其创造的"活剥人皮"的方式，即取沥青浇其遍体，用椎敲之，未几，举体皆脱，其皮壳俨若一人。④后来发展为"剥皮楦草"的方法，多为厂卫组织采用。"大明一朝，以剥皮始，以剥皮终，可谓始终不变；至今在绍兴戏文里和乡下人的嘴上，还偶尔可以听到'剥皮楦草'的话。"⑤《明史·刑法志》对剥皮的实例也多有记载⑥。"天启中，酷刑多，别见，不具论"⑦。

至于明朝厂卫所用刑讯方式，除为律文所载方式之外，更多的是厂卫自己擅自创制的非法刑讯方式，从见诸史料来看，这些方式至少包括打桩、干醡酒、刷洗、枭令、铲头会、称竿、抽肠、割舌、断手、肢解、

① 《元典章》，中国书店 1990 年版，第 578 页。
② 《元典章》，中国书店 1990 年版，第 579 页。
③ 《历代刑法志》，群众出版社 1988 年版，第 539 页。
④ 参见（明）夏允彝：《幸存录》下，载《明季稗史汇编》，都城琉璃厂留云居士排字本。
⑤ 鲁迅：《且介亭杂文·病后杂谈》，载《鲁迅全集》第 6 卷，人民文学出版社 2005 年版，第 172 页。
⑥ 参见《历代刑法志》，群众出版社 1988 年版，第 546 页。
⑦ 《历代刑法志》，群众出版社 1988 年版，第 548 页。

腐刑、堕指、断脊、刺心、琵琶等。其中，"打桩"，即抓到人以后，并不立即带回，先找一个空庙祠宇，将人毒打一顿；"干醉酒"，"亦曰搬罾儿，痛楚十倍官刑"，"番子即突入执讯之，无有佐让符谍，贿如数径去，少不如意，榜治之"①；"刷洗"，即将人裸置铁床，沃以沸汤，以铁刷刷去皮肉②；"枭令"，即用钩子钩背，把囚犯悬挂起来③；"铲头会"，即聚犯者数十人，掘泥埋其头，十五并列，特露其顶，用大斧削之，一削去数颗头；"称竿"，即将人绑在竹竿头上，另一头悬石头称之；"抽肠"，"亦挂架上，以钩入穀道，钩肠出，却放彼端石，尸起肠出"④。这些方式中的许多具体行刑过程虽不可考，但其残酷程度仅从其名称上就可见一斑。

清朝，超出法定刑讯的滥刑禁所不能，笞杖无度，滥用夹棍非常普遍，各地还"创造"出许多法外之刑来，举不胜举，仅清律中列举的就有小夹棍、木棒槌、连根带须竹板、木架撑执、悬吊、敲踝、针刺手指、数十斤大锁、并联枷、荆条击背、脑箍、匣床、钻笼，等等。⑤不见诸律例而在各地使用的还有什么好汉架、魁点斗、饿鬼吹箫，等等。脑箍、竹签、烙铁刑讯方式仍被擅用，且刑具规格也不一。

除了非法刑讯之外，古代也有今天意义上的变相刑讯，如让囚犯饥饿、受冻、跪地等，即使是在刑讯定型的唐朝也还有"连宵忍冻。动转有碍，食饮乖节。残酷之事，非复一途"⑥的记载。其他变相刑讯的方式还有疲劳审讯、拷讯中途差役换人等方式。变相的刑讯，虽然没有使用法外刑讯工具，但却是通过变相的刑讯方法实现刑讯的目的。其中，拷

---

① 《历代刑法志》，群众出版社 1988 年版，第 552 页。

② （明）祝允明：《野记》。

③ （明）祝允明：《野记》。

④ （明）祝允明：《野记》。

⑤ 《大清律例·断狱·故禁故勘平人》。

⑥ （宋）宋敏求：《唐大诏令集》，中华书局 2008 年版，第 471 页。

讯中途换人，是通过数人轮换进行合法的刑讯方法，使囚犯承受的刑讯力度加大，从而达到逼其供述之目的。如元朝真定路南宫县贾珍与靳留女互争土地，南宫县达鲁花赤脱因迷失、县尹庞铎、县丞蔡茗将贾珍枷收断遣，脱因迷失自行主意，五杖子换一人，将贾珍断讫三十七下，因杖疮，五日身亡①。至于其他变相刑讯的方式不外乎是通过对囚犯进行无休止的审讯或其他非暴力的方法，使其体力不支或神志不清，在此情况下，取得囚犯的口供。

三、酷吏与刑讯

（一）酷吏俨然合法化

与刑讯制度的发展相适应，中国古代各朝相继出现了一批专攻刑讯并以此为快的官吏，史称"酷吏"。酷吏本是国家官吏，但其却横行于法律之外，且以非法刑讯之"酷"而著称。中国古代刑讯制度的存在与发展，客观上促使各朝出现了一批又一批的酷吏，而酷吏反过来又加剧了刑讯的非法。

据《汉书·酷吏传》记载，早在汉朝，曾任廷尉、御史大夫的张汤，专以汉武帝的好恶处理案件，仅在处理淮南王刘安、衡山王刘赐谋反案中，就穷追株连，处死刑数万人。《汉书·杜周传》记载了汉朝的另一位酷吏廷尉、御史大夫杜周，亦善于窥测汉武帝的心思，进而以此排除异己。专以掠笞定罪的杜周之流，因为刑讯而屡次升迁，得以重用，仅由其关押入狱的二千石以上的官员不下百余人，各郡上报的案件有千余

① 《元典章》，中国书店 1990 年版，第 767 页。

件，涉案人员五六万。所以汉武帝时，酷吏刑讯断狱成风，对后世的影响颇为严重。《北齐书·酷吏传》载，北齐文宣帝时，酷吏"毕义云，专以车辐拷掠，收获甚多"。又载，尚书左丞"卢斐，性残忍……为相府刑狱参军，无问事之大小，拷掠过度"，许多人当时被打死。甚至还在严冬寒天，把犯人剥光衣服放在冰雪中冷冻，或者在盛夏暑月，把犯人赤身裸体置于烈日下暴晒，这样被残害致死的囚犯，前后有数百名之多。至武则天时期，酷吏备受重用，拷掠滥行。其中，以索元礼、周兴、来俊臣最为著名。索元礼本是武则天情夫之一薛怀义的干爹，故深得信任。为了使人犯招供，他发明内部钉满铁针的铁笼，让人犯把头伸进去。有时他还把人犯倒悬起来，在头部系上石头，让其下坠。他还创造了"脑箍"酷刑，即将铁箍套在犯人头上，然后在铁箍和头皮之间加木楔，用锤子敲打木楔，铁箍越收越紧，犯人头疼如刀劈，有的人竟死于头颅开裂、脑浆流出。酷吏来俊臣审案，"必先列枷棒于地，召囚前曰：'此是作具'。见之魂胆飞越，无不自诬之"①。《旧唐书·刑法志》载，来俊臣主持洛州牧院和皇城丽景门的刑狱时，"每鞫囚，无问轻重，多以醋灌鼻。禁地牢中，或盛至于瓮，以火圜绕炙之。兼决其粮饷，至有抽衣絮以噉之者"。在这种残酷至极的刑讯下，囚犯"战栗流汗，望风自诬"。酷吏周兴就是被来俊臣用"请君入瓮"之法逼供就范的。② 这个来俊臣，

---

① 《太平广记》卷 267。

② 《资治通鉴·唐纪·则天后天授二年》载：天授年间，有人告发"周兴与丘神绩通谋，太后命来俊臣鞫之，俊臣与兴推事对食，谓兴曰：'囚多不承，当为何法？'"兴曰："'此甚易耳！取大瓮，以炭四周炙之，令囚入中，何事不承！'俊臣索大瓮，火围如其法，因起谓兴曰：'有内状推兄，请兄入此瓮！'兴惶恐叩头伏罪。"其讲述的是，天授年间，有人告发说周兴与来子珣、丘神勣等人谋反，武则天下密诏让来俊臣逮捕周兴审问。来俊臣派人请周兴吃饭，来俊臣与周兴本是最好的朋友，人们都以为来俊臣会设法为周兴昭雪。酒席间来俊臣向周兴请教说："如果犯人不肯招供，应当用什么办法治他？"周兴说："这太容易了，把犯人装进一只大瓮里，四周用炭火煨烤，看他还能有什么事情不肯招认？"来俊臣当即派人找来大瓮，如法煨上炭火，把大瓮烧得发红，然后从容不迫地对周兴说："今天我奉密诏审问你，请君入瓮吧！"周兴吓得汗流浃背，立即叩头服罪。"请君入瓮"这一成语由此而出并被人们流传。

仅"枷"这一项刑具就被他发明出"定百脉""喘不得""突地吼""着即承""失魂胆""实同反""反是实""死猪愁""求即死""求破家"等十种令人心悸的名称。虽然这些"枷"的形状已不可考，但仅从其名称上就足以想象其残酷程度。酷吏索元礼更创"以椽关手足而转之"的"凤凰晒翅"法；"以物绊其腰，引枷向前"的"驴驹拔撅"法；"使跪捧枷，累甓其上"的"仙人献果"法；"使立高木，引枷尾向后"的"玉女登梯"法。来俊臣还根据刑讯实践总结出一套有关刑讯程序的《罗织经》，一是确定对象；二是发出密告信；三是等待对这些密告信的批示；四是根据对密告信的批示逮捕审讯告发对象；五是酷刑审讯，逼取口供；六是通过酷刑审讯，扩大涉案范围和人员；七是整理编撰口供，使其相互吻合，没有破绽①。

据《宋史·奸臣传》载，宋代的酷吏蔡雀在审理太学生虞蕃讼学官一案中，将许多受牵连的官员投入狱中，关押在一间阴暗潮湿的牢房，像对待猪狗一样对他们喂食。这样囚禁了一段时间后，再予提审，被囚者"无一事不称"。南宋初，奸臣秦桧以"莫须有"的罪名诬陷岳飞谋反，把岳飞父子逮捕，秦桧的亲信大理寺正卿万俟卨和大理寺丞罗汝楫用严刑拷讯，除使用一般的杖、鞭、夹棍等刑具之外，还施一种"披麻问，剥皮拷"的酷刑。施刑时，把岳飞脱光衣服，用涂有鳔胶的白布条缠裹在他身上，待到鳔胶凝固后，让武士用力扯下布条，皮肉会随着布条被一起撕下来，惨酷程度，甚于剥皮。

《新元史·刑法志》记载，元朝忽必烈时期，法律规定：

鞫问罪囚，笞杖枷锁，凡诸狱具已有圣旨定制。自阿合马擅权以来，专用酷吏为刑部官，谓如刑部侍郎王仪，独号惨刻，自创用绳索法，能

---

① 柏杨：《中国人史纲》，山西人民出版社 2008 年版，第 391—392 页。

以一索缚囚，令其遍身痛苦，若复稍重，四肢断裂，至今刑部称为王侍郎绳索。非理酷虐，莫此为甚。①

至于，当时还盛行"大披挂"之类的酷刑。据《新元史·刑法志》载，元朝后来法律规定："以大披挂及王侍郎绳索，并发外残酷之刑者，悉禁止之。"

时至明朝，酷吏所用刑讯已为律所不载，例所不见。厂卫组织的酷吏拷讯囚犯，更是为所欲为。明律以六部分类，律外辅之以例。律例并行，都具有法律效力，而例比律更灵活、更具体，在司法实际中常常以例代律。正德年间刘瑾以例乱律，变乱成法，涉及数量很多。清代查继佐在《罪惟录》中考核：刘瑾"更改先朝制令，悉事苛刻，动以微文中诸大臣，各边都御史以下，逮系无虚日，稍不如意辄荷校百五十斤门示"（荷校即枷号）。法律规定"死罪应枷"，但死罪枷重只有二十五斤，徒、流枷重二十斤，杖罪枷重十五斤②。《明律·断狱》篇的《条例》规定："凡枷号人犯，除例有正条及催征税粮，用小枷枷号，朝枷夜放外，敢有将罪轻人犯用大枷枷号伤人者，奏请降级调用；因而致死者，问发为民。"但英宗时厂卫头目王振用枷有重至一百斤的。而明武宗时，刘瑾所用大枷则重至一百五十斤，且刘瑾把大枷这种戒具变为刑具，用于常刑。负者"不数日辄死"③。刘瑾"非罪滥及良善，三四年来，枷号死者何止数千人"④。而且，刘瑾还利用武宗皇帝当时懒政，由其代替批阅奏章之权，索要官员贿赂，不服，则以枷惩治。刘瑾曾向给事中安奎和御史张彧索要贿赂，二人因没有交够数目，被刘瑾戴以重枷。刘瑾还对政敌实行恐

---

① 《元史二种·新元史》，上海古籍出版社、上海书店1989年版，第478页。
② （明）吕坤：《实政录》。
③ 《明史·刑法志》。
④ 《明武宗实录》卷66。

怖手段，将刘健、谢迁、韩文等重臣五十三人定为"奸党"，在朝堂张挂榜文，宣布"奸党"名单时，要大臣跪在金水桥南恭听。对检举告发自己的人，刘瑾将三百多名五品以下的官员关入监狱，亲自审问。公侯勋戚大臣私下见刘瑾，都要像见到皇帝那样跪拜行礼。所以，当时人们称，武宗是坐着的皇帝，刘瑾是站着的皇帝。按照《明律·断狱》规定，"凡官司决人不如法者，笞四十；因而致死者，杖一百"。而且，内外问刑衙门，用惨刻刑具拷讯人致死者，"文官发原籍为民，武官革职，随舍余食粮差操；若致死三命以上者，文官发附近，武官发边卫，各充军"[1]。可是，刘瑾非法刑讯及致受刑者死亡之事举不胜举，却从未因此受过责罚，而且其"用枷法"在其死后沿用至万历年间，并不断发展。神宗朱翊钧时造立枷，前长后短，长的一端触地，囚犯戴枷于颈，只能站而不能坐、跪，"重三百余斤，犯者立死"[2]。此后的阉党头子"（魏）忠贤领东厂，好用立枷，有重三百斤者，不数日即死，先后死者六七十人"[3]。沈德符在《万历野获编》中记道："近来厂卫多用重枷，以施御囚，其头号者，至重三百斤，为期至二月，已百无一全。而最毒则为立枷，荷此者不旬日必绝……大抵皆因罪轻情重，设为此法以毙之。或得罪禁廷，万无可活之理……凡枷未满期而死，守者掊土掩之，俟期满以请，始奏闻领埋。若值炎暑，则所存仅空骸耳。故谈者谓酷于大辟云。"刘瑾擅改刑具的同时，还随意改变刑讯方式。如廷杖，明律本无规定，只是因明太祖使用而后为厂卫所用。但成化之前廷杖并不去衣，正德以后刘瑾廷杖始去衣，以后因杖而死便常有发生。任意扩大株连范围，"凡瑾所逮捕，一家犯，邻里皆坐，或瞰河居者，以河外居民坐之。屡起大狱，冤号遍道路"[4]。从

---

① 《明会典》卷 171。
② 《明史·孙玮传》。
③ 《明史·李应升传》。
④ 《明史·宦官传》。

刘瑾在司法活动中的恣肆妄为可以窥见明朝厂卫刑讯之一斑。

讲到酷吏，脱不了干系的是衙役。衙役即衙门应役之人，分为皂隶、快役、捕役、民壮、禁卒、仵作等。其中，皂隶，即县官升堂、出巡时手持刑杖站堂、开道，审讯时充当打手之人；快役又分步快、马快，主要执行外勤任务，下乡催征地丁钱粮契税，持票传唤刑事案件以外的诉讼参与人；捕役，持票捕盗缉凶，传唤刑案人证，巡逻地方，维护治安；民壮分壮丁、壮班，正额人数最多，负责护卫官员出入，上解钱粮、饷鞘、皇木，协助快役、捕役解递人犯、巡逻护守等；禁卒，负责看守、管理犯人；仵作，负责检验命案尸伤和斗殴凶伤。据《大清会典事例·户部》载："凡衙门应役之人，除库丁、斗级、民壮仍列于齐民，其皂隶、马快、步快、小马、楚足、门子、弓兵、仵作、粮差及巡捕营番役，皆为贱民。"衙役在中国古代社会阶层中，属于贱民等级，身份卑微，社会地位低下。清初小说《连城璧》视其为"天下最贱的人，是娼、优、隶、卒"；清末小说《二十年目睹之怪现状》亦称："平民之下，还有娼、优、隶、卒。"隶、卒即指衙役中的皂隶和狱卒，他们均是刑讯的主要执行者。这里仅以皂隶为例：

由于皂隶地位低下，收入微薄，故他们刑讯时通过收取不义之财（称"杖钱"）便成为中国古代社会司法实践中司空见惯的事情。皂隶们深谙行刑奥秘，同样的刑讯方法和工具，根据不同需要，对被刑讯人身体所造成的伤残结果迥然不同，而起决定作用的就是是否收取了"杖钱"以及"杖钱"的多少。

如用夹棍，动刑之人若熟惯能事，以三木扶正，令受刑者之足，直纳孔中，左右收绳，由渐而紧，则痛虽难忍，血不奔心。若卤莽生手，受刑者才一纳足，彼便收绳，三木动摇，踝足立碎，谓之死夹棍……官府不知，以为绳新箫紧者为狠。夫棍旧绳新，两不相贴，虽收亦松。且奸皂于旧孔凿深，实以油蜡，遇肉之热，渐至熔化，故箍虽紧，而踝不受伤。[①]

在杖刑情况下，皂隶们得了银子，就会选择用旧的、光滑的、较轻软的竹板，责打时打些"出头板子"，让竹板速度最快的头部落在受刑人身体之外，或者干脆打在地上，只让速度较慢的竹板中部轻轻碰一下受刑人的身体。有趣的是，原告或者受害的一方也会向负责刑讯的皂隶贿赂银子，这就叫"倒杖钱"，目的是请求皂隶下手狠一些，让受刑人多吃苦头。由于行刑衙役、狱吏大都受过专门的训练，尤其是明朝的锦衣卫还全部受过特殊的训练，因此，他们如果从受刑人一方拿到了满意的贿赂，刑讯时就会手下留情。刑讯方式看似很重，甚至血肉横飞，实则痛苦较小，受伤较轻。如果没有行贿或者行贿不到位，则刑讯看起来很轻，皮肤也不破，实则很重。在施用刑讯杖的情况下，只需三四十杖，被刑讯者静脉血管就会寸寸断裂，肌肉组织溃烂，只有一死。显然，通常这种情况对于不同的群体是两种截然不同的结局：达官贵人网开一面，庶民百姓雪上加霜。

（二）酷吏是中国古代专制社会的必然产物

酷吏作为中国古代社会特有的怪异现象，虽无合法之名，但却行司法之实，且在法外大肆刑讯。这是与中国古代社会专制的体制分不开的。

首先，"法令不行，自上犯之"，从秦汉皇帝委派亲信滥用刑讯，到北齐首位皇帝高洋在朝堂上摆着大镬、长锯、剉碓等刑具，对不顺眼者亲自非法刑讯，再到唐、明酷吏横行，随意刑讯，以及明厂卫擅权，刑讯无度；从唐朝酷吏来俊臣以"请君入瓮"的刑讯手段完成武则天赋予

---

① （清）黄六鸿：《福惠全书》，载官箴书集成编纂委员会编：《官箴书集成》第三册，黄山书社1997年版，第340页。

的使命到武则天以酷吏之道还治酷吏之身——用"请君入瓮"的刑讯手段除掉来俊臣，再到明朝酷吏魏忠贤灭绝人性的刑讯而其终被帝王诛杀，无不如此。于是乎，上行下效，历代酷吏也因此而辈出。特别是有些帝王，自身就残酷成性，自觉不自觉地扮演着酷吏的角色，其残酷的举动往往影响整个朝代。对此，我们不妨借助台湾地区学者柏杨的记述来表达：北齐文宣帝"高洋的暴行不是孤立的，整个北齐帝国的官员，几乎全有高洋般的兽性。这个微不足道、只不过二十八年的短命政权，却拥有世界上最野蛮的刑讯方法。法官审理案件时，把耕田用的铁犁烧红，令被告赤足站在上面。或者把被告的两臂伸到车轮之中，用火炙烤。在这种酷刑之下，当然要什么口供就有什么口供"①。而明朝朱元璋则滥用廷杖。"对人权具有同等摧毁功能的，还有廷杖。廷杖，即在大庭广众之下，用木棍对罪犯拷掠（打问）。它是逼取口供的工具和追赃的工具，也是刑罚的一种。一个人如果被处罚廷杖一百以上，他所接受的即是死刑，而且是极端痛苦羞辱的死刑。在廷杖制度下，上自宰相，下至平民，没有人能维持人性的尊严"②。

其次，酷吏与帝王本身是一种相互利用的关系。专制制度决定了帝王出于政治等多方面的考虑，需要酷吏这样一种角色，将此作为达到自己目的之工具。帝王越专制越霸道，这种情况就越严重。而酷吏则基于私利卖身投靠，对上竭尽奴颜婢膝之能事，揣摩帝王的用心，对下或狐假虎威，或心狠手毒，以赢得主子的欢心为宗旨。帝王对酷吏的豢养、纵容，致使酷吏将帝王作为后台，为所欲为。于是，酷吏虽未被法律所认可，甚至否定，但其身份、地位已俨然合法化。据《旧唐书·狄仁杰传》载，唐代著名法官、宰相狄仁杰被诬告谋反，酷吏来俊臣亲自审讯，

---

① 柏杨：《中国人史纲》，山西人民出版社 2008 年版，第 354 页。
② 柏杨：《中国人史纲》，山西人民出版社 2008 年版，第 549 页。

狄仁杰被迫招认。因拟判死刑而设法喊冤。武则天因此问来俊臣是否逼供。来俊臣答:"涉案六人均保留着士大夫的巾带,受到良好对待。"武则天派人查看,来俊臣赶紧把六个人带出来洗干净,戴上巾带。后来武则天亲自召见狄仁杰时,问其当时为何承认谋反,狄仁杰说:"如不承认,早已死在枷棒之下了。"[①] 由此可见,即使是身居要位的高官,对于酷吏也奈何不得。中国古代刑讯的历史一再证明,凡是皇帝重视酷吏之时,便是非法刑讯严重、冤错案件增多之际。而试图通过酷吏和非法刑讯寻求司法公正,其结果只能是适得其反。

再次,古代高度专制的国家体制以及因此而形成的丑恶的社会现象客观上助长了非法刑讯和酷吏的产生与发展。中国古代,人们长期生活在专制高压制度之下,造成奴颜婢膝者多,刚烈正直者少。总的来说,中国古代早中期时,官吏在遇到皇帝置法于不顾时,尚敢据法力争,甚至以死谏诤,而尤以唐朝最具代表性。据《旧唐书·徐有功传》记载,曾在唐朝中央三个司法部门任职,平反冤狱数百,挽救数以万计无辜生命的徐有功讲:"我身为大理,人命关天,绝不能只图顺应皇帝的旨意来保住官位。"不仅如此,唐朝还设有专门的谏官,以从制度上保证帝王对各类问题的考虑更加全面。但自中国古代后期始,这样的官吏越来越少,俯首奉承的却越来越多。至清末,吏治腐败不可救药。不仅官吏更加贪婪残暴,"贪以朘民之脂膏,酷以干天之愤怒",而且出现了历史上不曾有的君臣间的主奴关系,大臣们以"多磕头少说话"为信条,以阿谀奉迎,因循苟且为能事[②]。贪污行贿,任用私人,以及毫不知耻的对于权势地位的买卖遍及中国。司法官员虽然缺乏律例知识,却精通贪索敛财之道,只重贿赂多少,不问案情是非,冤狱之多,民气难伸。"风气所趋,

---

① 郭建:《古代法官面面观》,上海古籍出版社 1993 年版,第 194 页。
② 转引自张晋藩:《中国法律的传统与近代转型》,法律出版社 1997 年版,第 343 页。

各省皆然。一家久诉，十家破产，一人沉冤，百人含痛，往往有纤小之案，累年不结，颠倒黑白，老死囹圄，令人闻之发指"①。这便使刑讯制度的发展和酷吏的出现如鱼得水。

事实上，就酷吏而言，既可恨又可怜。可恨一面多为人们所了解，主要是因为其充当帝王的鹰犬，心狠手毒，凶残无比，且以各种别出心裁的残酷手段刑讯囚犯，其残虐的人性得到淋漓尽致的展示。加之有帝王撑腰，更是如虎添翼，肆无忌惮。至于酷吏可怜的一面，不妨略陈一二：其一，作为帝王的鹰犬，酷吏为了生存，只能靠竭尽阿谀奉承之能事。《资治通鉴》记载的以刑讯唐朝宰相魏元忠一案而闻名的酷吏侯思止与武则天的一段对话便足以印证这一问题。侯思止目不识丁，早年靠卖烧饼为生，因告密得到武则天的赏识和提拔。后他向武则天请求当御史，武则天说："你不识字，怎么能当御史？"侯思止回答说："獬豸也不识字，却能够识别忠奸。我虽然不识字，可是我忠心除奸。"其可怜的心理及奴才相由此可见一斑。然而，人性喜爱奉承的弱点往往被这类表白所迷惑，以致视其为忠诚。武则天听后大悦，让侯思止当了朝散大夫、侍御史。当魏元忠拒绝承认谋反时，侯思止竟把魏元忠双足缚住，在地上倒拖。其二，酷吏的角色决定了其外表强悍，内心空虚，只能昧着良心，唯命是从。酷吏多不学无术，不能也不敢辨别忠奸，为了生存，更为了保全自己，不得不看风使舵，揣摩圣意，阳奉阴违，欺上瞒下。不惜一切巴结主子，满足主子，从不敢表达自己的主张，毫无尊严可言。武则天长寿二年（693年），有人上疏说岭南流放的罪犯们阴谋反叛，武则天派酷吏万国俊去处理，亲授旨意说："如果掌握了他们的谋反罪状，就地斩决。"万国俊到了广州，把那批罪人全部逮捕起来，假传圣旨说赐

---

① （清）李瀚章编纂：《足本曾文正公集》，吉林人民出版社1995年版，第378页。

他们自尽，这些犯人齐声大哭，呼喊冤枉，万国俊不由分说，不讯而诛，把三百多人带到河边依次斩首。然后编造他们的供状，呈送给武则天。

其三，酷吏只能是专制制度的牺牲品。尽管酷吏耀武扬威，仗势欺人，但其终究不过是皇帝手中的工具，其命运自然也被皇帝所操纵，而当皇帝不再需要这群走狗时，他们的下场也往往和当初被他们刑讯的囚犯一样，甚至因更加凄惨而成为人们的笑料。前述明武宗时，擅权五年之久并发明大枷的大宦官刘瑾，在当时权势倾天，可谓一人之下万人之上，号称"九千岁"，明正德四年（1509 年），因谋反罪被明武宗处以凌迟，且皇帝钦定为 4700 刀，创古代凌迟刑刀数最高纪录。据当时参与监刑的张文麟记述："凌迟刀数，例该 3357 刀，每十刀一歇，一吆喝。头一日例该先剐 357 刀，大如指甲片，在胸膛左右起。初动刀，则有血流寸许，再动刀则无血矣。至晚，押瑾顺天府宛平县寄监，释缚，瑾尚食粥两碗。反贼乃如此。次日押至东角头。先日，瑾就刑，颇言内事，以麻核桃塞口，数十刀，气绝。时方日升，在彼与同监斩御史具本奏奉圣旨，刘瑾凌迟数足，剉尸，免枭首。"[1] "受害之家，争取其肉以祭死者。剉尸，当胸一大斧，胸去数丈。逆贼之报亦惨矣"[2]。而《明史·刘瑾传》则记载"行刑之日，仇家以一钱易一脔，有得而生啖者。海内闻之，莫不踊跃相贺"。当然，对此处罚野史也多有记载。[3]

---

[1] 《明张端岩公（文麟）年谱》，转引自王永宽：《中国古代酷刑》，中州古籍出版社 1991 年版，第 7 页。

[2] 《明张端岩公（文麟）年谱》，转引自王永宽：《中国古代酷刑》，中州古籍出版社 1991 年版，第 7 页。

[3] 据野史记载，此案系皇帝钦定为 4700 刀，创古代凌迟刑刀数最高纪录。为兑现皇帝的旨意，行刑用了三天的时间。第一天为让刘瑾活受罪，基本是在皮肉上动刀，身上血肉模糊就用止血药敷上，回监后刘瑾还吃了一碗面。第二天动完刀就已经奄奄一息了，第三天基本上是在尸体上动刀了。行刑之日，围观者人山人海，为便于观看，专树一活动的横杆，将割下的肉钩在横杆一端，另端用绳子往下拉，如此割、钩、拉反复，每当钩肉的一端升起，人群中就欢呼雀跃。参见丁凌华：《中国法制史新谭》，上海人民出版社 2010 年版，第 90—91 页。

四、厂卫刑讯之评价

首先，厂卫组织是专制极端发展走向没落而又试图借助残酷恐怖的手段予以维系的畸形产物。在中国历史上，宦官干政是专制政体的派生物，多为皇权膨胀的结果。绝对的专制不仅使得皇帝对臣僚深怀疑惧，而且也因此与他们常有摩擦。明朝的绝对君主专制已发展到对传统的官僚制度不信赖的地步，皇帝集各种权力于一身却又无法依靠个人的力量运用这些权力，但又不愿意分权于臣僚，于是托权于具有很大依附性的宦官。宦官出身卑微，又是"刑余之人"，可以任意操纵，调遣方便，这样就在皇帝周围形成一个代替皇帝掌握权力的宦官集团，而宦官又需要借助锦衣卫来完成其控制刑名政事的使命，因而宦官与锦衣卫就成了皇帝驾驭官僚的得心应手的工具。皇帝要以厂卫做爪牙来剪除异己，厂卫操纵刑狱就这样适应皇权膨胀的需要而生，并且越演越烈。

明朝处于中国封建社会的后期，皇帝急需一支灵活、残暴的"别动队"，对付异己，防范民众。皇帝身边的亲信厂卫组织自然成为先锋，也使中国古代宦官当道达到顶峰。由于东厂所刺探侦讯的案件多为关系明朝朝廷安危之政治案件，因而被后人认为是具有特务性质的组织。正是因为有了皇帝做后台，有了特务的性质，厂卫才敢独擅大权，专横跋扈，私设刑堂，草菅人命，凶残狠毒胜过历史上任何一朝。东、西厂历经英宗时王振、宪宗时汪直、武宗时刘瑾以及熹宗时魏忠贤等主理厂事，依皇帝之势，权高位重，显赫嚣张，为所欲为。明末黄宗羲在《明夷待访录》一书中指出："奄宦之祸，历汉、唐、宋而相寻无已，然未有若有明之为烈也。汉、唐、宋有干与朝政之奄宦，无奉行奄宦之朝政。今夫宰相六部，朝政所以自出也。而奏章之批答，先有口传，后有票拟；天下之财赋，先内库而后太仓；天下之刑狱，先东厂而后法司；

其他无不皆然。则是宰相六部，为奄宦奉行之员而已""汉、唐、宋之奄宦，乘人主之昏，而后可以得志。有明则格局已定，牵挽相维……其祸未有若是之烈也"。明末嘉兴学者沈起堂拟撰《明书》直言："明不亡于流寇，而亡于厂卫。"此语虽不尽全面，但也确实道出了明代厂卫组织政治擅断、刑讯逼供给国家带来的巨大祸害。如果说，由于宦官易于接近皇帝，便于谗言，且因去势更易赢得帝王的信任，从而使中国古代宦官屡屡得势是中国古代政治的一大特色的话，那么，宦官擅权与特务政治的紧密结合，则是明朝封建专制国家制度的显著特点，也把中国古代的刑讯推到了顶峰。原本企图以厂卫组织来巩固其统治的明王朝，结果适得其反，貌似庞大凶残的厂卫特务机关连同明王朝一起覆灭。即使是那些曾经威赫一时的特务，最终也逃脱不了充当专制制度国家机器牺牲品的命运。更何况，特务自身的命运，也操在皇帝之手。一旦皇帝发现走狗不走，需要另换，或觉察到他们对皇权构成了威胁时，他们立即就会从权力的顶峰上摔下来，跌个粉身碎骨。明代几个大特务头子：朱祁镇时的王振，死于土木之变；朱见深时的汪直，后来由于不被信任而被赶走；朱厚照时的刘瑾以"谋反"之罪伏诛；朱翊钧时的冯保后被降斥；朱由校时的魏忠贤曾被称作"九千岁"，也在朱由检即位后被赐自杀。

其次，厂卫干预司法，破坏了国家正常的法制秩序，加速了明朝的灭亡。明朝重案的审判权由皇帝严格控制，地方官只能管辖徒刑以下案件，流刑以上重案由刑部审判，大理寺复核，都察院监督。三法司定案后仍要送皇帝批准，尤其是死刑均须复奏。但是，明朝皇权的极度膨胀造成了这样一种状况，即皇帝不再单纯依靠三法司通过审判来维护绝对的专制，而采用厂卫参加、干预司法的办法来限制三法司的权力。自朱元璋废中书省和罢相以后，逐渐形成了内阁制度。各部重大事宜须经由内阁预拟批答进呈，叫作票拟。然后再由皇帝用朱笔批红。但明中叶以后太监权重，往往代替皇帝批红或者驳回票拟。本因由内阁统管的三法司，由宦官通过批红掌握了最终裁决权。宦官由此操纵刑狱，俨然成了宰相，许多案件裁决最终取决于宦官代拟的批红。刘瑾掌司礼监时，奏章先具红揭投刘瑾，号红本，然后上通政司，号白本。因其权重，时人称为"刘皇帝"。内阁首辅李东阳在刘瑾被捕后揭露说："凡调旨撰敕，或被驳再三，或径自改窜，或持回私室，假手他人，或递出誊黄，逼令落稿，真假混淆，无从别白。"①

厂卫并非国家正式的司法机关，但其实际权力远在三法司之上，主要表现在：一是厂卫有权侦缉逮捕，还可任意刑拷、关押、审讯，集侦缉、逮捕、审讯、典狱、行刑诸柄于一身。厂卫还自设特别法庭，任意刑讯问罪，假造证据，严刑逼供之事屡见不鲜，甚至掌控皇帝交办的诏狱。凡诏狱所办的案子，由锦衣卫的北镇抚司直接奏请皇帝，不仅法司无权过问，就连锦衣卫指挥都不能过问。法司不敢干涉特务所办的案件。特务却可以干预法司的审判。二是官府会审狱案，厂卫都要派人监视，称为"听记"，并可以随时到各个官府、各城门访缉、查讯，称为"坐记"。三是宦官与法司共同审录囚犯，宦官居于法司之上。明英宗正统六年（1441 年）始，皇帝命宦官会同法司录囚。明代宗景泰六年（1455年），又命太监会同三法司审理在京刑狱。据《明史·刑法志》载，自明宪宗成化十七年（1481 年），命太监怀恩同法司录囚。之后太监参加三法司会审遂成定例。当时五年一次的大审录，实际上完全为太监所操纵。其场面是"赍敕张黄盖于大理寺，为三尺坛，（太监居）中坐，三法司左右坐，御使、郎中以下捧牍立，唯诺趋走唯谨。三法司视成案，有所出

---

① 《明史·李东阳传》。

入轻重，俱视中官意，不敢忤也"①。由于主事的宦官承命皇帝，地位特殊，所以其裁决，刑部、大理寺官员即使"洞见其情，无敢擅更一字"②，"法司不敢平反"③。对于特务横行街里，草菅人命，负责治安的五城兵马司指挥也不敢过问。明穆宗隆庆四年（1570 年），"校尉负尸出北安门，兵马指挥孙承芳见之，疑有奸，系狱鞫讯。词连内官李阳春，阳春惧，诉于帝，言尉所负非死者，出外乃死，承芳妄生事，刑校尉。帝信之，杖承芳六十，斥为民"④。

再次，厂卫二者之间是一种相互勾结、狼狈为奸的相互利用关系。明朝厂卫操纵刑狱的主体是宦官和锦衣卫。厂卫既各自独立，又在组织上互相渗透。锦衣卫的人员虽非宦官，但东厂的低级番役是从锦衣卫中精心挑选，而锦衣卫的高级官员多由宦官弟侄世袭。东厂的问刑官员由锦衣卫官员担任，据《明史·刑法志》载："东厂之属无专官，掌刑千户一，理刑百户一，亦谓之贴刑，皆卫官。"在行动上，厂卫往往同时行动，互相配合。缉访京城内外奸宄，"其东厂内臣奉敕缉访，别领官校，俱本卫差拨"⑤。廷杖时，东厂太监负责监杖，锦衣卫行刑。锦衣卫仗宦官之势，宦官借锦衣卫之力，共同拱卫皇权。"厂卫未有不相结者，狱情轻重，厂能得于内。而外廷有扞格者，卫则东西两司房访缉之，北司拷问之，锻炼周纳，始送法司。即东厂所获，亦必移镇抚再鞫，而后刑部得拟其罪。故厂势强，则卫附之，厂势稍弱，则卫反气凌其上。"⑥一般地说，东厂权力在锦衣卫之上。厂有侦伺卫的权力，卫却不能侦伺厂

① 《明史·刑法志》。
② 《明史·孙磐传》。
③ 《明史·胡献传》。
④ 《明史·舒化传》。
⑤ 《明会典》卷 228。
⑥ 《明史·刑法志》。

事。一般情况下由司礼太监统一指挥厂、卫，但厂权重于卫权。这是因为，宦官是内臣，而锦衣卫是外廷机构，虽都是皇帝的工具，但宦官是皇帝的家奴，自然深得皇帝信任，故赋予东厂高于法司及锦衣卫的司法权。卫与内阁关系较密，但宦官权重，内阁之势则轻，"阁臣反比厂为之下，而卫使无不竟趋厂门，甘为役隶矣"①。厂卫二者虽都与皇帝关系密切。但与卫相比，厂的特务更与皇帝朝夕相处。由皇帝最亲信的宦官主持诏狱最大的方便，是他可以随时向皇帝直接报告，皇帝也可随时向宦官发布命令。宦官狐假虎威，无人敢于抗拒。这就使得宦官和其领导的东厂、西厂组织的地位日益上升。自然也就擅自刑讯囚犯，而且对所捕囚犯可自行判决，法司无权干涉。宦官是帝王之虎狼，而锦衣卫是宦官之爪牙的关系也就自然形成。

黄宗羲曾说讨，因为每个统治者都有自己的私欲所在，因此往往导致后王坏前王之法，造成有法不依的后果。厂卫组织和酷吏使得明朝的司法"缉执于宦寺之门，锻炼于武夫之手，裁决于内降之旨"②。可以说，酷吏也好，厂卫也罢，都与中国古代的封建专制制度和刑讯制度有着千丝万缕的联系。反过来酷吏、厂卫又使专制更为加剧，刑讯更严重，最终加速了古代封建王朝的毁灭。然而，值得注意的是，古代酷吏虽受帝王重用，影响力颇大，但中国古代历朝对此仅予默认而终未上升为制度。而明朝的厂卫组织则被制度化，并得以不断扩展。其在司法及刑讯方面之能事则更应为我们所关注。

---

① 《明史·刑法志》。
② 《明史·刑法志》。

第五节

刑讯的一般适用与特殊性相结合

一、刑讯的一般适用与特殊性概述

所谓刑讯的一般适用，是说就一般意义而言，所有的囚犯、控告人以及证人，一旦因为案件介入诉讼，都有可能成为被刑讯的对象，而且，在上述情况下，即使是当时的达官贵人，如不具备议、请、减等条件，也难逃刑讯的厄运。这既是中国古代刑讯在适用上的主要针对所在，也是刑讯制度目的所使然。但是，中国古代刑讯制度在规定刑讯的一般适用的同时，也还基于一些特殊的考虑，就刑讯适用的特殊性予以了明确，从而形成了一般适用与特殊性相结合的中国古代刑讯制度的另一特点。

所谓刑讯适用的特殊性，是指对于某些因身份、等级、职业等方面的贵贱或差异，而在刑讯的适用上也不同的情况。这种不同既因中国古代刑讯制度主要集中于封建社会而有共性，也因古代朝代的不同而有特殊。而且，这种刑讯因人而异的情况随着刑讯制度的发展而不断得到提升，自身具有制度性。

二、刑讯适用特殊性的规定

（一）中国古代不适用刑讯的对象

中国古代，对某些特定人群是不适用刑讯的。这包括两类人员：一是享有议、请、减特权的士族官僚，二是老幼笃疾者及怀孕妇女。其中，前者是基于人的社会属性而考虑，是法律赋予社会上层沦为囚犯后的优待特权，是司法领域内法律面前人际不平等在刑讯制度上的反映。后者则是基于人的自然属性而规定，其是对老幼笃疾者及怀孕妇女应予宽赦法律文化的体现。二者均根植于儒家思想和理念，既反映了古代专制社会的等级森严，也反映了对身体有缺欠者的怜悯。对此，在之前的第二章有专门的阐述。

（二）中国古代从轻适用刑讯的情况

这种情况是指，基于恤刑这一中国古代法律文化理念，对案件中应该适用刑讯的人员或者案件的具体情况进行分析，适用较之常人较轻的刑讯方法。

1. 刑讯因受刑人的身份贵贱或者年龄等自身状况而不同

刑讯方式的法律规定往往取决于涉嫌被刑讯对象的罪行和身份。早在西周，桎、梏、拲三种刑具即递增适用于轻、中、重三类犯罪，只有对于重罪的囚犯，才同时使用这三种方式。但法律同时要求，对于有爵位的囚犯，即使重罪也只加桎，王族则只加拲。[①]不仅如此，自西周起，法律还规定了一些只适用于官吏的较轻的，后来逐渐具有了刑讯职能的刑罚。如鞭刑，西周中期的《训匜铭》有"我宜鞭汝千""宜鞭汝

---

① 参见张晋藩总主编：《中国法制通史》第 1 卷，法律出版社 1999 年版，第 340 页。

千""今大赦汝鞭汝五百"。西周中晚期的《曶鼎》铭文有："余无攸具寇，正□□不□鞭余。""鞭"即鞭刑。《尚书·舜典》："鞭作官刑"，传："以鞭为治官事之刑。"疏，《正义》曰：

> 此有鞭刑，则用鞭久矣。《周礼·条（涤）狼氏》："誓大夫曰，敢不关，鞭五百。"《左传》有鞭徒人费、圉人荦是也。子玉使鞭七人，卫侯鞭师曹三百。日来亦皆施用，大随（隋）造律，方使废之。治官事之刑者，言若于官事不治则鞭之，盖量状加之，未必有定数也。

可见鞭刑是用来治理官吏的。对此，即使是后来三国时期的史料也有记载，只是鞭杖数目的多少不可考。[1] 在古代鞭刑的刑具是革的，段玉裁《说文解字注》："殴人之鞭用革。"[2]

南朝梁时，"囚有械、木丑、斗械及钳，并立轻重大小之差，而为定制"。一般囚徒都戴，"耐罪囚八十已上，十岁以下，及孕者、盲者、侏儒当械系者，及郡国太守相、都尉、关中侯以上、亭侯以上之父母妻子，及所坐非死罪除名之罪，二千石以上非槛征者，并颂系之"[3]。

2.刑讯因民族不同而有差异

这主要反映在中国古代汉族以外民族曾分别执政的历史时期。辽代契丹人、金代女真人、元朝蒙古人以及清朝的满洲人统治期间，均以法律形式公开肯定民族间的不平等地位，维护本民族的特权。这不仅体现在实体法上对不同民族实行同罪异罚上，也体现在诉讼中实行不同的程序和刑讯方法上。特别是元朝和清朝，因统治区域广及全国，统治时间较长，不平等问题尤其严重。

元朝建立以后，推行野蛮的民族歧视和民族压迫政策，将不同民族

---

[1]　参见张晋藩总主编：《中国法制通史》第3卷，法律出版社1999年版，第157—158页。

[2]　（汉）许慎撰，（清）段玉裁注：《说文解字注》，凤凰出版社2007年版，第198页。

[3]　《隋书·刑法志》。

分为四等：第一等是蒙古人；第二等是色目人（西夏、回族、西域人）；第三等是汉人（原金统治下的北方汉人、女真、契丹人）；第四等是南人（南宋统治下的汉人和西南地区各族）。不同等级的民族之间，其政治、法律地位是截然不同的。其中，享有最高特权的自然是蒙古人，其次是色目人，地位最低的是汉人和南人。仅就诉讼的管辖、刑讯制度而言，汉人、南人犯罪属于有司管辖，蒙古人、色目人犯罪及与汉人间的诉讼则归宗正府处断。① 而且，《元史·刑法志》规定"诸蒙古人居官犯法，论罪既定，必择蒙古官断之，行杖也如之"。"诸正蒙古，除犯死罪，监禁依常法，有司毋得拷掠"②。蒙古人除犯死罪、"犯真奸盗者"或犯其他罪逃逸外，其他犯罪有司一概不得拘执，皆以理对证。犯死罪者才可羁押，但"监禁以常法"，单独关押，并"有司勿得拷掠，仍（由官府）日给饮食"。而汉人、南人犯罪，则倍受拘捕、监禁、拷打等各种折磨，并由家人提供饮食。这种不同，最终还反映在刑事责任的承担上，如蒙古人因争斗或者醉酒殴打致死汉人，只断罪出征，征烧埋银，便可以了事。汉人杀蒙古人则适用"杀人者死"的规定。③ 清朝时，满洲人的法律地位远在汉人及其他人种之上。在一般司法系统之外，还有一套专门审理满人诉讼的特定司法机关，二者的地位、权力是不平等的，一般司法机关无权审理满人案件。满、汉之间如发生诉讼，一般司法机关虽能受理，但无权对满人做出判决，而需将口供及审拟意见转送承审满人的特定司法机关，听凭处治。不仅如此，满人即使犯罪也不入普通监狱，一般满人入待遇较好的内务府特设监狱，宗室贵族入宗人府空房。由此便足以折射出满人在刑讯上的特权。而且，即使有些案件需要对满人刑讯，

---

① 参见瞿同祖：《瞿同祖法学论著集》，中国政法大学出版社 1998 年版，第 269—270 页。
② 《元史·刑法志》。
③ 参见瞿同祖：《瞿同祖法学论著集》，中国政法大学出版社 1998 年版，第 270 页。

也需经过特定司法机关会同刑部共同进行等复杂程序。

但是，就古代刑讯制度总体讲，在汉族执掌政权的朝代，刑讯制度较之少数民族当政各代详尽完备。这主要是因为，古代汉族执掌朝政的时间要较其他民族长，而且，每当刑讯制度得以整体充实之时均是汉族当政相对稳定、规模相对宏大之际。少数民族当政时，虽也不乏对刑讯制度的新举，但更多的是对已有刑讯的补充，特别是对刑讯的限制。

3. 对特定职业的人员刑讯的适用由特定司法机构决定

对特定职业的人员通过设立专门管辖的方式转由特定司法机构审理，于是，这些人员刑讯的适用也完全转由特定司法机构决定。这主要体现在对军人案件的审理上。宋代时军人犯法案子有专门机关管辖。神宗熙宁二年（1069 年）九月，依审刑院建议，规定：诸州军人犯罪，"仰逐处具所犯申本路经略安抚或总管钤辖司详酌情理，法外断遣"①。如果是军人和百姓斗讼案件，则由军、民双方机关共同审理。军人犯重罪需要上奏时，也只能由枢密院参酌审定，进奏取旨。大中祥符五年（1012 年）五月诏天下诸路部置司科断军人大辟案，"自今具犯名上枢密院，复奏以闻"②。

《大元通制》规定，凡属军人、军户的一般刑民案件，归军方审问；重大刑事案件，归普通司法机关审理。但是，普通司法机关审理案件，"事关蒙古军者"，必须与军方约同会审。明朝对军民也实行不同的诉讼制度。《大明律·刑律·诉讼》"军民约会词讼"条中规定："凡军官、军人有犯人命，管军衙门约会有司检验归问。若奸盗、诈伪、户婚、田土、斗殴，与民相干事务，必须一体约问。与民不相干者，从本管军职衙门

---

① 《宋会要辑稿·刑法》7 之 16。
② （宋）李焘：《续资治通鉴长编》卷 77。

自行追问。其有佔各不发，首领官吏各笞五十。若管军官，越分辄受民讼者，罪亦如之。"明朝实行世袭兵制，军人编成军户，部分训练征战，部分屯田耕种。军民诉讼皆由下而上陈告。对于民间户婚、田土、斗殴、相争等小事，必须先由乡里里甲断决，若属奸盗、诈伪、人命等重案，才"允许赴官陈告"。各地驻军军人之间发生奸盗、诈伪、户婚、田土、斗殴纠纷，分别由各所镇抚、卫镇抚司、省都指挥使司断事司审理。但人命案件则会同当地司法机关进行勘验、审理。军民交叉诉讼，也由军事机构与当地司法官员会同审理。军人按照五军都督府—三法司顺序；平民按照县—府（州）—三法司顺序逐级进行诉讼。

第六节

刑讯实施，顺天适时

一、司法中的顺应时令被引入刑讯

如前所述，根据《礼记·月令》的记载，早在西周时期，带有惩罚性的诉讼行为通常被安排在秋冬进行。在春夏之时，应"命有司省囹圄，去桎梏，毋肆掠，止狱讼"。只有至孟秋之月，方可动刑。《礼记·月令》曰："孟秋之月……凉风至，白露降，寒蝉鸣，鹰乃祭鸟，用始行戮……是月也，命有司修法制，缮囹圄，具桎梏，禁止奸，慎罪邪，务搏执；命理瞻伤，察创，视折，审断，决狱讼，必端平，戮有罪，严断刑。天地始肃，不可以赢。"① 在当时的人们看来，如果刑狱之事放在春夏进行，便会出现"其国大水，寒气总至，寇戎来征"的灾异后果。反过来，如果秋冬季节当理刑狱而不理，反去从事生产教化事务，即孟秋行春令，则会出现"其国乃旱，阳气复还，五谷无实"② 的后果。

---

① 此段话的疏解，参见（清）孙希旦:《礼记集解》，文史哲出版社 1972 年版，第 425—426 页。

② 《礼记·月令》。

"仲春之月，……毋肆掠"的规定。这主要是基于在此季节，万物萌生、勃发，动刑有悖天道的考虑。这一制度与后来各朝相继发展形成的"禁杀日""禁刑日""断屠月"，乃至清朝的"秋审""朝审"制度实际上是一脉相承的。以唐律为例，所谓"断屠月"，即我国佛教规定不准杀生的五月、九月和正月；所谓"禁杀日"，指每月的"十斋日"，后亦称"十直日"，即一、八、十四、十五、十八、二十三、二十四、二十八、二十九、三十日。唐武宗初颁诏："自今以后，每年正月、五月、九月，每月十斋日并不得行刑，所在公私宜断屠钓。"至德二年又敕："三长斋月并十斋日，并宜断屠钓，永为常式。"[1] 若与"断屠月""禁杀日"而决者，各杖六十。此外，唐朝还规定，在大祭祀、朔望、二十四节气、雨未清、夜未明等期间，都不能执行死刑。所谓"禁刑日"，如《元典章》载，元朝每年五月初四和八月二十三日为法定"禁刑日"，在这两天内，不得审讯囚犯和断决人罪，违者，量情"杖决之"[2]。既然不得审讯囚犯，刑讯自然也就不存在了。当然，西周"仲春之月"以外刑讯与不误农时也有一定的关系。因为秋冬一般为农闲，此时行刑不致耽误农业生产。而仲春之月正是农忙时节，动用刑讯，则可能耽误农时。因案件有时牵连许多证人，而"以盛夏征召农人，拘对考验，连滞无已"[3]。这样，才不致"上逆时气，下伤农业"[4]。现今也有学者认为，西周"仲春之月，……毋肆掠"的规定，意即仲春之月由于是农忙时节，不能使用刑讯的方法，以保障当事人不误农时。但若单纯认为西周以及后世关于刑讯和刑罚的规定仅仅是

---

① 《唐会要》。
② 《元典章·刑部·违例》。
③ 《后汉书·鲁恭传》。
④ 《后汉书·鲁恭传》。

基于对农忙时节的考虑，而置古代阴阳五行理论于不顾，则也是值得商榷的。[1]

二、刑讯顺应时令的根据和制度形成

将季节与用刑关联起来，在儒家经典中由来已久。《左传·襄公二十六年》中即有"赏以春夏，刑以秋冬"的说法。《周礼》《吕氏春秋》《大戴礼记》与《礼记·月令》均有记载。这反映了春秋时期人们的这一认识。秋冬行刑的主张不仅反映在思想领域，也反映在实践之中，刑讯和刑罚顺应时令不过是这种思想在司法领域的具体体现而已。在其他司法机构的设置及诉讼行为的实施上同样都反映着这种思想。如《周礼》记载，周代分六官进行治理，分别按天、地、春、夏、秋、冬命名，即天官冢宰，总揽朝政；地官司徒，掌教化；春官宗伯，掌礼仪；夏官司马，掌征伐；秋官司寇，掌刑狱；冬官考工纪，掌百工。将"司寇"称为秋官，表明了其职务的行使与秋天的万木肃杀有密切的联系和一致性。

这种适时行刑制度源于周朝的"协日刑杀"[2]。与此同理，先秦阴阳家有"赏以春夏，刑以秋冬"的学说，汉代桓宽也有"春夏生长，利以行仁。秋冬杀藏，利以施刑"[3]的主张，均是其存在的理论根据。随着西汉董仲舒"德主刑辅"治国思想的提出，情况发生了根本改观。汉儒改造了奴隶制社会的"天罚"观，提出了"天人合一"的学说，"天子受命于天，诸侯受命于天子"。将帝王鼓吹为"天之子"，是"奉天承运"，代

---

① 参见叶青主编：《诉讼证据法学》，北京大学出版社 2006 年版，第 23 页。

② 《周礼·秋官司寇》郑注："协日刑杀，协，合也，和也。和合支干善日，若今时望后利日也。"

③ 《盐铁论·论灾》。

表"天意"来统治人间的。因此，帝王之言为天下法，必须服从。与此同时，他们又将阴阳五行观念纳入了法律之中，推出依据四时运行的规律来实行赏罚，宣称春夏为阳，秋冬为阴，阳主生，阴主杀，所以应当秋冬用刑，以顺天适时，否则，阴阳不和，干扰天道，给社会带来灾难。这一理论为古代历朝统治者所接受，刑讯虽不是惩罚但毕竟具有暴力的成分和性质，往往伴有依据天道的成分也就在情理之中。

在中国传统的阴阳思想文化中，阴具有静、重、柔、冷、暗，阳具有动、轻、刚、热、明的属性，二者交合生成万物，二者消长形成四季，所以自然宇宙、万事万物无不以时令体现其属性。

由阴阳思想衍化出的司法则时说，在先秦时就有明确反映。战国末秦国丞相吕不韦主持编著的《吕氏春秋》中的"十二纪"就是以阴阳五行为指导，阐明了四季十二月的自然现象与休养生息、发布政令的关系。如《孟春》《仲春》《季春》三篇专谈养生，《孟夏》《仲夏》《季夏》三篇论宽厚施教，《孟秋》《仲秋》《季秋》的主旨则是惩治罪恶，征伐不义。汉初黄老学派的代表作《淮南子》对其做了进一步的阐发：正月……仲春之月，……命有司省囹圄，去桎梏，毋笞掠，止狱讼。三月……孟夏之月，……决小罪，断薄刑。四月……仲夏之月，挺重囚，益其食。六月……孟秋之月……求不孝不悌，戮暴傲悍而罚之，以助损气。……命有司修法制，缮囹圄，禁奸塞邪，审决狱，平辞讼。七月……仲秋之月，……命有司申严百刑，斩杀必当，无或枉挠。决狱不当，反受其殃。八月……季秋之月，……乃趋狱刑，毋留有罪。九月……孟冬之月，……命有司修群禁，禁外徙，闭门闾，大搜客。断刑罚，杀当罪，阿上乱法者诛。十月……仲冬之月，……急捕盗贼，诛淫泆诈伪之人。十二月……其令曰：审用法，诛必辜，备盗贼，禁奸邪。

在上述"四时寒暑，十二月常法"中，除季春二月与季夏五月外，其余每月都与决狱、处刑、理囚有关。总体上是春夏之际，应当停止狱讼，释放重囚，解除刑具，修缮囹圄，以应合生养万物的时气。秋冬之际，应当申严百刑，公平决狱，从快处断，急捕盗贼，诛杀阿上乱法者，以顺应万物肃杀的季节。①

汉中期，这种阴阳时令思想被儒家董仲舒加以更形象的论述，董仲舒在《春秋繁露·王道通三》中，详细论述了春夏主生养，秋冬主杀伐的自然宇宙观：

> 人生于天而取化于天，喜气取诸春，乐气取诸夏，怒气取诸秋，哀气取诸冬，四气之心也。四肢之答各有所处，如四时；寒暑不可移，若肢体。肢体移易其处，谓之壬人；寒暑移易其处，谓之败岁；喜怒移易其处，谓之乱世。明王正喜以当春，正怒以当秋，正乐以当夏，正哀以当冬……是故春气暖者。天之所以爱而生之；秋气清者，天之所以严而成之；夏气温者，天之所以乐而养之；冬气寒者，天之所以哀而藏之……故四时之行……阴阳之理，圣人之法也。阴，刑气也；阳，德气也。阴始于秋，阳始于春。

董仲舒还从"天人感应"的理论出发，应运阴阳四时来说明法和刑的理论，他提出：天有四时，王有四政……天人所同有也。庆为春，赏为夏，罚为秋，刑为冬。庆、赏、罚、刑与春、夏、秋、冬以类相应。② 因为，春季气候温和，草木萌生，夏季炎热，万物茂盛，适宜于赏庆之类的活动；而秋季天气转凉，草木凋零，有肃杀之气，冬季寒冷，万物隐蔽蓄藏，正乃施刑之际。所以，"春者天之所以生也，仁者君之所以爱

---

① 张晋藩总主编：《中国法制通史》第 2 卷，法律出版社 1999 年版，第 210—211 页。
② "天之道，春暖以生，夏暑以养，秋清以杀，冬寒以藏，暖暑清藏，异气而同功，皆天之所以成岁也……庆为春，赏为夏，罚为秋，刑为冬，庆赏罚刑之不可不具也，如春夏秋冬之不可不备也。"参见《春秋繁露·四时之副》。

也，夏者天之所以长也，德者君之所以养也，霜者天之所以杀也，刑者君之所以罚也。由此言之，天人之征，古今之道也"①。

董仲舒的这段论述，逻辑关系十分严谨。他首先将人类的喜怒哀乐四气与自然界的春夏秋冬四季结合，其次将人体四肢的不可移易与四季时令的规律运行相比，阐述暖、清、温、寒四气所蕴含着的人类情感与社会统治方式，最后将刑德比作阴阳，阴始于秋，阳始于春，秋冬行刑的结论不言而喻。从而使司法则时说获得了理论的支持。因此，中国自汉武帝起，便实行立春之后不得刑杀，只有秋冬可以刑杀的"刑忌"制度。

三、司法择时法律制度的几个问题

其一，司法则时被普遍遵守。汉中期，秋冬行刑的思想更加深入人心，纵是酷吏也不敢违制行刑。武帝元狩四年（前 119 年）九月，广平都尉王温舒调任河内太守，到任后即行捕治郡中豪猾，决狱行刑，"大者至族，小者乃死"，以至郡中血流十余里。行刑持续到十二月底，郡中已"无犬吠之盗"。次年立春，照例停刑，王温舒顿足叹道："嗟乎，令冬月益展一月，卒吾事矣！"②意谓如果冬季再延长一个月，就能将罪人盗贼全部杀完。由此可见，当时的行刑期为季秋九月至立春正月。又据《汉书·刘向传》记载：

上复兴神仙方术之事，而淮南有枕中《鸿宝苑秘书》。书言神仙使鬼

---

① 《汉书·董仲舒传》。
② 《汉书·酷吏传》。

物为金之术，及邹衍重道延命方，世人莫见，而更生父德武帝时治淮南狱得其书。更生幼而读诵，以为奇，献之，言黄金可成。上令典尚方铸作事，费甚多，方不验。上乃下更生吏，吏劾更生铸伪黄金，系当死。更生兄阳城侯安民上书，入国户半，赎更生罪。上亦奇其材，得逾冬减死论。

这里的"逾冬减死论"，颜师古注引服虔曰："至春行宽大而减死罪。"以上事例，清楚地说明司法则时已经从思想观念上升为法律制度，成为汉代官吏履行司法职责时必须遵循的原则。《续汉书·百官志五》："凡郡国皆掌治民，……秋冬遣无害吏案讯诸囚，平其罪法。"证明地方官吏在处理日常政务时，秋冬审囚决狱是其基本职责之一。①

其二，依季节刑讯虽是历代同理，但也并非无一例外或者一成不变的。秦朝，行刑往往不拘泥于天时，"秦为虐政，四时行刑"。②王莽无视秋冬行刑制度，故《后汉书·邓晨传》称："王莽悖暴，盛夏而斩人，此天亡之时也。"一些朝代有时也根据形势的需要或特定的情况进行调整，如《后汉书·鲁恭传》载，东汉和帝末，就"下令麦秋得案验薄刑，而州郡好以苛察为政，因此遂盛夏断狱"。据《隋书·刑法志》载："帝尝发怒，六月棒杀人。大理少卿赵绰固争曰：'季夏之月，天地成长庶类，不可以此时诛杀。'帝报曰：'六月虽曰生长，此时必有雷霆。天道既于炎阳之时震其威怒，我则天而行，有何不可？'遂杀之。"而唐以后各代，对于特别严重的死罪甚至还有"决不待时"的规定。

其三，古代对"司法时令"理论的质疑。上述"司法时令说"自汉朝立法规定后，沿用至清朝，为历代法律所肯定。但同时也遭到了一些批判，最具代表性的当数唐朝的柳宗元，他在《断刑论》中历数"司法

---

① 参见张晋藩总主编：《中国法制通史》第2卷，法律出版社1999年版，第212—213页。
② 《后汉书·陈宠传》。

时令说"之弊端，指出：自然界与人类社会本是不同性质的两码事，不应存在相互影射的问题，而且刑罚顺天适时因不能"赏罚务速"而造成司法拖延积压，有碍于劝善止恶。此外，这一做法有失司法之公正，"使犯死者自春而穷其辞，欲死不可得。贯三木，加连锁，而致之狱。更大暑者数月，痒不得搔，痹不得摇，痛不得摩，饥不得时而食，渴不得时而饮，目不得瞑，支不得舒，怨号之声，闻于里人"。客观地说，柳宗元的批评不无道理，然而，这样的主张在古代毕竟不占主流，"司法时令说"依旧被奉行如故。

· 第五章 ·

中国古代刑讯制度认识之误区

第一节

误区一：中国古代刑事司法制度的历史是一部刑讯逼供史

　　刑讯从来就不是获取证据、审理案件的最好方式，它只是特定历史背景和条件下，不得已而采取的一种可能不利于案件诉讼参与人的身体但却不致危及统治者统治的无奈选择。其对人身的侵害和可能造成的损失，即使是常人也是十分清楚的，更不要说中国古代历朝统治者。所以，古代历朝都对刑讯严格规范，力图将刑讯控制在人体能够承受的范围内和法律的框架内，以防非法刑讯的发生。只是近现代以来，人们出于对现实司法的歌颂、赞美等多种考虑，而不恰当地夸大了中国古代刑讯制度在诉讼中的地位和作用，甚至将古代诉讼中不得已而为之的刑讯方式渲染为古代诉讼中必经的审案方式，而且为官方所认可，以致以讹传讹，使谬误终成"真理"。

　　早在清末，孙中山就指出："在中国任何社会阶层都无司法可言……地方行政官和法官的存在只是为了自己发财致富和养肥他们的顶头上司、直至皇室自身。民事诉讼是公开的贿赂竞赛；刑事诉讼程序只不过是受刑的代名词——没有任何预审——对被告进行不可名状的、难以忍受的严刑拷打。"[①] 而且，封建专制社会"严刑取供，狱多庾毙，宁枉勿纵，多

------

① 孙中山：《中国之司法改革》，载陈旭麓等主编：《孙中山集外集》，上海人民出版社 1990 年版，第 7 页。

杀示威，是谓尚残刑"①。"苛暴残酷，义无取焉"②。应该说，作为政治家，基于对刑讯的废除，针对封建社会腐败横行，滥用刑讯，导致冤狱丛生的情况作这样原则的表述是可以理解的，但从法学的角度看，将古代刑事诉讼的程序作这样的表述则大有商榷的余地。且这样的结论对于后世影响颇深。"刑讯逼供成为封建时期各国刑事诉讼中普遍采用的方式。同时封建社会的专制统治在司法制度中表现为司法专横、漠视人权，因而刑讯逼供盛行……与倚重被告人口供相联系，刑讯逼供在我国封建诉讼制度中一直是合法的取供手段……尽管刑讯逼供制度化、法律化，亦有程度上的限制，但因司法专横所致，法外用刑司空见惯，手段更加残酷，无辜者被屈打成招。"③中国"古代司法活动的过程，从形式到内容，突出的是个'审'字，倚重的是个'讯'（刑讯）字，中心是个'供'字，追求的是个'罚'字。其基本目的就是借助官衙暴虐的拷讯制度，将先前的告发变换成被告人屈打成招的'供述'，已取得告发'坐实'的结果，为实施惩罚铺平道路"④。中国"延续数千年的司法传统：……审判方式是严刑拷打、套取口供"，"自古以来……被告的口供一向被视为首要的证据。因此，被告一经收监，都要经受严刑拷打，以获取口供"⑤。"中国古代封建社会实行的是纠问式诉讼，被告人是被纠问的客体，是一个被拷问的对象和供词的提供者，被告人被先入为主地推定为有罪。'断罪必须取输服供词'，'罪从供定，犯供最关紧要'等证据规定导致刑讯逼供

① 孙中山：《致港督卜力书》，《孙中山全集》第1卷，中华书局1982年版，第192页。
② 孙中山：《令内务司法两部通饬所属禁止刑讯文》，《孙中山全集》第2卷，中华书局1982年版，第157页。
③ 李忠诚：《简论反对刑讯逼供》，载陈光中主编：《沉默权问题研究——兼论如何遏制刑讯逼供》，中国人民公安大学出版社2002年版，第303—304页。
④ 方立新：《传统与超越——中国司法变革源流》，法律出版社2006年版，第13页。
⑤ 方立新：《传统与超越——中国司法变革源流》，法律出版社2006年版，第37—38、44—45页。

的盛行与合法化……中国古代刑事司法制度的历史可以说是一部重口供的刑讯逼供史"①。"刑讯在秦代已成为法定的必经程序……封建社会的司法官吏坐堂问案时，大堂上都摆有刑具，都要进行拷问"②。"我国刑事司法传统中一直保留有刑讯的陋习。即使反映历史上最受民众推崇的公正廉明的'包青天'的影视片，也堂而皇之地对不肯老实招供的刑事被告高呼'大刑伺候'，动用肉刑以逼供，这是根植于法律文化中的肿瘤"③。"在中国古代的法律中刑讯是合法的，法律认可刑讯并明确规定刑讯的方式和器材，重刑传统历史悠久。"④为正本清源，笔者拟从以下几个方面予以说明。

一、中国古代对刑讯的质疑和反对

（一）从理论上阐述刑讯的弊端

如同"神示证据"是无可奈何的证明方法一样，刑讯同样是无奈之举，故古代历朝对刑讯从法律上严加限制。而且，古代朝廷中的有识之士，也多陈刑讯之危害，主张限制或废除之。

早在秦朝，统治者就意识到，刑讯不是最好的审理案件的方法，通过刑讯所得到的口供并不可靠，唯有人犯自觉自愿所作的陈述才是最好

---

① 卫跃宁：《沉默权制度的建立于刑讯逼供的遏制》，载陈光中主编：《沉默权问题研究——兼论如何遏制刑讯逼供》，中国人民公安大学出版社 2002 年版，第 137 页。

② 卞建林主编：《刑事诉讼法学》，法律出版社 1997 年版，第 25 页。

③ 周伟：《犯罪嫌疑人不供述又如何？——关于沉默权与刑讯逼供的思辨》，载陈光中主编：《沉默权问题研究——兼论如何遏制刑讯逼供》，中国人民公安大学出版社 2002 年版，第 61 页。

④ 吴光皎：《刑讯逼供的产生原因及预防措施》，载陈光中主编：《沉默权问题研究——兼论如何遏制刑讯逼供》，中国人民公安大学出版社 2002 年版，第 429 页。

的证据。《睡虎地秦墓竹简·封珍式·治狱》中即有"治狱，能以书从迹其言，毋治（笞）谅（掠）而得人请（情）为上；治（笞）谅（掠）为下；有恐为败"①的记载。可见，当时根据审讯是否动用刑讯而把审讯效果分为"上""下""败"三类。"能以书从迹其言，毋笞掠而得人情为上。"书，记录；从迹，追查。即审理刑事案件，能够根据记录的口供直接查明犯罪事实，不用拷打而察得犯罪真情的，是最好的；"笞掠为下"，意思是审讯时动用刑具，才弄清案情的，乃"低劣"之下策；"有恐为败"，即通过采取恐吓的手段进行审讯，不论是否得到案件真情，乃被视为审讯的失败。这种"上、下、败"的理论说明，秦律虽然在法律中肯定了诉讼中刑讯的方法，但其并不认为刑讯是唯一的、最好的审讯方法。而且，在一般情况下，官方也是不主张不提倡用刑讯逼供的。所以，秦律只是对刑讯的情况做出了规定，而对于刑讯的方法、具体刑具、用刑的程度等均未作规定。当然，另一方面，这与秦朝横征暴敛，严刑峻法，导致统治时间过短，法制不健全也是分不开的。

汉朝统治者不仅意识到了刑讯的危害，而且更有官吏呼吁，皇帝颁诏，试图遏制刑讯的残酷和无度。这其中当数公元前 67 年，自幼学习法律，深通律令，小狱吏出身，后任廷尉史的路温舒在给西汉宣帝的上书中，对刑讯滥施的严厉揭露和抨击：

夫狱者，天下之大命也，死者不可复生，绝者不可复属。《书》曰："与其杀不辜，宁失不经。"今治狱吏则不然，上下相驱，以刻为明；深者获公名，平者多后患。故治狱之吏皆欲人死，非憎人也，自安之道在人之死。是以死人之血流离于市，被刑之徒比肩而立，大辟之计岁以万

---

① "书"，记录。"从迹"，追查。"笞掠"，拷打。"恐"即恐吓人犯，"败"即失败。参见蒲坚编著：《中国古代法制丛钞》第 1 卷，光明日报出版社 2001 年版，第 82 页。

数，此仁圣之所以伤也。太平之未洽，凡以此也。

夫人情安则乐生，痛则思死，棰楚之下，何求而不得？故因人不胜痛，则饰辞以视之；吏治者利其然，则指道以明之；上奏畏却，则锻炼而周内之。盖奏当之成，虽咎繇听之，犹以为死有余辜。何则？成炼者众，文致之罪明也。是以狱吏专为深刻，残贼而亡极，偷为一切，不顾国患，此世之大贼也。故俗语曰："画地为狱，议不入；刻木为吏，期不对。"此皆疾吏之风，悲痛之辞也。故天下之患，莫深于狱；败法乱正，离亲塞道，莫甚乎治狱之吏。①

对刑讯此般深刻的认识竟源自近两千年之前的汉代，且出自一个普通官吏之口，不能不令我们感慨。中国台湾的人文大师柏杨先生在其"不为君王唱赞歌，只为苍生说人话"的代表作《中国人史纲》一书中对此曾解释道：

司法裁判，是国家大事，处死的人不能复生，砍断的手足不能复续。《书经》上说："与其杀一个无罪的人，宁可放掉一个有罪的人。"可是，今天的司法裁判，却恰恰相反。法官们上下勾结，刻薄的人，被称赞为廉明，残忍的人，被称赞为公正。主持正义、昭雪冤狱的人，却有被认为不忠贞的后患。所以，法官审讯案件，非致人于重刑不可，他对囚犯并没有私人恩怨，只是用别人的自由和生命，来保卫自己的自由和生命而已。他必须把别人陷入重刑，他才可以获得安全。于是，死囚所流的血，盈满街市。其他处刑的囚犯，更比肩相连。遇到行刑日子，每次都杀万人以上，诚感可哀。

人之常情，安乐时愿意活下去，痛苦时则求早死。苦刑拷打之下，

① 师古曰："偷，苟且也。一切，权时也"；"画狱木吏，尚不入对，况真实乎？期犹必也。议必不入对"。《汉书·路温舒传》。

要什么口供就会有什么口供。囚犯不能忍受酷刑的痛苦，只好照着问案人员的暗示，捏造自己的罪状。问案人员利用这种心理，故意把囚犯的口供引导到犯罪的陷阱。罪状既定，唯恐怕还有挑剔之处，就用种种方法，把口供修改增删，使它天衣无缝，每字每句都恰恰嵌入法律条文之中。锻炼完成之后，写成公文书，即令上帝看到，也会觉得这个囚犯死有余辜。因为陷害他的都是法律专家，显示出的罪状是太明显了。[①]

当然，时至今日，对于路温舒给西汉宣帝的上书，学者们普遍认识到，"囚犯因为受不了酷刑，只好按照司法官吏的需要编造口供；司法官吏又在口供中选择需要的内容加以引导，使口供更加完善；在上报的法律文书上，再由狱吏加以修饰使其更能自圆其说。就这种编造出来的案情去定罪判刑，就是古代善于断狱的'皋陶'，也会'以为死有余辜'[②]。

曹魏之时，一些比较开明的司法官吏，对以考讯而取得的供辞也有不同的看法。当时身为大理正的司马芝就认为："有盗官练置都厕上者，吏疑女工，收以付狱。芝曰：夫刑罪之失，失在苛暴。今赃物先得而后讯其辞，若不胜掠，或至诬服。诬服之情，不可以折狱。"[③]司马芝认为若被告人"不胜掠"，就必然自诬服，所以刑讯逼供是导致冤假错案的一个重要原因，并不是祥刑折狱的好办法。

西晋时，为将刑讯控制在法律范围之内，曾注释过晋律的张斐在《注律表》中说，主张审判中，应最大限度地发挥情讯的作用，用"五听"的方法，对当事人察言观色，考察其细微动作表现，通过对其心理的揣摩，来取舍、判断证据。

---

① 柏杨：《中国人史纲》，中国友谊出版公司1998年版，第290页。

② 栗劲：《刑讯考》，《吉林大学学报》（社会科学版）1979年第4期。

③ 《三国志·魏书·司马芝传》。

夫刑者，司理之官；理者，求情之机；情者，心神之使。心感则情动于中，而形于言，畅于四支（肢），发于事业。是故奸人心愧而面赤，内怖而色夺。论罪者务本其心，审其情，精其事，近取诸身，远取诸物，然后乃可以正刑。仰手似乞，俯手似夺，捧手似谢，拟手似诉，拱臂似自首，攘臂似格斗，矜庄似威，怡悦似福，喜怒忧欢，貌在声色。奸真猛弱，候在视息。①

张斐主张审判官应从心理学的角度，通过察言观色取舍证据，判别真假，"候在视息"，征象在于考察被告人的细微动作表现。这其中虽有唯心的色彩，但相对于古代的刑讯逼供，显然是一种进步。

南北朝时，梁朝实行"测囚"之法，即将囚犯鞭笞之后令其戴上刑具站在仅容两足的土垛上。当时范泉建议"分其刻数"限定罚站时间。南梁的都官尚书周弘正支持此意见。他认为："凡大小之狱，必应以情，正言依准五听，验应虚实，岂可全凭拷掠，以判刑罪？"否则，"重械之下，危堕之上，无人不服，诬枉者多"②。南宋时，曾任过州守官的胡太初，在其《昼帘绪论·治狱篇》中讲道：

世固有畏惧监系觊欲早出而妄自诬服者矣；又有吏务速了强加拷讯逼令招认者矣；亦有长官自恃己见，妄行臆度，吏辈承顺旨意，不容不以为然者矣；不知监系最不可泛，及拷讯最不可妄加，而臆度之见最不可恃以为是也。史传所载，耳目所知，以疑似受枉而死而流而伏辜者，何可胜数！故"凡罪囚供款，必须事事着实，方可凭信。"③

北魏时司法官吏动辄使用重枷，另加缒石颈，往往伤至犯人骨头，而致罪犯诬服，孝文帝"闻而伤之乃制：非大逆有明证而不款避者，不

---

① 《晋书·刑法志》。
② 《陈书·沈洙传》。
③ 杨鸿烈：《中国法律发达史》上册，商务印书馆 1933 年版，第 582—583 页。

得大枷"①。就连隋朝，也有过一些反对刑讯的官吏。关于审案，裴政曾说过："凡推事有两，一察情，一据证，审其曲直，以定是罪。"②他在受东宫太子之命推问一起造帐案时，以情推理，既否定了自己挟私陷人，也厘清了案由。即使是金朝的世宗皇帝也认为，断案当以情求之，"捶楚之下，何求不得？奈何鞫狱者不以情求呼？"③

　　唐朝李世民统治集团吸取了隋朝刑讯逼供、滥刑滥罚的教训。魏征主张断案要以犯罪事实为根据，反对司法实践中的刑讯。据《贞观政要·公平》载：贞观十一年，魏征鉴于当时司法存在"取舍在于爱憎，轻重由乎喜怒。爱之者，罪虽重而强为之辞；恶之者，过虽小而深探其意。法无定科，任情以轻重；人有执论，疑之以阿伪。故受罚者无所控告，当官者莫敢正言。不服其心，但穷其口，欲加之罪，其无辞乎"的现象，深刻揭露司法官吏"未讯罪人，则先为之意，及其讯之，则驱而致之意"以及"不探狱之所由，生为之分，而上求人主之微旨以为制"④等种种恶劣作风，进而上书：

　　凡理狱之情，必本所犯之事以为主，不严讯，不旁求，不贵多端，以见（现）聪明，故律正其举劾之法，参伍其辞，所以求实也，非所以饰实也，但当参伍明听之耳，不使狱吏锻炼饰理成辞于手。孔子曰："古之听狱，求所以生之也；今之听狱，求所以杀之也。"故析言以破律，任案以成法，执左道以必加也……故为上者以苛为察，以功为明，以刻下为忠，以讦多为功，譬犹广革，大则大矣，裂之道也。⑤

---

① 《魏书·刑罚志》。
② 《隋书·裴政传》。
③ 《金史·刑法志》。
④ 《贞观政要·公平》。
⑤ 《贞观政要·公平》。

元代的张养浩①认为，断狱应"哀矜""存恕"，以宽大仁慈的胸怀对待罪犯，他引用曾参的话："上失其道，民散久矣。如得其情则哀矜而勿喜"，因为不少犯罪乃环境所迫，不得已而为，"饥寒切身，自非深知义理之人，不敢保其心无他，况痴痴之氓乎？为守牧者，教养之不至，穷而为盗是岂得哉"②，而刑讯恰与此相反。

明朝虽因朱元璋而再兴酷刑，但对刑讯的限制仍是君臣在司法领域关注的重要问题。明太祖、成祖、世宗、神宗等时期，刑讯与酷刑时而扩大，时而被限制乃至废除；一些官吏也对严刑拷讯予以反对。成化年间，周洪谟③就酷刑拷掠上奏宪宗："天下有司听讼，辄用夹棍等刑具，百姓不胜苦楚。请敕法司楚约：除人命、强盗、窃盗、奸犯、死罪须用严刑，其余止用鞭朴。违者风宪官录其酷暴，以备考勤。"并获准实施。在审判中极力强调注重证据的思想家是明代的丘浚。他认为，审理案件，"必备两造之辞，必合众人之听，心核其实，必审其疑"。要让被告人把话说完，"不可以盛怒临之"，"不可以严刑加之"，"输其情则真伪可得而见"。对盗窃、抢劫案，要注意收集"器杖""货财"等物证，还要"访其邻保"，"质诸亲属"，以取得证言。对田地之讼，要"严佐证、按图本"，以决曲直。他说，"盗贼之名，天下之至恶者也，一旦用以加诸其人，非真有实情显迹者，不可也。"④出于重视证据的见解，他对刑讯制度持否定态度。他认为，汉代路温舒所言"棰楚之下，何求不得"一语，

---

① 张养浩（1269—1329年），元代著名散曲家。诗、文兼擅，而以散曲著称。唐朝名相张九龄的弟弟张九皋的第 23 代孙。少年知名，19 岁被荐为东平学正，历官堂邑县尹、监察御史、翰林学士、礼部尚书、参议中书省事等。
② 《牧民忠告》。
③ 周洪谟（1421—1492年），明成化十二年升为礼部右侍郎，不久转任左侍郎，十七年升任礼部尚书，后又加任太子少保。他曾多次上书，并在皇帝面前直言实务。
④ 《大学衍义补·谨详谳之议》。

切中历代酷刑冤滥之要害。

（二）从证明和实证的角度分析刑讯的缺陷

南宋的法学家郑克认为：审理案子的关键是如何获得案情真相，而要获得案情真相，就离不开两条途径：一是"察情"；一是"据证"。

1. 审案必经两条途径：察情与据证

所谓"察情"，就是察其情理气貌。这是郑克吸收古代传统的"五声听狱"的方法，结合实际案例经验而得出的。他在《折狱龟鉴·察奸·孙长卿讯兄》中说："案奸人之慝情而作伪者，或听其声而知之，或视其色而知之，或诘其辞而知之，或讯其事而知之。盖以此四者得其情矣，故奸伪之人莫能欺也。然苟非明于察奸之术，则亦焉能与于此哉！"古代"五听"靠察言观色定罪，虽不尽准确，但也有合理的一面。郑克正是吸收其合理的一面，注意犯罪心理，并运用于实践。

所谓"据证"，就是收集与案情有关的物证，据以定罪。他反复强调物证在审案过程中的重要作用，指出"察其情状，犹涉疑似；验其物色，遂见端的。于是掩取，理无不得也"。[1] 他在《折狱龟鉴·证慝·李处厚沃尸》中又说："凡据证折狱者，不唯责问知见辞款，又当检勘其事，推验其物，以为证也。"更为可贵的是，他还注意到物证在一定程度上比证人证言的证明力更强。他在《折狱龟鉴·证慝·顾宪之放牛》中说："证以人，或容伪焉，故前后令莫能决；证以物，必得实焉，故盗者始服其罪。"同门《程颢辨钱》中又说："旁求证左，或有伪也；直取证验，斯为实也。"这种物证优于人证的思想，对于中国古代传统的证据观念是一个重大突破。

---

[1] 《折狱龟鉴·察奸·黄昌掩取》。

2. 据证与察情须兼而用之

据证和察情不能片面地仅重视一种，必须将两者结合起来，互相参照，互相补充，才能做到万无一失。郑克把察情又分为"色""辞""情"三个方面，认为三者同样也是缺一不可的，如果单靠察言观色，那么"若辞与情颇有冤枉，而迹与状稍涉疑似，岂可遽以为实哉"[①]？在《折狱龟鉴·察奸·荀攸谏叔》中他又进一步用"臆想邻人之子偷斧子"的典故来说明单靠色、辞而不验物证的危害："夫察奸者，或专以其色察之、或兼以其言察之，其色非常，人言有异，必奸诈也，但不可逆疑之耳。见其有异，见其非常，然后案之，未有不得其情者。荀逆疑之，则与意其邻之子窃铁（斧）者类矣。"在《折狱龟鉴·鞫情·胡质至官》中按曰："然则鞫情之术，或先以其色察之，或先以其辞察之，非负冤被诬市矣，乃检事验物，而曲折讯之，未有不得其情者也。"总之，在郑克的证据观里，法官决不能离开物证而只靠察言观色定案，察言观色只能为法官提供一些线索，但最终还要靠物证来决定。反之，如果单靠物证定案也是十分危险的，使用物证时也要靠"察情"来辨别真伪。他在《折狱龟鉴·释冤下·高防校布》中说："苟于情理有可疑者，虽赃证符合，亦未宜遽决。"也就是说，当物证确凿的时候，如果发现情理可疑，仍不能定断，因为"盖赃或非真，证或非实，唯以情理察之，然后不致枉滥"。"察情"与"据证"不能单独使用，正确的破案法就应该是二者兼用，郑克"尝云：'推事有两，一察情，一据证。'固当兼用之也。然证有难凭者，则不若察情，可以中其肺腑之隐；情有难见者，则不若据证，可以屈其口舌之争。两者迭用，各适所宜也"[②]。他还利用宋真宗时

---

① 《折狱龟鉴·释冤上·辛祥察色》。

② 《折狱龟鉴·证慝·韩亿示医》。

发生的一起放火案来进一步证明二者兼用的正确性：潮州一家大姓被放火，追寻踪迹，查到某家，吏捕讯之，却号冤不服，久不能决。后来，太守将此案移交给海阳令钱冶审理，钱冶经过调查，得到放火的物证，终于查出是大姓的仇家所为。郑克在按语中说："察其家号冤之情，据仇家放火之证，情理、证验灼然可见，彼安得不服乎！"①

以上郑克的物证与察情相结合、物证优于人证等主张，突破了古代传统落后的证据观念。它是通过对传统证据制度中的精华进行分析总结，特别是对宋代司法实践经验的总结中取得的进步成果，因此它也反映了宋代证据制度特别是实物证据的发展程度，并且必将对宋代证据审查与司法裁判等方面发挥重要的指导作用。

此外，为了证明刑讯逼供的危害，竟有睿智的司法官吏意识到仅凭口头或者书面的上书尚不足阻止刑讯，于是，用实证的方法予以证明，从而达到在其力所能及的范围内废除法外刑讯的目的。明朝万历年间，福建一官府中用一种名叫锡蛇，也称"锡龙""过山龙"的特殊刑讯工具对付囚犯，即用锡做成一条蛇形的二丈多长的空心管，管子上面开一大口，下面开一小口，把它盘在赤身囚犯的身上。审讯时囚犯不招认，就不间断地往锡蛇的空心里灌沸水，直到招认。②后来，大中丞刘公到此上任，看到前任使用锡蛇逼供太惨毒，想废除它，但又自知仅凭自己的命令不能从根本上杜绝刑讯，只有让衙门中的差役们切身感受到刑讯的危害才能使锡蛇这种刑讯方式得以废止。一天，刘公在书斋里看到两只老鼠巧妙配合将一盘鸡蛋偷光。刘公突发奇想，起身叫来门役，责问他为

---

① 《折狱龟鉴·释冤下·钱冶取证》。

② 关于"锡龙"，广为人知是杨乃武与葛毕氏（俗称"小白菜"）一案中，葛毕氏再审讯中就被"以铁丝烧红刺乳房，以锡龙贮满滚水浇背，受诸极刑"。参见"葛毕氏起解琐闻"，《申报》1867年4月18日。转引自陆永棣：《1877帝国司法的回光返照：晚明冤狱中的杨乃武案》，法律出版社2006年版，第4页。

什么偷了鸡蛋，门役不承认，刘公叫人把各种刑具拿过来，要用刑，门役仍然不服，口呼冤枉。这时，刘公让人取来锡蛇，要用在他身上，门役急忙跪下磕头，承认自己偷了鸡蛋。刘公这才说出老鼠偷鸡蛋的实情，并向吏役们讲明重刑之下必有奇冤的道理，宣布把原来的各种酷刑一概废除。大家都称颂刘公的德政。此外，一些亲民的官吏，还自己采取一些节制刑讯的方法，如明朝的吕坤《刑戒》便有以下方法：

五不打：老不打，幼不打，病不打，衣食不继不打，人打我不打。五轻不打：宗室莫轻打，官莫轻打，生员莫轻打，上司差人莫轻打，妇人莫轻打。五勿就打：人急勿就打，人忿勿就打，人醉勿就打，人随行远路勿就打，人跑来喘息勿就打。五且缓打：我怒且缓打，我醉且缓打，我病且缓打，我不见真且缓打，我不能处分且缓打。三莫又打：已拶莫又打，已夹莫又打，已枷莫又打。三怜不打：盛寒酷暑怜不打，佳辰令节怜不打，人方伤心怜不打。三应打不打：尊长该打与卑幼讼不打，百姓该打与衙门人讼不打，工役铺行该打为修私衙或买办自用物不打。①

上述做法对后世的影响颇深，直至清朝，许多州县官吏仍将上述说法奉为刑讯的圭臬。而且，州县官吏对使用刑讯的态度也与前朝历代有所不同。虽然不乏依旧把刑讯作为获取口供的有效手段的传统观念，但是，认为应尽量避免刑讯的呼声也越来越高，因为，无辜的人也许因而被迫"供认"其并未犯过的"罪行"。②

当然，如同任何改革都必然会有争议一样，对于刑讯制度的改革，即使是微小的改革，有时也会引来较大的争议，在特定的历史条件下，

---

① 参见《牧令书》卷18，第37—38页。
② 《学治臆说》上，第16页。参见瞿同祖：《瞿同祖法学论著集》，中国政法大学出版社1998年版，第458页。

少数人提出的意见，即使是正确的，往往不被接受，甚至会因此遭到厄运。即使是真理得到了多数人或者执政者的认可，一旦要付诸实施时，人们也会犹豫不决，瞻前顾后，真理最终只有很少一部分能被兑现，更多的成分仍不得不向谬误妥协。这也是中国古代从始至终刑讯制度不但不得废除反而愈加发展的重要原因。南陈"测立"刑讯方法的改革便足以说明这样的原理。如前所述，南陈"测立"由南梁的"测囚"发展而来，但鉴于南梁"测囚"时间较长，非人所能承受，南陈拟将"测立"的时间由南梁的一日一次改为一日两次，并缩短"测立"的每次以及总计时间。就是这样一个同种刑讯执行方法的改革，在当时就遇到了很大的阻力。以致改革者最终也不得不担心用刑过重，"无罪妄款"，冤枉太多；用刑过轻，"实罪不伏"，缺乏口供。因此，他们只得妥协，在仍然拥护刑讯的前提下，推行这项改革。[1] 更何况，古代专制的审判程序与刑讯逼供是互相依存的一个整体，失去任何一方面，另一方面都无存在的依据。因此，尽管有人对刑讯逼供持否定态度，但这种野蛮、暴虐的审判方法并没有被取消，也取消不了。

二、皇帝注重对刑讯的规范

司法是国家政权的重要组成部分，对社会的稳定，政权的巩固至关重要，因此，在中国古代历史上，皇帝始终关注对司法权的控制，尤其是每当新王朝建立之始，或大的动乱之后，更是如此。这是因为历朝帝王明白："刑狱之难，古今所重，但关人命，实动天心，或有冤魂，则伤

---

[1] 参见《陈书·沈洙传》。

和气。"① "欲通和气，必在伸冤"②。虽有个别皇帝性情残暴，带头滥用刑讯，但多数皇帝，则出于对江山社稷的长久考虑，注意平衡法与理、德与刑等方面的关系，往往不惜躬亲狱讼，并从法律制度上采取措施，在规范刑讯的同时，遏制非法刑讯。

（一）皇帝通过直接参与案件的审理规范合法刑讯遏制非法刑讯

古代历朝皇帝，虽日理万机，但深知诉讼对于江山社稷的重要，深知严刑峻罚和法外用刑会引发和加剧民众对朝廷的不满和反抗，为此，注重表率作用，从具体事情做起，亲自阅审一些涉及国家利益和为皇帝所关注的重大案件。据《史记·秦始皇本纪》载，秦始皇"专任刑罚，躬操文墨，昼断狱，夜理书，自程决事，日悬石之一"。《汉书·刑法志》载，西汉宣帝，"时常幸宣室，斋居而决事，刑狱号为平矣"。《晋书·刑法志》载，东汉"光武中兴，留心庶狱，常临朝听讼，躬决疑事"。《后汉书·献帝纪》载，东汉兴平元年（194 年），汉献帝怀疑侍御史侯汶借赈灾贪赃，"乃亲于御座前量试作糜，乃知非实"，在查清案情后，给予杖五十的处罚。东汉和帝皇后邓绥，她先后迎立殇帝、安帝，以皇太后身份临朝执政近 16 年，临朝期间，她不仅 6 次大赦天下，而且通过亲自审问囚徒，平反了因刑讯逼供导致的大量冤假错案，其中免去死罪的有 36 人，其他罪过的 80 人，并严惩了 16 名为泄私愤而进行刑讯逼供的官吏。《三国志·魏书·明帝本纪》载，魏明帝太和三年（229 年），改平望观为听讼观，"每断大狱，常幸观临听之"。北周武帝也"听讼于正武殿，自旦及夜，继之以烛"③。南朝宋大明七年（463 年），宋孝武帝亲

---

① 《历代刑法志》，群众出版社 1988 年版，第 324 页。
② 《历代刑法志》，群众出版社 1988 年版，第 322 页。
③ 《太平御览》卷 639。

自到建康秣陵县、南豫州、江宁、漂阳等地"听讼""讯狱囚"。北魏孝文帝太和十五年（491年），"于东明观亲折疑狱"①。隋文帝则从理论和制度层面，全面规范了审讯工作，被称为中国史上第一个公开反对"刑讯逼供"的皇帝。隋文帝杨坚登基后，吸取了历朝历代灭亡的教训，勤劳思政，励精图治，实行开明统治，不断减轻刑罚，宣布："尽除苛惨之法"，然后颁布《开皇律》，不仅从法律上废除了前代枭首、车裂、宫刑、鞭刑等酷刑，还禁止在审讯阶段，对囚犯实施刑讯逼供、屈打成招。《隋书·刑法志》就规定了审讯囚犯的数量、方式以及实施刑讯的前提等，凡违法进行刑讯逼供的，要严加追究。不仅如此，为了有效防止地方官刑讯逼供、草菅人命，还规定"死罪不得专决，悉移大理寺（相当于最高法院）复核"。隋文帝的做法，成为中国法制史的里程碑，对后世审讯工作产生了深远的影响。唐朝初年，统治者采取的另一项重要措施是要求司法官员慎断案件，即断案强调依靠集体智慧，而不是刑讯逼供来获得证据。唐太宗主张审理案件应广泛听取各方面的意见，他认为："古者断狱，必讯于三槐、九棘之官，今三公、九卿，即其职也。自今以后，大辟罪，皆令中书、门下四品已上及尚书九卿议之，如此，庶免冤滥。"②经过集体决策的案件，既可避免司法官吏个人主观上的擅断，也可以在互相学习、互相借鉴的过程中提高司法官员的审判水平。相信唐太宗主张依靠集体智慧断案的思想对唐代审判制度具有影响。《宋史·刑法志》载，宋太宗亲自决断案件，"太宗在御，常躬听断，在京狱有疑者，多临决之"。宋徽宗也常以"御笔手诏"断罪。宋徽宗大观元年（1107年）下诏："凡御笔断罪，不许诣尚书省陈诉，如违并以违御笔论。"即凡御笔断罪案件，不准向尚书省陈诉冤抑，否则以违御笔罪论

① 《册府元龟》卷58。
② 《贞观政要》，上海古籍出版社1978年版，第239页。

处；承受此类案件的官府，也不得以常法"阻拦延误"执行；否则，延误一时杖一百，一日徒二年，二日加一等，三日以上以大不恭罪论处，罪止流三千里。据《明史·刑法志》载："明太祖尝曰：'凡有大狱，当面讯，防构陷锻炼之弊。'故其时重案多亲鞫，不委司法。"明初重大案件，均由明太祖亲审裁决。只是到了明宪宗成化朝后，皇帝亲自审囚的制度逐渐废弛。十四年谕刑部："自今论囚，惟武臣死罪，朕亲审之，余具以所犯奏。"就是说，一般犯罪皇帝不再亲审，而改由奏请皇帝审核。尤其值得一提的是，古代社会后期的清朝，皇帝坚持亲自裁断案件。据《满文老档》的记载，清太祖时期，案件多是经过努尔哈赤最后决断的。皇太极继承了这个传统，由法司分别审拟奏闻后，亲自裁决，作为终审判决。即使是涉及王、贝勒、贝子、公及其亲眷以及有世职者的案件，也不例外。皇太极躬亲善断的作风，一直继续到晚年病重以后。崇德七年（1642年）十月，皇太极接受都察院诸臣"以圣躬为重""息虑养神"的奏议，下谕："后诸务，可令和硕郑亲王、和硕睿亲王、和硕肃亲王、多罗武英郡王会议完结。"①"这一天是十月二十七日，据《清太宗实录稿本》卷三十八记载，十月二十九日刑部共审理十二案，只有两件未奏闻请旨，一件审实议杀遇赦释之，而经太宗断结的九案也不尽是大案。努尔哈赤和皇太极认真对待和处理司法案件的言与行，对入关以后的清朝皇帝是很有影响的。《清史稿·刑法志》载：'非常大狱，……自顺治迄乾隆间，有御廷亲鞫者。'无论京城或地方大小官员犯公、私罪，都必须先奏请皇帝，不许上司或有关机关擅自审问。包括秋审重案，皇帝多亲自审阅招册，其批语或详或略，有的纠正了在法律适用上的偏差，有的照顾到情理民俗……虽然存在着形式主义、文牍主义的弊病，但对法律的统一适

---

① 《清太宗实录》卷 63，第 21 页。

用"①和刑讯的遏制具有重要意义。

（二）皇帝通过完善相关制度解决非法刑讯的问题

皇帝通过完善相关制度以期解决非法刑讯的问题在中国几千年的刑讯历史中多之又多，不足二一，这里仍以汉朝皇帝为解决非法刑讯等司法问题所用相关制度为例，对此问题予以说明。

（1）试图通过增加狱吏秩禄的手段，促使各地司法官员平心折狱。汉宣帝读过路温舒就当时普遍存在滥施刑讯冤陷无辜的上书后，"深愍焉，乃下诏"："间者吏用法，巧文渐深，是朕之不德也。夫决狱不当，使有罪兴邪，不辜蒙戮，父子悲横，朕甚伤之。今遣廷尉史与郡鞠狱，任轻禄薄，其为置廷平，秩六百石，员四人。其务平之，以称朕意。"②

（2）通过奏谳疑狱的办法，来控制刑讯。汉景帝时，诏曰："法令度量，所以禁暴止邪也。狱，人之大命，死者不可复生。吏或不奉法令，以货赂为市，朋党比周，以苛为察，以刻为明，令亡罪者失职，朕甚怜之。有罪者不伏罪，奸法为暴，甚亡谓也。诸狱疑，若虽文致于法而于人心不厌者，辄谳之。"③

（3）通过选任仁恕，黜退残酷之吏，达到平恕待人、依法刑讯的目的。汉哀帝时，诏曰："至今有司执法，未得其中，或上暴虐，假势获名，温良宽柔，陷于亡灭。是故残贼弥长，和睦日衰，百姓愁怨，靡所错躬。……公卿大夫其各悉心勉帅百僚，敦任仁人，黜退残贼，期于安民。"④

---

① 张晋藩主编：《清朝法制史》，法律出版社1994年版，第76页。
② 《汉书·刑法志》。
③ 《汉书·景帝纪》。
④ 《汉书·哀帝纪》。

（4）通过省约刑律的办法，求得刑罚之"中"。汉光武帝时，诏曰："顷狱多冤人，用刑深刻，朕甚愍之。孔子云：'刑罚不中，则民无所措手足。'其与中二千石、诸大夫、博士、议郎议省刑法。"①

（5）通过纠举奸慝之吏，来阻止刑罚的滥用。汉章帝时，诏曰："孔子曰：'刑罚不中，则人无所措手足。'今吏多不良，擅行喜怒，或案不以罪，迫胁无辜，致令自杀者，一岁且多于断狱，甚非为人父母之意也。有司其议纠举之。"②所有这些，对于改善当时非法刑讯的状况，起到了积极的作用。③

（三）皇帝通过追究非法刑讯者的法律责任来规范刑讯

早在汉朝，就有皇帝追究非法刑讯者法律责任的记载，前文提及的周纡任司隶校尉的"（永元）六年夏，旱，车驾自幸洛阳录囚徒，二人被掠生虫，坐左转骑都尉"④，"收洛阳令下狱抵罪，司隶校尉、河南尹皆左降"⑤一案就是例证。让我们再来看一下宋朝类似的记载。《宋史·刑法志》记载了发生在宋雍熙元年（984年），为宋太宗亲自关注的一个滥用刑讯的实例："雍熙元年，开封寡妇刘使婢诣府，诉其夫前室子王元吉毒己将死。右军巡推不得实，移左军巡掠治，元吉自诬伏。俄刘死。及府中虑囚，移司录司案问，颇得其侵诬之状，累月未决。府白于上，以其毒无显状，令免死，决徒。元吉妻张击登闻鼓称冤，帝召问张，尽得其状。立遣中使捕元推官吏，御史鞫问，乃刘有奸状，惭悸成疾，惧其子发觉而诬之。推官及左、右军巡使等削任降秩；医工诈称被毒，刘母弟

---

① 《后汉书·光武帝纪》。
② 《后汉书·章帝纪》。
③ 参见张晋藩总主编：《中国法制通史》第2卷，法律出版社1999年版，第619—620页。
④ 《后汉书·周纡传》。
⑤ 《后汉书·和帝纪》。

欺隐王氏财物及推吏受赃者，并流海岛；余决罚有差。司录主吏赏缗钱，赐束帛。初元吉之繋，左军巡卒繋缚搒治，谓之'鼠弹筝'，极其惨毒。帝令以法缚狱卒，宛转号叫求速死。及解缚，两手良久不能动。帝谓宰相曰：'京邑之内，乃复冤酷如此，况四方乎？'"①此事说的是，宋太宗雍熙元年，开封府王元吉之继母刘某与人通奸，被姻族所知，忧悸成疾，又怕王元吉告之，遂遣奴婢诬告元吉毒害她致病将死，并贿赂推官。右军巡司"推不得实"，即移左巡司掠治。巡卒使用"鼠弹筝"的酷刑拷掠，王元吉被屈打成招。不久，刘某去世。开封府复检狱囚时，将案又移送司录司。因证据不足，免死刑而处徒刑。王元吉不服，大呼其冤，并历陈所受贿主名，并令其妻击登闻鼓诉之。宋太宗了解案情后，对王元吉予以昭雪。并对原审推官，府左右军巡使，验伤的法医都予以刑罚，并用"鼠弹筝"反治左军巡司的狱吏，使狱吏"宛转号叫求速死"。宋太宗感慨道："京邑之内，乃复冤酷如此，况四方乎？"之后诏令："应天下刑狱罪人内有合行讯问者，只得一依律令，其鼠弹筝非理残忍之类，并禁止。"皇帝的上述举动，无疑在客观上促进了刑讯制度的规范。

　　当然，中国古代，在对官员责任的追究上，有两点需要注意。一是"严于吏而宽于官"。对于官员违法犯罪，往往在责任的追究上有一些"优惠"。就清代而言，官员违法，可以因以前的功劳如议叙加级而抵免。即使是被降级、革职，在经过法定的年限后，还可以开复官职。而这些"优惠"，对于地位低贱的吏是不享有的。当然，对于利用职务的违法等行为，"严于吏而宽于官"的原则也会有例外。如贪赃枉法，有禄人赃至八十两即绞，而无禄人则赃至一百二十两方绞②。二是官员因笞杖罪的刑事法律责任在实践中通常是以行政制裁的替代为主的。按照清朝法律规

---

① 《历代刑法志》，群众出版社1988年版，第350页。
② 李凤鸣：《清代州县官吏的司法责任》，复旦大学出版社2007年版，第193页。

定，官员犯罪，其法律责任既有行政制裁，也有刑事制裁，但官员若犯
有徒刑以下的笞杖等罪则是容许以行政制裁替代的。官员犯有公罪，笞
杖罪可以罚俸、降级等处分代之，而吏犯有同等罪行，则笞杖决讫，留
役。至于犯有私罪，官员至杖一百方革职离任，而吏典有犯，则杖六十
以下即予罢役。这些精神，无不反映在对刑讯违法犯罪的处理上。

上述情况的出现，一方面说明，古代官与吏的社会地位是有差异的，
故在诉讼中，从权利的享有到法律责任承担的规定是不同的；另一方面，
由于清朝州县官员多缺乏必要的法律素养，故有书吏作为专门的法律人
员辅之，于是，司法实践中，"胥吏实际操纵了清代的司法与政治，因
此，清朝被认为是'与胥吏公天下'"①。对于实际操纵者严刑重罚自然也
就顺理成章。

（四）皇帝通过其他途径发现和解决刑讯中的问题

1. 以身作则，办案不用或慎用刑讯

虽然古代法律容许刑讯，且皇帝事实上是最大的审判官，但绝大多
数开明的皇帝不论是在审核还是亲自审讯案件时却极少动用刑讯。这固然
与皇帝审理的案件大都是重大诉讼，涉及达官贵人有关，不否认回避刑讯
主要是皇帝基于对当事者特权维护的考虑，但笔者同时以为，这也不排除
皇帝以非刑讯方式审理案件作为对下属的示范，至少在客观上起到了这样
的作用。这也与古代绝大部分帝王虽重狱讼但不提倡刑讯，而强调"齐之
以法，示之以礼"的主张相一致。当然，这也反映在皇帝这种不用刑讯
的诉讼与一般使用刑讯诉讼的程序区别上。这里，同样以汉朝为例来说
明这种程序的区别：第一，诉讼双方可以进行对辩。《史记·魏其武安侯

---

① 张晋藩:《试论中国封建审判制度的特点》,《学习与探索》1981 年第 3 期。

列传》就有汉武帝在"东朝"主持庭辩的记载。起因是大将军灌夫在酒席间对武安侯田蚡不恭，于是田蚡以"不敬"大罪弹劾灌夫，并将其和家属囚禁。魏其侯窦婴为营救灌夫，上书皇帝。汉武帝便下令魏其侯窦婴和武安侯田蚡在东朝当庭对辩。第二，讯问的地点可以在当事人被羁押的场所，但更多的是在当事人的居所。这就意味着，未被羁押的讯问对象可以免受残酷的刑讯。《汉书·衡山王传》载："廷尉治，事验，请逮捕衡山王治。上曰'勿捕'，遣中尉安、大行息即问王，王具以情实对。"第三，这种特殊的审案程序多适用于诸侯王及戚属等犯罪的案件。据史料记载，衡山王、江都王、广陵王、梁王等的犯罪案件，都是采用这种方式审问的。因此，这实际上是赋予那些高官重臣及其戚属的一种司法特权。第四，具体案件是否适用这种审讯程序，决定权在皇帝。审讯的时间、地点、参与人员或机构也是由皇帝决定的。一般没有固定的审讯机构，通常由皇帝临时选定的廷尉、中尉、宗正、大鸿胪、少府等中合时人员参加。

2. 通过直接发布诏令或捕捉与刑讯有关的信息等形式规范刑讯

通过发布诏令规范刑讯是中国古代皇帝一贯的做法，不论统治时间长短，国家是否富强，汉族还是少数民族，均无例外。对此，有两个皇帝值得一提：一个是宋太宗赵匡义。他曾下诏："自今系囚如证左（佐）明白而捍拒不伏合讯掠者，集官属同讯问之，勿令胥吏拷次。"[1] 另一个是金世宗完颜雍。他曾慨叹道："捶楚之下，何求不得！奈何鞫狱者不以情求之乎？"[2] 两者虽都有重视证据的意思，但前者更强调刑讯程序的重要，后者则对刑讯提出疑问，大有主张情审之意。

此外，皇帝日常关注和捕捉与司法及刑讯有关的信息。古代皇帝高

---

[1] 《文献通考》第 8 册，中华书局 2011 年版，第 4977 页。
[2] 《历代刑法志》，群众出版社 1988 年版，第 403 页。

度集权自然带来许多弊端，但也使得皇帝对于大事小情，不得不用心过脑，事必躬亲，从而改革完善。这就自然形成皇帝注意将日常工作和生活中的细微情节，与国家的大政方针或法律制度等联系起来。据《新唐书·刑法志》记载，唐太宗曾阅《明堂孔穴图》，"见五脏之系，咸附于背，乃叹曰：'夫箠者，五刑之轻；死者，人之所重。安得犯至轻之刑而或致之死？'"即笞杖刑讯是五种刑罚方法中最轻的，在击打的部位中，脊背也是最为脆弱的，但却往往易因此造成囚犯致死的严重后果。故于贞观四年（630年）李世民下诏："决罪人不得鞭背"①，以免造成死亡。唐太和八年（834年），文宗重申太宗上述定制："其天下州府，应犯轻罪人，除罪状巨蠹，法所难原者，其他过误罪愆，及寻常公事违犯，并宜准贞观四年十一月十七日制处分，不得鞭背。"②作为一国之君，相对于治理国家而言，此事实在是微乎其微，虽已经过去几千年，但此事的确令人感慨，由此让人们思考的问题太多太多。

3. 录（虑）囚

录囚，也称虑囚，是指中国古代皇帝或者地方官员巡视关押囚犯场所，对在押囚犯问讯复核，从而发现、纠正司法中问题的一种措施。录囚始于汉，盛于唐宋。录囚最初的目的在于防止冤狱，后发展为理冤兼具监督司法、体恤民情等多种功能的方式。因录囚的对象通常是不特定的被羁押的囚犯，而故录囚从时间到内容都具有极大的随意性，所以，包含有一种天然的公正性。"录囚"制度创设于汉武帝时期，故沈家本说，"录囚之

---

① （宋）王溥：《唐会要》，中华书局1955年版，第717页。当然，也有学者认为，唐太宗命令决罪犯不得击打脊背，是针对笞刑而言的，并不包括杖刑。理由是，唐朝的《狱官令》允许杖刑击打脊背，而《狱官令》是在唐太宗上述诏令之后的贞观十一年修订完成。参见戴建国：《唐宋变革时期的法律与社会》，上海古籍出版社2010年版，第222页。

② （宋）王溥：《唐会要》，中华书局1955年版，第720页。

事，汉时郡守之常职也。"①汉时，录囚主要是作为皇帝、刺史、郡守审录在押囚犯，检查下级机关的缉捕、审判行为是否合法、是否有差错，以便平反冤案，及时审决案件的制度。汉武帝时，隽不疑拜为青州刺史，"每行县录囚徒还，其母辄问不疑：'有所平反，活几何人？'"②元封五年（前106年），汉武帝把"录囚"作为定制，规定刺史于每年八月到所属郡国通过"断治冤狱"即"录囚"等方式"省察治状，黜陟能否"。如何武为扬州刺史时，每"行部录囚徒"③。从上可知，西汉时"录囚"似乎仅限于刺史太守。东汉时，皇帝开始亲录囚徒，如"光武中兴，留心庶狱，常临朝听讼，躬决疑事"④。"明帝即位，常临听讼观录洛阳诸狱"。"录囚"加强了上级司法机关对囚徒的复核审录和对下级司法机关案件审判的监督、检查，对平反冤案、疏理滞狱有着积极意义，是汉代"宽省刑法"理念的具体体现。东汉以后，录囚渐成常制，皇帝录囚除基于视察、体恤等原因外，自然灾害、天象、疾病等均可能成为录囚的原因，录囚由此派生出其他多种功能，对司法中普遍存在的刑讯的规范自然也就包括其中。隋文帝一向喜亲自录囚，审阅各州刑罪奏报。录囚结果对后世影响较大的当数唐太宗的纵囚，据《新唐书·太宗记》，贞观六年（632年）"十二月辛未，虑囚，纵死囚者归其家"。"七年（633年）九月，纵囚来归，皆赦至"。《旧唐书·太宗记》载，十七年（643年）十一月己卯，"曲赦凉州，并录京城及诸州系囚，多所原宥"。北宋的太祖、太宗、真宗、仁宗、神宗，南宋的高宗、孝宗、理宗等八朝皇帝躬自折狱录囚几成制度，史不绝书。据《宋史·刑法志》载，太祖"每亲录囚徒，专事袷恤"。开宝二年

---

① 《汉书》，中华书局1978年版，第3036页。
② 《汉书》，中华书局1978年版，第3036页。
③ 《汉书》，中华书局1978年版，第3482页。
④ 《历代刑法考》，中华书局1985年版，第791页。

（969 年），太祖曾下令两京和诸州长吏督促狱掾，每五日一录囚。太宗"常躬听断，在京狱有疑者，多临决之，每能烛见隐微"，重申太祖录囚此制，并要求每十日向皇帝奏闻一次，后又将十日一录囚定为常制。雍熙二年（958 年）十月，"亲录京城系囚，遂至日旰"。太祖、太宗还亲录开封在押囚犯，使数十人获得赦免。南宋孝宗、理宗不仅每年大暑审录决遣，而且实行"大寒虑囚"。明太祖朱元璋"凡有大狱，当面讯"。清乾隆皇帝多次"亲鞫"重案。

虽然帝王以身作则，并采取相应的措施，试图遏制非法刑讯，但问题非但没有得以解决，反而愈发严重。据《汉书·刑法志》记载，秦始皇兼并六国后，"奸邪并生，赭衣塞路，囹圄成市，天下愁怨，溃而叛之"[①]。宋朝，可谓中国古代帝王遏制非法刑讯决心最大、措施最多的朝代。虽然帝王为此做了很大的努力，但是，最终仍是事不如愿。究其原因，主要是因为帝王的专制权力始终凌驾于法律之上，虽然法律制度的修改可见一时之功，但却不能从根本上解决问题，尤其是当皇权制衡法制的时候，法制的价值和作用则可能失去。

三、中国古代始终试图把刑讯控制在法律容许的范围之内

（一）刑讯的局限性

中国古代刑讯的历史反复证明这样两点：

其一，刑讯并非对所有的囚犯或者证人都奏效，尽管这样的人数不

---

① 《历代刑法志》，群众出版社 1988 年版，第 14 页。赭衣：古代囚犯穿的衣服，赤褐色。穿囚服的人很多，形容犯罪的人多。这里用以反衬被刑讯的人数之多。

多。作为被刑讯的囚犯，以明朝嘉靖时兵部员外郎杨继盛因劾奏严嵩被逮付诏狱而遭刑讯案为例。杨被拷讯时五刑齐用，打得皮开肉绽。杨继盛很是坚强，他被拷讯之前，有亲友送给他一颗蚺蛇胆，说是人吃了它可以补气壮胆，增强对刑罚的耐受力。杨继盛坚决不要，他说："我杨椒山（继盛号椒山）自己有胆，何必要用蛇胆？"他受刑昏死被拖到镇抚司狱中，半夜时才苏醒，觉得身上伤疼，就呼唤狱卒掌灯，他把一个饭碗摔破，用碎碗割去身上的烂肉，有筋牵连的地方，他就用手扯断。狱卒惊骇得两手打战，几乎端不住灯，杨继盛却意气自如。

即使是在刑讯制度完善的唐朝，此种情况也多有出现。显庆四年（659 年），凉州刺史赵持满因遭许敬宗诬害下狱，"讯掠备至，终无异辞"。[①]

作为被刑讯的证人，以《后汉书·独行列传》所记载的东汉时管理仓库的官吏戴就因上级被诬贪污而作为证人被刑讯案为例：

> 戴就字景成，会稽上虞人也。仕郡仓曹掾，杨（扬）州刺史欧阳参奏太守成公浮臧（赃）罪，遣部从事薛安案仓曹簿领，收就于钱唐县狱。幽囚考掠，五毒参至。就慷慨直辞，色不变容。又烧鋘斧，使就挟于肘腋。就语狱卒："可热烧斧，勿令冷。"每上彭考，因止饭食不肯下，肉焦毁堕地者，掇而食之。主者穷竭酷惨，无复余方，乃卧就覆船下，以马通熏之。一夜二日，皆谓已死，发船视之，就方张眼大骂曰："何不益火，而使灭绝！"又复烧地，以大针刺指爪中，使以把土，爪悉堕落……安深奇其壮节，即解械，更与美谈，表其言辞，解释郡事。

此案说的是，东汉时，上虞人戴就在会稽郡作仓曹掾（管理仓库的小官）。杨（扬）州刺史欧阳参弹劾太守成公浮犯有贪污罪，派部员薛安

---

① 《资治通鉴》，中华书局 1956 年版，第 6315 页。

检查仓库账簿，企图寻找成公浮的罪证。薛安逮捕戴就，严刑拷问，让他作为证人揭发成公浮的贪污事实。戴就不肯诬陷郡守，慷慨申辩，薛安就让狱卒把犁铧尖烧红，夹在戴就的腋下，戴就神色不变，对狱卒说："为什么不把这铁东西烧得再烫一些？别让它凉了！"每次拷讯之前，戴就不进饮食，身上的皮肉被烧得焦烂而脱落，他就拾起来吃掉。薛安又命令把他放在地上，用一只破船把他扣在里面，然后点火烧马粪熏他，经过两个白天一个夜晚，人们都说戴就早被熏死了，薛安让人掀开破船查看，戴就竟然未死，他瞪着眼大骂道："为什么不多加把火？却让这烟熄灭了呢？"薛安又命令点火，把一块土地烧得坚硬，然后用针刺入戴就的指甲里，让他扒地上烧得烫手的土，戴就用插有铜针的手指扒土，指甲全部扒掉了，血肉模糊，但不叫一声。吏役报告薛安，薛安把戴就召来，对他说："太守贪赃无度，已经败露，我奉命追查赃情，你何苦如此摧残自己，去维护他的名声呢？"戴就大义凛然，答曰："太守是朝廷命官，必定以死报国，你虽是奉命行事，也应该明断冤屈，怎能诬陷忠良，酷刑逼服，让下属诽谤上司，儿子告发父亲……"为郡守和自己辩冤，并怒斥薛安不仁不义。薛安理屈技穷，被戴就的气节感动，就打开其戒具，与其畅谈，呈报其言辞，转而在欧阳参面前为戴就说话，撤销了原案。此案虽是用以说明对证人的刑讯，但同时说明了司法官吏对工作的不遗余力，"穷竭酷惨，无复余方"，实在想不出更残酷的刑讯方法了，更说明当时刑讯的残酷。

其二，刑讯使得"能忍痛者不吐实，不能忍者吐不实"[1]，由此造成的冤案史不绝书。有些囚犯，因无奈刑讯之威，含冤自诬，但如果因此又被处以重刑时，往往不惜翻供，然而，由此带来的是更残酷的刑讯，终

---

[1] 钱锺书在《管锥编》中所引用的罗马名言。

不敢再反复。虽也有个别案件因此而有求生之望，但毕竟是凤毛麟角。《明宣宗实录》卷十三记载一个因严刑拷打而诬服的案例：宣宗时期山西临猗县民郭小生之妻王骨都，一天夜里，她与姑在家织布，其夫郭小生先入卧室睡觉，仇人于八偷偷地溜进屋杀死郭小生后潜逃。郭父却怀疑是儿媳王骨都与邻居袁加儿私通谋害，将儿媳王骨都捆绑送官，当时有人举证凶犯为于八，但于八抵赖不承，难明真相，于是拷掠王骨都，她终因严刑拷掠而诬服。可幸的是，案件上报刑部，临定死罪时，王骨都翻供诉冤，复审时终于辨明了案情，王骨都被无罪释放。[①] 不仅是非法刑讯，即使是合法刑讯也足以迫使大部分凶犯自诬或者证人伪证，甚至使某些被刑讯者的亲属因担心亲人对刑讯的承受能力，而不惜制造假证使其自诬以减少其所遭受的刑讯之苦的情况。清雍正五年（1727 年），湖北麻城杨五荣诬告涂如松杀妻案，县官一味刑讯逼取，涂如松及同案证人难以承受，"求死而不得"，但又供不出证据。其妻割破自己的手臂涂染"血衣"送交县衙为证，以便让自己的亲人减轻刑讯的痛苦而求得"速死"。[②] 刑讯派生的后果及波及的范围可想而知。唐代的牛希济在其《刑论》中对此揭露道：

> 狱吏之尊，声色之大，桎梏之重轻，拷掠之多少，率由其意，孰可与争……或欲其伪而怒其真，恶其轻而思其重，或捽其首，或批其颊，诟辱殴击，无所不至；又节其饮食，严其徽缠，外残其躯，内胁其心，壮士勇夫，且必流涕，孤弱之人，敢不从命……捶拷之下，易以强抑，人之支体顽非木石，若加其残忍，取其必然。诚虽无罪，百不能免，盖不胜其楚掠之毒，宁甘心于一死，狡猾之吏断成其狱……且桎梏之苦，

---

① 参见李交发：《中国诉讼法史》，中国检察出版社 2002 年版，第 166 页。
② （清）袁枚：《简斋集》。

笞捶之严，轻罪者愿重刑而获出，无辜者畏残害而求死，皆狡猾之所能为也，即平人孰敢与吏为敌。①

刑讯并非获取口供的万能方式，如果无罪的人因为经受得住刑讯的折磨而始终不予以供述，最终可能不被冤枉的话；那么，反过来，如果有罪的人也承受住了刑讯的摧残，则可能因此而得以无罪。由此便形成了以刑讯手段的轻重和囚犯身体对刑讯承受能力的强弱来决定罪犯是否有罪的司法定式，而这即使是在当时也是明显不科学的。因而，古代不仅官吏呼吁，而且皇帝也颁诏，试图通过多种渠道遏制刑讯的残酷和无度。这不由得让我们联想到意大利刑法学家贝卡里亚对刑讯的质疑和指责：

我们的法律禁止在诉讼中进行提示性讯问……难道还有什么样的讯问能比施加痛苦的刑讯更富有提示性吗……因为痛苦将提示强壮者坚持沉默，以便使较重的刑罚换为较轻的刑罚；并提示软弱者做出交代，以便从比未来痛苦更具有效力的现时的折磨中解脱出来。②

（二）对中国古代规范、限制刑讯的评析

1. 古代规范刑讯制度的目的在于保障合法刑讯和限制非法刑讯

从中国古代刑讯制度化和法律化的进程可以看出，历朝不断规范刑讯制度的目的，在于保障刑讯在法律容许的范围内进行，同时严格限制和禁止非法刑讯。相比而言，后者的意义应该更大，因为刑讯的恶果主要是因非法刑讯而造成的。然而，中国古代刑讯的历史表明，刑讯的制度化和法律化并没有阻止非法刑讯，相反，在一定程度上，各朝的非法

---

① 《刑论》，转引自杨鸿烈：《中国法律发达史》，中国政法大学出版社 2009 年版，第 310—311 页。
② ［意］贝卡里亚：《论犯罪与刑罚》，黄风译，中国大百科全书出版社 1993 年版，第 27 页。

刑讯不但屡禁不止，而且手段愈加残酷、泛滥，并向着恶性发展，成为司法中的一种普遍的丑态。我们固然不能因此得出刑讯制度化和法律化是刑讯现象加重原因的悖论，但是，这一矛盾的奇特现象却又不能不引起我们的思考。笔者以为，对于产生这种情况的主要原因还需从刑讯本身的性质来认识。毫无疑问，法律对刑讯规范和限制的目的在于限制和约束司法官吏滥用刑讯，然而，法律对刑讯的认可以及将其作为诉讼中取证手段的肯定又反过来从根本上决定了刑讯的恶性发展和滥用，最终形成了这样一个事实和规律，即只要法律容许刑讯存在，禁止法外刑讯的法律规定就只能成为一纸空文。因此，非法刑讯是合法刑讯的必然结果，正是合法刑讯的存在导致了非法刑讯的出现和泛滥。而对刑讯的制度化和法律化无疑会控制或者延缓这种状况，但却不能最终从根本上解决或者改变之。这正是古代一方面规范刑讯而另一方面非法刑讯屡禁不止的根本原因。

2. 古代刑讯制度的建立本身就是对非法刑讯的禁止

首先，古代刑讯制度在肯定刑讯方式的同时，严格禁止非法刑讯。刑讯虽为古代法律所肯定，并因此而形成了中国古代的刑讯制度，但是，凡是开明的统治者，都不主张毫无节制地任意刑讯，滥施刑讯势必造成司法黑暗，动摇政权的基础。中国古代法律自认可刑讯之时起，就严格控制刑讯，确立了有限度、有节制的刑讯制度，以防其因超出法律的范围而造成危害。从已有法律对刑讯制度的规定看，刑讯从决定到适用的程序；从适用刑讯的形式条件到实质内容；从刑讯的目的、职责到由此产生后果的责任均有据可循。仅此，就足以反映古代对于刑讯谨慎的态度和适用的慎重。只是由于非法刑讯具有"闻之臭吃着香"的功能，且往往立竿见影，能够解决口供以及定案之当务之急——尽管往往只是形式上的，却足以赢得上司乃至帝王的满意和欢心。至于由此可能形成的错判则是以后的事情，且常常因时过境迁而很少被人问津。古代司法实践中形成非法刑讯者甚多，而非法刑讯者被处罚者极少的情况便是对此最直接的说明。更何况，在大多数情况下，即使是因非法刑讯造成严重后果而对司法官吏处罚，也多是不得已而为，决定处罚者也因念及刑讯官吏毕竟是为了司法工作等诸多因素而对本应重处者轻处罚，应轻处罚者则不了了之。非但如此，更多的非法刑讯者一旦因非法刑讯而使案件得以认定，则往往因认定案件"战果"的大小而备受上级官吏乃至帝王的关注，由此而得以赏识、提拔乃至重用。中国古代若干朝代司法官吏以刑讯为能事的局面就是因此而形成的，今天中国司法实践中不时出现的刑讯就是这种情况的翻版。

其次，古代在重视口供的同时也注重其他证据。古代诉讼虽然重视口供，但口供并不是唯一的证据，在口供之外，注重对于其他证据的收集、审查和认定。而且，古代各朝法律对于证据的种类、作证的资格、场所和物品的勘验、人身以及尸体的检验等，均有不同程度的规定。有些证据的研究居世界领先地位，如宋理宗淳祐七年（1247 年），湖南提点刑狱官宋慈在总结之前检验经验基础上，编著了当时世界最早的法医学著作《洗冤集录》，对于鉴定以及证据间相互的印证至关重要……早在秦朝，古代统治者就已经认识到不使用刑讯所得到的口供较为可靠，效果最好，因此，在司法实践中，重视通过调查与勘验等方法搜集口供以外的其他证据，尤其是物证。张家山汉简《奏谳书》案二二详细记述了一件秦朝杀人抢劫案的侦破过程。案件发生在咸阳境内，女子婢担钱一千二百从市而归，途经巷中时被不明身份的罪犯用刀刺伤并推倒在地，钱被抢劫。典赢报案，狱史顺、去疢、忠等人追捕盗贼不得。改由狱史举阉侦查。他以案件现场遗留的一件券书为线，开始调查，"毋徵物以得之"。转而对"疑为盗贼者"逐一查问，"弗得"。随后又在晨昧里

"讯诃谦问不日作市贩，贫急而穷困，出入不节，疑为盗贼者"，发现公士孔的上衣原有黑带，带有系佩处而无佩。经调查，公士孔曾将一空鞞（刀鞘）送给他人，而刺杀女子婢的刀刚好与此相合。在人证和物证面前，公士孔不得不承认犯罪事实。狱史举阙不为公士孔制造的假象迷惑，逐步缩小侦查范围，终于使案情大白。狱史举阙因此被咸阳丞荐举任卒史，破案经过被转发各地有关官吏参考。事实上，秦时，判决犯人除重视并依据口供外，也非常重视收集人证和物证，并对现场进行调查与勘验。秦简《法律答问》中的各种爱书，如对死伤尸身的检验爱书、麻风病人的医学鉴定、犯罪现场勘验笔录等都是勘验结果的记录。这些说明，当时已很重视侦破和证据在诉讼中的作用。不过限于当时的勘验水平、技术条件和司法制度，调查勘验等手段很难在复杂的案件中发挥应有的作用。

遗憾的是，一方面，历朝法外用刑者司空见惯。即使按照法定的制式用刑，也常把人打得皮开肉绽甚至立毙杖下。于是，在人们的心目和印象中，凡审案必然用刑。另一方面，后人一味抓住古代刑讯的阴暗面并片面地夸大，而置古代证据制度的整体内容于不顾，导致人们对古代刑讯制度的认识以偏概全，产生误解。

第二节

误区二：中国古代的刑讯较之同期西方的刑讯更残酷

一、误区之缘由

清末以来，一直存在一种似是而非的观点，即认为中国古代的刑讯在方法和程度上较之同期的西方更重。"在中国漫长的封建社会……刑讯逼供是正当合法的审判方式……封建统治者还培育了与严刑峻法相适应的法律思想……因此，中国古代的法律无论在制度上还是在司法实践上，都是极其残酷的。"①这种误解的形成主要来源于当时刑讯的实际和理论。

就实际而言，一方面，当西方国家酷刑经历数百年持续的改革而日趋轻宽之时，清廷却在继续实施酷刑，这自然成为列强攫取领事裁判权的借口，取消重刑、限制和废除拷讯因此也成为清末司法改革的重要内容；另一方面，近代以来，中国在接受西方法律制度的过程中，也不乏其文明成分的渗透。随着领事裁判权的进入，辩护、禁止刑讯等制度在会审公廨中普遍实行，改变了中国古代的纠问式诉讼模式，使被告人由

---

① 陈云生：《反酷刑——当代中国的法治和人权保护》，社会科学文献出版社 2000 年版，第 116 页，转引自赵秉志主编：《酷刑遏制论》，中国人民公安大学出版社 2003 年版，第 145 页。

诉讼客体上升为诉讼主体；会审时注重人证、物证，否定中国传统的口供系证据之王的做法……令国人眼界大开，诉讼理念随之更新。如此鲜明的反差，加深了国人对之前刑讯残酷的印象。加之晚清法律废除刑讯之后，刑讯事实上一直禁而不止，故认为中国刑讯较之西方残酷。殊不知，这是用近代西方废除刑讯的情况在和当时清朝的刑讯制度作比较。更何况，中国刑讯制度的终结，乃至整个的变法修律和新政，并非自然而然的结果，而是列强的侵略迫使清廷所为。也正是因此，中国刑讯虽然废除百年之久，并被法律严格禁止，但却依旧存在。

就理论而言，一方面，学界以及一些近代社会转型时期的改革者也受中国古代刑罚重于西方观念的影响，认为中国刑讯在程度上较西方残酷。

以中国法律与各国参互考证，各国法律之精意，固不能出中律之范围……综而论之，中重而西轻者为多。盖西国从前刑法，较中国尤为惨酷，今百数十年来，经律学家几经讨论，逐渐改而从轻，政治日臻美善。故中国之重法，西人每訾为不仁，其旅居中国者，皆籍口于此，不受中国之约束。①

改良思想家陈炽在其 1896 年出版的《庸书》中，认为中西法律的主要判别是"西轻而中重"，西方法律规定的刑罚比较文明，处罚轻简。清末改良主义思想家郑观应也以西方国家为参照物来批判中国的刑讯制度，"夫天地生人，原无厚薄也。何以案情讯鞫而酷打成招，独见之于中国？夫三木之下，何求而不得？抑岂各国之人皆纯良，而我国之人独凶恶，必须施以毒刑，而后可得其情欤？"②清末修律大臣沈家本对中外法制进

---

① 《历代刑法考》，中华书局 1985 年版，第 2024 页。
② （清）郑观应：《郑观应集》上册，上海人民出版社 1982 年版，第 500 页。

行比较，也认为"西法无刑讯，而中法以考问为常。西法虽重犯亦立而讯之，中法虽宗室亦一体长跪"①。

另一方面，这种认识来源于近代以来外国的宣传。美国传教士和外交官何天爵（Chester Holcombe，1844—1912 年）1869 年来华，先在北京负责教会学校管理事宜，后任美国驻华使馆翻译、头等参赞、署理公使等职，1885 年回美国。他对清末的刑讯和监狱进行了如下描述：

判官有权下令严刑拷打被怀疑不说实话的人，以促使他们从实招供。判官常常在审问的过程中暂告停顿，下令用杖条抽打被审问人的嘴巴，一直抽打得鲜血淋漓为止。然后判官警告被审问者，如果再不从实招来，更严厉的皮肉之苦还在后面，于是审问继续进行。另外，不仅可以下令让证人（注意是证人）在一根铁链子上一跪就是数个小时，而且他还可以下令拴住证人的双手将其吊起来，甚至还可以把证人长时间地关闭禁锢起来，让其少吃少喝，或者不吃不喝。法律所不允许的一些更加严厉的摧残和折磨在个别的案件中照样可以使用。对于一个被指控犯罪的人所采取的重要措施，是无论如何也要他坦白招供。为达到这一目的，有时会使用一些无法描述形容的极端恐怖的酷刑。这常常使得一些人不得不招供承认他们事实上根本就没有的罪行，以便从那无法忍受的残酷折磨中求得暂时喘息的机会。②

美国人菲尔德在《从埃及到日本》一书中，也有关于中国清末实施刑讯的描述：

当然，事关生死，犯人会尽力拒绝招供。但如果不招，法庭便用残酷的方法迫使他们招认，这二位也不例外。折磨的方式如下：大厅里有

---

① 《历代刑法考》，中华书局 1985 年版，第 2235 页。
② ［英］何天爵:《真正的中国佬》，鞠方安译，中华书局 2006 年版，第 159—165 页。

两个圆柱。这两个人都跪在地上，两只脚缚在一起，动弹不得。先把他们的背部靠到一根柱子上，用小绳扎紧大拇指，然后用力拉向后面的柱子，绑在上面。这立刻让他们痛苦万分。胸部高高突起，前额上青筋暴跳，真是痛不欲生。①

英国传教士麦高温（John Macgowan,?—1922 年），1860 年来华，先后在上海、厦门传教，在中国生活了 50 年。其将当时在上海《北华捷报》上发表的文章汇集成《中国人生活的明与暗》一书，其中不乏对清末的监狱和刑罚的描述：

中国的监狱是最悲惨、最肮脏的地方了，能够想象得出，即使是人类在不得已的情况下所居住的山洞也不会再比这里令人恶心和恐怖了。

……有一些在我们看来属于相当细小的犯罪行为，中国人仍会对作案人判以最严厉、残酷的刑罚。

……另外还有一种刑罚叫"站笼"，它比"钉刑"更为严酷。刑具是一个带盖的大笼，盖子有一个孔，犯人的头就从这个孔探出。笼的底部是一层厚厚的石灰和七块堆在一起的砖。由于犯人的手是被绑在身后的，所以不管怎么做他都不可能使自己得到放松。白日里在冷心肠的旁观者的注视下，夜晚时在无言的星星的陪伴中，以一种姿势站上一个昼夜的痛苦滋味是刻骨铭心的。但是，这样的痛苦还仅仅是刚开始。第二天，他脚下所踩的砖就被抽掉了一块，这预示着他离死亡又近了一天。与此同时石灰中被注入了少量的水，由此产生的有毒气体直熏他的脸。这样的工作每天重复着做下去，直到最后一块砖也被抽掉了，这时候犯人的脚就站在石灰水里，石灰水对肌肉的烧灼力比普通的火还要强烈，

---

① ［美］菲尔德：《从埃及到日本》，第 378—380 页，转引自［英］约·罗伯茨：《十九世纪西方人眼中的中国》，蒋重跃、刘林海译，中华书局 2006 年版，第 26 页。

也能给人带来更大的痛苦。在最后那块砖被抽走之后不久，这场悲剧也就结束了。脖子被笼盖卡着无法呼吸，下半身则被石灰水严重烧伤，在极度的痛苦之中，这个犯人死去了。

上述对刑讯误区的观点形成于近代清末"新政"时期。刑讯的存废是新政中变法修律的突破口，它直接关系到列强对在中国领事裁判权放弃与否的承诺。而且，上述中外所述中国刑讯的情况，皆是就中国近代刑讯而言，也无国外刑讯情况之比较，由此推断中国古代刑讯的情况，并据此得出刑讯重于国外的结论显然存在逻辑欠缺。

二、西方古代社会刑讯制度概览

（一）西方中世纪的刑讯制度

中世纪之前的奴隶制和封建制早期的西方国家，其刑事司法采用弹劾式诉讼，对于依据证据难以判断是非曲直的纠纷，法官在证据和审判上分别采用神示证据和神明裁判的形式，期冀神灵给予一定的启示，从而甄别争议事实的真伪和双方主张的曲直。获得神的启示主要是通过诅誓、卜筮、火审、角斗等仪式来完成的。如古代日耳曼法和西欧中世纪初期的《萨利克法典》有类似诅誓的规定；欧洲9世纪法兰克人《麦玛威法》中有火审的规定；中东地区古巴比伦约公元前1776年的《汉谟拉比法典》第2条有水审的规定："设若某人控他人行妖术，而又不能证实这事，则被控行妖术的人应走近河边，投入河中。如果他被河水制服，则揭发者可以取得他的房屋；反之，如果河水为这人剖白，使之安然无恙，则控他行妖术的人应处死，而投河者取得揭发者的房屋。"除了冷水审外，还有热水审，即在沸水中放置物件令被控告的人用手取出来验证其是否有罪的方法。检验标准通常是，烫伤后并经向神祷告或发咒语，在一定时间内如果烫伤痊愈或者有即将痊愈的迹象，则认定无罪；脓肿溃烂，则认定有罪。

由于神被奉为万物的创造者，是宇宙的主宰，神无所不在，无所不知，神意代表着公正、正义，违背神的意志、欺骗神灵必遭天谴，在这一认识前提下，人们相信可以凭借神的启示发现是非善恶并进而惩恶扬善，实现神的意志。所以神证和神判可以解决各种纠纷和诉讼中的疑难问题，因此，理论上讲，弹劾式诉讼时期刑讯没有存在的空间。

在中世纪中后期的西方国家，国家主动控告并积极审判的纠问式诉讼取代了以前私人控告和法院消极审判的弹劾式诉讼，由于"中世纪法律规定要在被告承认罪行之后才能定罪，所以法庭会不惜任何代价地榨取犯人的口供，而并不在意这种招供是否是用卑鄙的手段强迫得来的。逼供时，审讯者还会使用拷问来威胁犯人"①。可见，纠问式诉讼与对人犯的刑讯是紧密结合在一起的。

从公元 5 世纪中叶西罗马帝国灭亡到公元十七八世纪西方资产阶级革命后的中世纪及近代时期，西方刑讯制度经历了产生、盛行到最终渐渐淡出的历程。

早在罗马共和国时期，《国王朱利宪法》即规定，在叛逆罪案件中对所有被指控的人都可以进行刑讯，但对公民不实行刑讯，只对奴隶和外省居民使用。然而在罗马帝国初期，这项"习惯"开始适用于公民，并得到普遍的应用。在 12 世纪罗马法复兴时，这种做法替代了神明裁判。到 14 世纪，刑讯在欧洲已成了一个普遍的"习惯"，并且是一项公认的刑事审判程序。

---

① ［英］凯伦·法林顿：《刑罚的历史》，陈丽红、李臻译，希望出版社 2004 年版，第 29 页。

公元 1233 年，教皇格里高利九世为了镇压"异端"，发布"通谕"，重申 1215 年教皇英诺森三世主持颁布的《教皇赦令》，并勾结世俗政权，在法兰西、意大利、西班牙等国设立专门从事侦查和审判"异端嫌疑"的宗教裁判所，以纠问式的诉讼方式对进步思想家、科学家进行野蛮的刑讯和屠杀。根据审判条例规定：被控告人如不承认"罪行"，就反复刑讯，不仅要承认自己的罪行，还要检举同伙和可疑分子。1252 年，教皇英诺森四世批准对叛教分子以及其他被控者的刑讯，至此开始了对异教团体的疯狂迫害。从 1428 年瑞士的第一次巫师搜捕迫害行为开始，法国、德国、西班牙，甚至在世界各地，许许多多的人（大多数都是妇女）被当作巫师控诉，而其鉴定是不是巫师的方式则非常野蛮和残酷，或者用针刺那些人身上被以为是恶魔之印的痣或者伤疤，如果不流鲜血，那么就是巫师，或者把被控诉者装进麻袋扔进水中，如果他浮起来没有被淹死，那么他就是巫师。四万左右的人因此丧生，"巫师们"的财产统统被宗教裁判所"充公"，到 1628 年，仅德国奥芬堡就有 97% 以上的富有者被判处了行巫罪。

英国早在 1215 年签署的《大宪章》中即禁止使用刑讯。在瑞士，费德里格二世即位之后，即在 1734 年宣布对普通犯罪废除刑讯，但对某些政治犯罪，仍保留一些残酷的刑讯手段。在日耳曼法律中，一些法律承认了刑讯，西哥特法甚至对一个自由民在缺乏证据时也允许使用刑讯。然而，刑讯对较高级别的官员和封臣是不适用的。

从 13 世纪起，法国广泛采用纠问式诉讼程序，由于刑罚机制包含两个因素："一个是由司法机关秘密进行的调查；另一个是被告的仪式行为。被告的肉体、会说话的和必要时受折磨的肉体将这两种因素联结在一起。"① 于是，秘密审讯和刑讯成为常规手段，甚至法院在案件调查过程

① ［法］米歇尔·福柯：《规训与惩罚》，刘北成、杨远婴译，生活·读书·新知三联书店 2003 年版，第 43 页。

中，可以对被告人刑讯拷问，以取得有关犯罪的事实、动机、目的和具体情节的口供。中世纪和现代早期的法国经常使用刑讯，甚至在被告人供认的场合也是如此。有预备性的刑讯，用于逼其供出所控罪行；还有初步的刑讯，用于强使被控告人揭发其同伙。根据严厉程度，刑讯分为普通刑讯和特殊刑讯，刑事法令规定了可以诉诸刑讯的各种情况。"1670年，法国的刑事裁判王令规定，满足三个条件即可以刑讯：（1）可以判处死刑的重罪案件；（2）犯罪本身确实发生；（3）存在达到半完全证据程序的重要证据。"[1]

在中世纪的德国，有罪推定同样伴随着刑讯。1532年的兼具德国第一部刑法和刑事诉讼法性质的《卡罗林娜刑事法院法典》规定："法官需受特定的法定证据规则之约束：判处有罪判决之条件为自白或二位毫无异议证人。因此，诉讼程序的主要目的即是自白；而为了获取自白，即得对犯罪嫌疑人进行拷问、刑求。"[2] 在没有供词或几个合格及可靠证人的场合，可适用刑讯，而且刑讯得到的供词不能被排除。如果被告被刑讯后，仍坚持自己无罪，在重大情况下，将被继续刑讯。法官整个调查的目的即在获取自白，而刑讯则是强行取得自白的合法方式。

在英格兰，中世纪的刑事程序是控诉式而非纠问式的，但16世纪枢密院采纳了对被控人进行预审的做法，在它认为必要的任何时候都可采用刑讯，以发现事实。虽然根据王室的授权实行刑讯是合法的，但它被认为与普通法存在冲突。当时刑讯可作为一种非常程序使用，可由王室特权为其提供法律依据。可见，在英格兰，刑讯未像在欧洲大陆那样被系统地实行过，并于约1640年时销声匿迹。

---

[1]　陈一云主编：《证据学》，中国人民大学出版社2000年版，第30页。
[2]　［德］克劳思·罗科信：《刑事诉讼法》，吴丽琪译，法律出版社2003年版，第619页。

自 18 世纪中叶前后，受启蒙运动影响，刑讯开始在欧洲各国逐渐悄然敛迹，尽管并非完全"绝迹"，但不容置疑的是，在英国、法国、德国、瑞典、奥地利等西方法治发达国家，刑讯的确已不再是刑事司法中一个普遍性的问题。

（二）西方中世纪刑讯的主要方法

总体讲，西方中世纪刑讯主要有两类：一类是判决之前施行的，即在有证据证明的情况下，人犯拒绝供述而施行的，如根据法国 1670 年敕令，在刑事案件中如果对被控犯有死罪的犯人已取得相当的证据而仍然不足以作出有罪判决时，可以予以刑讯；另一类是对已判死刑的人犯施行的，以使他们供出同伙。[①]

至于刑讯的具体方法，不足而一，且因国家的不同也有所差异，这里仅就中世纪欧洲广泛使用的几种主要方法略作说明[②]，以证明西方的刑讯同样残酷。

（1）刑讯架。亦称机架刑。其原理是通过拉伸被刑讯人的身体使其关节脱臼造成被刑讯人的巨大痛苦以逼取口供。这种通过拉伸身体造成痛苦的刑讯方法可以追溯到古希腊，后来主要在英国使用。这是一种由特殊的长方形木架构成的刑具，在木架的每一端都有一个滚轴，被刑讯人的脚被镣铐铐在机架一端的滚轴上，手腕被铐在另一端的滚轴上。一个手柄和刺齿被固定在机架顶端的滚轴上，逐步转动手柄，将链条越拉越紧，从而拉伸被刑讯人的身体。被刑讯人被绑在机架的木板上，手腕和脚腕也被绑在木板上。机架两端的滚轴转动，将他的肢体向相反的方

---

① 陈光中主编：《刑事诉讼法（第 6 版）》，北京大学出版社、高等教育出版社 2016 年版，第 32 页。
② 参见崔敏主编：《刑讯考论——历史 现状 未来》，中国人民公安大学出版社 2011 年版，第 82—86 页。

向拉伸，被刑讯人的身体会被拉长，直至四肢脱臼。如果长时间保持这种拉伸状态，最后被刑讯人的四肢甚至会在极度的痛苦中从手铐、脚铐中撕裂。在法国巴黎，一般刑讯时使用六锅开水和一具小型刑架；特别刑讯时除使用同样多的开水外，要使用一具大型刑架。

（2）"斯盖维森的女儿"。这是在英格兰发明并使用的一种刑讯器具，这种刑讯器具的设计原理与机架刑正好相反，被讯问人的身体是被强行压缩而不是拉伸。这种刑具是亨利八世国王时期（1509—1547年）伦敦塔监狱副典狱长莱昂纳多·斯盖维森发明的。由他开始使用的这种刑具就以他的名字命名，从这个意义上说，也可以理解为这位副典狱长是这种刑具的"父亲"。它的构成如下：刑架是木制的，上面有一个铁闩，铁闩连接着一圈手铐、脚铐，这些手铐、脚铐分别铐住被刑讯人的手、脚和脖子。这种刑具迫使被刑讯者保持坐姿、头被压迫至膝盖上方，它挤压被刑讯者的身体，以至被刑讯者的鼻子和耳朵里流出血来。

（3）拇指拧螺丝刑。这种刑讯方法是将被刑讯者的拇指（也可以是其他手指或脚趾）放到这种装置上，然后慢慢地对其手指拧压下去。施刑时螺丝下面棘齿一样的铁条会被拧压进被刑讯者的手指里，而刑讯者通过控制拧压螺丝的深度控制刑讯的强度。拇指拧螺丝刑的伤害能力惊人，甚至可以将被刑讯者的手指骨拧压至碎裂。因为刑具便于携带而且不受场地限制，故为刑讯者所青睐。

（4）布劳德坤斯刑。这种酷刑主要针对被刑讯者的腿部。被刑讯者以坐姿被置于一条很重的长凳上，在每条腿的内侧和外侧固定着结实的窄木条，用绳子将窄木条和大腿紧紧地捆在一起，然后用木槌将楔子通过中间的木板钉入。一般情况下钉入四个楔子，在特别残酷的刑讯中会钉入八个楔子，往往致受刑者的腿骨碎裂。

（5）浸水凳。是特别针对女性的刑讯方式。浸水凳实际是一根木杆

（活动臂）吊起来的椅子。椅子被置于河边，吊着椅子的木杆可以转动，通过转动可以将椅子从岸上吊到河里，并浸入水中。刑讯时，刑讯者将女犯用皮带绑在椅子上，然后转动木杆将女犯连同椅子浸入冰冷刺骨的水中，故称之为"浸水凳"。浸入水中多长时间要看操纵"浸水凳"行刑的人如何决定，同时也取决于女犯被指控犯下的罪行。女犯有时可能只被浸到水中很短时间就被吊上来，有时则会反复被浸入水中，甚至延续整整一天。

（6）脱臼刑。此种刑讯方法在法国奥尔良一带实行。执行脱臼刑时，将被刑讯人的衣服剥去大半，将他的双手紧紧绑在身体后面，在双手间的绳子上套一个环，用绳子穿过这个环将被刑讯人吊起来，并在脚上系上一块重约180磅（约81千克）的重物，然后将其吊到一定高度。在特别残酷的脱臼刑中，刑讯者将被刑讯人吊起，在他的脚上系上250磅（约112.5千克）的重物。然后用绞盘将被刑讯人吊到天棚，连续几次猛地用绞盘放下绳索将其降至地面，使被刑讯人的手、臂和腿部的关节完全脱臼，产生难以承受的痛苦。

（7）水刑。在中世纪的巴黎，水刑在很长的时间内被用作刑讯手段，这是因为其简便易行且危险性小。用水刑进行刑讯时，被刑讯人被绳子捆在一块由两个平行的支架支起的木板上，用一个号角做漏斗插进他的嘴里，将约9品脱（约5升）的水慢慢灌进被刑讯人的肚子里，还要把他的鼻子夹上，以迫使其能将水吞咽下去。这还只是一般的水刑，在更严酷的水刑中，刑讯人会将上述两倍的水灌进被刑讯人的肚子里。这应该算是欧洲中世纪各种刑讯手段中最"仁慈"的一种，当刑讯结束时，如果被刑讯人的供述令人满意，他还会被解开绳子送到厨房去暖和一下。

（8）长靴刑。西班牙长靴刑中的长靴由松软多孔的皮制成，将其穿在被刑讯者脚上，然后将被刑讯者绑在靠近火堆的桌子旁。行刑时将大量滚烫的开水倒在靴子上，开水会穿过长靴将被刑讯者脚上的皮肉烫掉，甚至可以将骨头融掉。与此刑讯方法相似的还有"脚箍"。即由一对平行的铁片组成，这对铁片紧紧地箍住被刑讯者的双脚，通过一套曲柄装置来压迫、撕裂被刑讯者脚部的肌肉，甚至压碎其脚部的骨头。脚箍上还可以增加其他部件，比如在箍脚的平行铁片上安装上百个锋利的钉子，或者将曲柄装置与一个钻头相连，以使铁片箍紧被刑讯者的双脚，可以转动曲柄用钻头在被刑讯者的脚背上钻一个洞。

（9）"烤脚刑"。即将被刑讯者的脚跟涂上猪油放在火红的煤炭上慢慢炙烤。刑讯者用风箱控制热度，在问被刑讯者问题时会用隔板将被刑讯者的脚和燃烧的煤隔开。如果刑讯者不满意被刑讯者的回答，就将隔板拿开，再用火焰烧灼被刑讯人的脚跟。"烤脚刑"在迫害圣殿骑士时大肆使用，圣殿骑士领袖杰克坤西·德·默雷就惨遭"烤脚刑"讯问，一直到他的脚被烤得只剩下骨头，最终散落在地上。

（10）铁球刑。在法国的阿维尼翁（Avignon）的铁球刑，一般是将被控有罪的人系住手腕吊起来，并在其每只脚上系上一只沉重的铁球，迫使其招供。在欧洲其他地区，还有一些比较特殊的铁球刑，比如在意大利广泛使用的被称为"维格利亚"（Veglia）的铁球刑。在行刑时，被刑讯人被绳子系住四肢并被水平吊起，吊起被刑讯人四肢的绳子都要先用铆钉铆在墙上，唯一支撑被刑讯人的是一根被削成菱形尖头的刑柱。刑柱的尖头从被刑讯人下方顶住其脊柱，然后再往其身上挂上沉重的铁球。在使用维格利亚铁球刑讯问时，经常会有一名内科医生或外科医生在场，在被刑讯者奄奄一息时验查其太阳穴的脉搏，以判断他此刻是否还能承受刑讯。如承受到极限，就将其放下，用热敷甚至兴奋剂使其苏醒。待其一旦恢复一些体力，就会被重新吊起来讯问，这种刑讯可以持续6小时之久。

（三）西方对刑讯的批判

对于刑讯的方式和残酷，在西方的历史上，同样出现过批评。早在古希腊时期，哲学家亚里士多德就曾经对刑讯提出疑问并表示，一些人比另一些人对酷刑的耐受力更强，且人们在高压下说谎和说实话的概率一样大。1682年法国思想家尼克拉（Nieolas）在其发表的《酷刑是确定罪行的手段吗？》一文中对刑讯提出批评："司法拷问是获得事实真相的不可靠的手段。因此，法官不应不假思索地诉诸这种手段。没有比这更不可靠的手段了。有些无辜的受害者能咬紧牙关，拒不透露实情……而有些无辜的受害者则会被迫供认不属于他们的罪行。"在17世纪，反对刑讯的意见在启蒙运动时期逐渐声势浩大，孟德斯鸠在其名著《论法的精神》中认为对罪犯使用拷问，并不是不可避免的。在治理得很好的英国，其禁止拷问罪犯，但并没有发生任何不便。因此可知，拷问在性质上并不是必要的。根据《论法的精神》的注解，雅典的公民，除犯叛国罪外，不得拷问。拷问需要在定罪后三十天之内进行。不得在定罪前作预备性的拷问。至于罗马人，除了叛国罪之外，门第、名位和军职可使人免受拷问。此做法类似于中国古代法律制度中"八议"等免受拷讯的规定。孟德斯鸠是极端推崇共和政体的，所以其认为拷问可能适合专制国家，因为凡是能够引起恐怖的任何东西都是专制政体最好的动力。[1] 除孟德斯鸠外，启蒙运动思想家伏尔泰对刑讯也强烈加以谴责，意大利法学家贝卡里亚更是抨击了这种做法。贝卡里亚认为在诉讼中对犯人进行刑讯的各种目的，不论是为了迫使罪犯交代罪行，为了对付陷于矛盾的罪犯，为了使罪犯揭发同伙，为了洗涤耻辱，还是为了探问不在控告之列的另外一些可疑的罪行，均是"玄虚和费解"。由于刑讯为多数国家所

---

① ［法］孟德斯鸠:《论法的精神》，张雁深译，商务印书馆1961年版，第93页。

采用，刑讯已成为合法的暴行。同时，贝卡里亚分析了刑讯的不合理与矛盾之处：

犯罪或者是肯定的，或者是不肯定的。如果犯罪是肯定的，对他只能适用法律所规定的刑罚，而没有必要折磨他，因为，他交代与否已经无所谓了。如果犯罪是不肯定的，就不应折磨一个无辜者。因为在法律看来，他的罪行并没有得到证实。①

贝卡里亚还提出了著名的论断："在法官判决之前，一个人是不能被称为罪犯的。只要还不能断定他已经侵犯了给予他公共保护的契约，社会就不能取消对他的公共保护。"②而刑讯恰恰是在法官判决之前就在事实上取消了对一个人的公共保护。他还一针见血地指出："要求一个人既是控告者，同时又是被告人，这就是想混淆一切关系；想让痛苦成为真理的熔炼炉，似乎不幸者的筋骨和皮肉中蕴藏着检验真相的尺度。"③贝卡里亚坚决反对以"筋骨和皮肉"的方法了解真相，认为这种方法"能保证使强壮的罪犯获得释放，并使软弱的无辜者被定罪处罚""所以，无辜者只有倒霉，罪犯则能占便宜"④。贝卡里亚同时还一一批驳了各种为刑讯辩解的理由或者采用刑讯的各种理由，即了解事实真相；对付那些在审查中陷于矛盾的可疑犯；考察某个罪犯是否还犯有控告以外的其他罪行；洗涤耻辱，即被法律认为可耻的人，应该用骨位脱臼来证实他的口供。最后，贝卡里亚认为，刑讯制度之所以荒谬，是因它无视人的肉体感受对意志的决定作用。他辛辣地讽刺到：

每一个人的气质和算计都随着本人体质和感觉的差异而各不相同，

① ［意］贝卡里亚：《论犯罪与刑罚》，黄风译，中国大百科全书出版社 1993 年版，第 31 页。
② ［意］贝卡里亚：《论犯罪与刑罚》，黄风译，中国大百科全书出版社 1993 年版，第 31 页。
③ ［意］贝卡里亚：《论犯罪与刑罚》，黄风译，中国大百科全书出版社 1993 年版，第 32 页。
④ ［意］贝卡里亚：《论犯罪与刑罚》，黄风译，中国大百科全书出版社 1993 年版，第 33 页。

刑讯的结局正体现着个人气质和算计的状况。因此，一位数学家大概会比一位法官把这个问题解决得更好。他根据一个无辜者筋骨的承受力和皮肉的敏感度，计算出会使他认罪的痛苦量。

应当说，贝卡里亚对刑讯的攻击和批判是独一无二的，其影响是巨大的。贝卡里亚死后，彼得罗·韦里称赞贝卡里亚是"第一位敢于指出社会科学重大问题的天才"，认为"酷刑、刑讯、残暴在所有诉讼程序中都被废除或减轻"是《论犯罪与刑罚》一书的功劳。尽管如此，当时许多法学家仍接受刑讯制，如法国法学家穆雅尔·德·沃格兰（Muyavl. de.vouglaus）特别反对贝卡里亚有关废除刑讯的观点，其认为，刑讯在无数世纪和无数国家中的使用和普及证明它具有功利。狄德罗也认为刑讯不宜完全废除，有时，在没有其他更好的办法的情况下，刑讯可以迫使罪犯招认自己的同伙。到 18 世纪末，刑讯遭到来自各个方面的攻击。如法国在启蒙思想的强烈作用下，国王路易十六对刑事诉讼制度进行了广泛的改革。1780 年 8 月颁布的一项刑事告示明文规定，在刑事诉讼中严格禁止审判前的预先拷问和审判过程中的刑讯逼供。1788 年，又颁布了一系列赦令，明文规定在整个诉讼程序中必须严格废除任何形式的体罚。由 1789年召集的国民议会呈递给国王的请愿书，一致要求永久地废除刑讯。1808年法国刑事诉讼法最早确定了"自由心证"的证据原则，从而在法律制度上彻底废止了以刑讯逼供为特征之一的法定证据制度。

三、对古代中西刑讯的评析

刑讯制度是人类社会刑事诉讼发展的一个必经过程，刑讯逼供并非只有在中国古代社会中才存在，特别是经历封建社会的国家，刑讯逼供几乎不可避免。

中西方古代的刑罚和刑讯制度不仅在性质上具有相同或相似的特征，而且在具体的刑罚和刑讯的方式、内容、程序上，也有许多相近之处。例如，中国有墨刑，而在西方，则会用热烙铁在人脸上或身上烫出印记。"罪犯的脸上被烫上其所犯罪行的第一个字母：谋杀犯（murderer）的脸上被烫上一个'M'，盗窃犯（thief）的脸上被烫上一个'T'，游民（vagrant）的脸上被烫上一个'V'……1699年之后，这类记号开始被烫在身体上不太显眼的地方。在新法兰西，轻微盗窃犯的右肩被烫上一个鸢尾标记。"① 这与中国的墨刑相比，不仅行刑方式十分类似，而且在性质上都兼有肉刑和耻辱刑的双重属性。再如，中国有笞、杖刑，即用竹板或荆条捶击罪犯的脊背、臀部或腿部，这种刑罚或刑讯方法通常在各州县衙门公开执行，宋、元、明三代还有"去衣受杖"的规定，受刑者要脱裤裸身受杖，如此行刑，对犯人来讲无疑是肉体和精神上的双重折磨。在西方，"早在中世纪，鞭打就已被采用，这在罪犯的肉体上、精神上留下深深的痕迹……由法院裁决的鞭刑，可以由狱卒关上门在监狱里执行，但通常是由刽子手或治安官公开执行。许多人认为在公众面前执行鞭打是重要的。这样，罪犯不仅感到羞耻，而且还要饱受肉体上的痛苦。行刑时，罪犯被绑在一辆二轮马车后面，扒光脊背，一边被鞭打，一边环城游行"。②

通过比较，可以看出，如同中西方古代都存在刑讯制度一样，所以古代中西方的刑讯无所谓彼此孰轻孰重的问题。只是到了19世纪末20世纪初的一段时间内，中国与西方国家因社会性质不同处于不同的发展

---

① ［加］西莉亚·布朗奇菲尔德：《刑罚的故事》，郭建安译，法律出版社2006年版，第12页。
② ［英］凯伦·法林顿：《刑罚的历史》，陈丽红、李臻译，希望出版社2004年版，第112页。

阶段，在刑罚和刑讯的轻重程度上有了一些差别。所以，用"中重而西轻'甚至'西方文明进步而中国野蛮落后"来形容中西方刑讯的差异是不能成立的。既不能说"中重而西轻"，也不能说"西重而中轻"。

至于西方刑讯制度之所以结束比中国早，则是因为自 18 世纪起，西方国家资本主义生产关系的产生和发展，使新兴的资产阶级逐渐登上历史舞台，其在反封建斗争中所倡导的民主、自由、博爱成为时代的主题，天赋人权、社会契约学说成为社会的主流观念，为早期进入资本主义的西方国家所接受。而自 18 世纪下半叶，其纷纷开始了刑法近代化的改革，确立罪刑法定、罪刑相称、刑罚人道主义等基本原则，废除肉刑和残酷的死刑执行方式，取缔刑讯逼供……启蒙思想家提出的理念被人们接受了。而与此同时，中国却逐渐沦为了半殖民地半封建社会，使得中国的刑罚和刑讯制度的改革较之西方晚了近一个半世纪。

当然，在美国，刑讯也许是一个例外，其原因与美国本来建国较晚，且社会发展历史简短以及美国建立之初有关人权的基本思想已相对成熟是分不开的。

美国人布瑞安·伊恩斯在其《人类酷刑史》中说：

20 世纪前很久，中国有这样一个名声，那就是中国是一个比其他任何国家的酷刑都离奇精妙的国家，在实践上则极其残酷。然而，正像乔治·里雷·斯哥特在《酷刑史》一书所写的：这个名声很大程度上出于小说中的描述，其中的酷刑几乎都产生于敏感的小说家们的丰富的想象。至于那些中国官方授权的酷刑，是否在奇特的形式方面或在残酷方面超过了许多其他西方国家为同样目的而采用的方法，是值得怀疑的。[1]

也许布瑞安·伊恩斯以及乔治·里雷·斯哥特认为中国酷刑都源于

---

① ［美］布瑞安·伊恩斯：《人类酷刑史》，李晓东译，时代文艺出版社 2000 年版，第 211 页。

小说家们丰富想象的说法未必真实客观，但他们得出的结论却不无道理。也就是说，面对中外刑讯史上同样种类繁多、方式残忍的事实，我们实在难以判断孰轻孰重，更不能得出西方"古代刑讯制度"的内容、方式或者程度较中国文明的结论。

第三节

误区三：中国古代刑讯制度的根深蒂固致现今刑讯屡禁不止

中国的刑讯经历了古代的确立与发展，以及近现代的终结的历史。就此而言，古今刑讯已无可比性，问题是，刑讯虽然被废除百年之久，但是，刑讯现象仍然频发，加之多年来的种种误导，认为"由于我国有两千多年的封建历史，刑讯逼供的流毒至今仍未完全肃清，在某些公安、司法人员中还时有反映"①。"刑讯逼供的根源：刑讯逼供是历史上遗留下来的一种顽疾，是封建残余思想的影响。"②"刑讯逼供犯罪的客观原因，第一是历史原因。中国封建社会历史较长，刑讯的历史遗迹很难一时消除，对司法人员具有相当大的毒化作用。"③中国古代诉讼中，"被告人如果不供，就可以进行刑讯，逼其招认，是有罪推定的典型表现。传统观念或者说思想在中国存在了千百年，确实对中国现代的刑事诉讼制度有很大影响，比如，刑讯逼供的情形在现在的群众喜闻乐见的古装戏中仍

---

① 刘复之主编：《中华人民共和国法律大辞书》，长春出版社 1991 年版，第 1130 页。
② 崔敏主编：《刑事诉讼法纲要》，中国人民公安大学出版社 1994 年版，第 215 页。
③ 高铭暄等主编：《经济犯罪和侵犯人身权利犯罪研究》，中国人民公安大学出版社 1995 年版，第 212 页。

随处可见，发出'大刑伺候'指令的古代司法官亦是剧中的正面人物"①。"中国经历了几千年的封建社会，传统文化在中国人的脑海里根深蒂固，传统文化中权力本位主义和封建重刑主义是产生如今刑讯逼供最根本的思想根源。"②"通览中国历史，刑讯逼供作为维护专制统治的工具其合法性思想根深蒂固，以致刑讯逼供在人权勃兴，刑法严禁酷刑的民主文明的现代化社会始终纠缠着司法工作人员。我国传统法制中刑讯逼供合法化对现代司法活动、法制心理、法律意识的影响仍然不同程度的存在，这种客观影响的存在造成了现在对刑讯逼供的地方保护主义盛行，司法工作人员的脑海中刑讯逼供无所谓甚至有必要的思想挥之不去，当这种思想在整个司法系统寄生的时候，就成为查处刑讯逼供、暴力取证行为的严重阻碍，更多的刑讯逼供、暴力取证行为被看作正常的而且是有效的侦查手段而被熟视无睹，即使揭发出来，也往往大事化小，小事化了，层层包庇的现象时有存在，刑讯逼供查处不力也就在所难免。"③因此，人们普遍认为，现今的刑讯现象与古代刑讯制度有着天然的联系，其原因在于古代刑讯制度的根深蒂固。这就使得古代刑讯制度与今天刑讯情况的比较成为必要。

---

① 卫跃宁：《沉默权制度的建立于刑讯逼供的遏制》，转引自陈光中主编：《沉默权问题研究——兼论如何遏制刑讯逼供》，中国人民公安大学出版社2002年版，第138页。

② 吴光皎：《刑讯逼供的产生原因及预防措施》，转引自陈光中主编：《沉默权问题研究——兼论如何遏制刑讯逼供》，中国人民公安大学出版社2002年版，第429页。

③ 马长生等：《我国诉讼监督的一个难点及其破解——论"严禁"语境下的刑讯逼供》，载《第十二届全国检察理论研究年会论文集》，2011年，第323页。此段表述在后来又表述为："中国的封建社会长达2000多年，刑讯逼供合法化难免成为一项沉重的历史包袱，从文化上、观念上特别是法制心理、法律意识上对近代与现代司法活动产生这样或者那样的影响，以致人们有意无意地淡化了对刑讯逼供之严重危害性的认识，妨害了对此类案件的依法严肃查处。"参见马长生等：《我国诉讼监督的一个难点及其破解——析"严禁"语境下的刑讯逼供》，载《时代法学》2012年第1期。

一、古今刑讯法律规定层面的比较

总体而言，由于中国古代口供对于定案至关重要，统治者对于刑讯自然也就持肯定态度，刑讯制度的法律因此而成。今天法律对于刑讯严格禁止，且口供不再是定案的必备要件，但刑讯现象仍然存在，并成为出现冤错案件的首要原因。

（一）刑讯目的和性质之比较

古今刑讯所追求的直接目的，都是为了获得囚犯的口供，所不同的是，古代刑讯获取口供的目的在于定案，而现今刑讯获取口供的目的在于破案。

在古代统治者看来，首先，囚犯对自己所实施的犯罪最为清楚，而口供是囚犯对犯罪事实的交代，"狱辞之于囚口者为款。款，诚也，言所吐者皆诚实也"①。因此，"断罪必取输服供辞"②。其次，口供以外的所有证据均是辅助性的，其只有借助口供才能发挥证明作用。没有口供，即使其他证据确实充分，也不能定案。所以，法律不仅视"口供乃证据之王"，而且规定"无供不录案""罪从供定"。于是，为了满足定案的要求，在其他证据齐全，但囚犯拒不供认的情况下，法律则允许刑讯。今天，刑讯早已为法律所禁止，且法律规定，只有口供但其他证据达不到确实充分的程度，不能定案；反之，即使没有被告人的口供，但其他证据确实、充分，同样可以定案。既然口供对于定案的影响无关重要，那么，刑讯为何依旧存在呢？合理的解释只能是刑讯的目的已由古代法律

---

① 《资治通鉴》，中华书局 1956 年版，第 6474 页。
② 《清史稿刑法志注解》，法律出版社 1957 年版，第 108 页。

规定的"定案"转为了现今的"破案"，即通过刑讯打开或者推进已经走入死胡同的案件的侦破或者进展，由此逐一获取其他证据，最终实现对案件的侦破。从当今司法的实际情况看，刑讯事实上也是被作为侦破案件前置程序或首要手段的，这也就从实践的角度对上述解释进行了诠释。

就刑讯的性质而言，首先，作为一项诉讼制度，古今对于刑讯是否合法的认定截然相反。古代刑讯具有合法性，刑讯也因此受到一系列的限制，从这个意义上讲，古代刑讯本不存在违法问题，而是依法办事。问题在于，既然法律容许刑讯，又欲将其限定在一定的范围和程度以内，这本身就是矛盾的。因为，既然法律认定刑讯本身是合法的，非法刑讯就不会因为法律的禁止而杜绝，相反，会在司法实践中花样繁多，无所不用，并不可避免地成为合法刑讯的补充。当然，应该看到，中国古代冤错案件多不是合法刑讯本身所致，而主要是非法刑讯的结果。相比今天，不论何种形式的刑讯行为，都是非法甚至犯罪，只是这种非法行为被有些人放纵或转入地下实施。应该说，现今这种"有法不依"的刑讯显然较之古代"依法办事"的刑讯只是因法律规定不尽完善的后果更加可怕。其次，古代刑讯几乎是国家行为，而今天的刑讯纯粹是个人行为。古代刑讯制度是国家通过法律予以认可的，所以，刑讯行为便成为一种国家的行为，除非法刑讯外，它的实施大多与官吏个人无关。而今天禁止刑讯的规定是国家的要求，所以，从根本上讲，任何形式的刑讯行为，不论其程度如何，都是司法人员个人的行为而不是国家的行为，只是这些个人大多身为国家司法人员，其刑讯行为触犯了法律，扭曲了国家的形象，国家反过来要其承担刑讯的法律责任。

（二）刑讯条件之比较

1.古今刑讯虽都因囚犯拒不供述而起，但在程序上，有以下两点不同

（1）中国古代坚持"先情讯后刑讯"，即把"情讯"作为刑讯的前置条件，刑讯仅仅是情讯之后不得已的手段。

《周礼·秋官司寇·小司寇》中对"用情讯之"即有规定，此后历代奉行。"先情讯后刑讯"是中国古代"德主刑辅""先教后刑"等治国理念和方法在诉讼制度中的具体体现。西汉吸取秦朝"专任刑罚"且苛酷残暴以致亡国的教训，汉儒董仲舒强调"大德而小刑""德主刑辅"的治国方法，把"不教而杀"斥为"逆天"。至唐朝，已形成"德礼为政教之本，刑罚为政教之用"[①]的法律规定。

"用情讯之"具体体现为，司法官吏在审讯囚犯时，应用"五听"这一独具特色的断狱制度求取案情真伪，使囚犯心悦诚服。"五听"之首为"辞听"，意在审查囚犯之供述是否真实。一定意义上讲，其他"四听"也是从不同的角度审查和印证囚犯供述真伪的方法。司法官吏除了听取当事人的陈述外，还要"察听于差"，兼听当事人的陈述并进行比较，以发现矛盾，最大限度地发挥主观能动性，查明案情。只有在经过情讯，并结合各种证据，认定囚犯作案嫌疑甚大，但其仍不肯供述的情况下，方可刑讯。集中国古代法律之大成的《唐律》在"断狱"篇中，对刑讯需以"先情讯"为前置条件作了详尽的规定："应讯囚者，必先以情，审察辞理，反复参验，犹未能决，事须讯问者，立案同判，然后拷讯。违者，杖六十。"对此疏议云，"依《狱官令》：'察狱之官，先备五听，又验诸证信，事状疑似，犹不首实者，然后拷掠。'故拷囚之义，先

---

① 《唐律疏议·名例》。

察其情，审其辞理，反复案状，参验是非。'犹未能决'，谓事不明辨，未能断决，事须讯问者，立案，取见在长官同判，然后拷讯。若充使推勘及无官同判者，得自别拷。若不以情审察及反复参验，而辄拷者，合杖六十"。

而现今法律严禁刑讯，所以，理论上讲，本不应存在刑讯条件的问题。但事实上，情况比预想的要糟糕，表现为刑讯几乎不被任何条件制约，且多取决于办案人员的意愿。应该说，"先情讯后刑讯"不仅合乎情理，也符合供述的真实必然要求程序的合理这一基本的司法逻辑，由此得出的结论也易为囚犯和社会所认可和接受。它既是古代刑讯的条件，也被奉为刑讯的原则。

（2）古代的刑讯要经过有关的官员集体决定和批准，而且，刑讯的决定者、批准者与刑讯的实施者不能是同一主体。现今因刑讯被法律明令禁止，所以，无所谓刑讯决定、批准与实施的问题，而现实中，刑讯不仅存在，而且其决定者和实施者往往是同一的。

2. 古今刑讯在实体条件上的不同

在刑讯的实体条件上，古代以已有证据证明囚犯犯罪而囚犯本人拒不认罪的，或者有证据证明囚犯有犯罪嫌疑但其本人拒不交代的作为条件。而现今因刑讯的目的是破案，自然也就没有实体条件的要求，刑讯的有无完全取决于办案人员的意愿。此外，在古代一些朝代，刑讯只对于重罪而非所有犯罪适用，而现今的刑讯，办案人员意愿似乎成为唯一的"标准"。

（三）刑讯对象之比较

古今刑讯对象不尽相同，这反映在刑讯的对象和例外两个方面。

1. 古今适用刑讯对象比较

古代除对囚犯本人刑讯外，还包括原告和证人，自唐起，刑讯囚犯拷满不首的情况下，囚犯将被取保释放，转而"反拷告人"，推求其告发是否属实。这一规定的出发点，一是防止"恶人先告状"；二是防止原告诬告被告或控告不实。对于控告不实和诬告的惩处秦即有之，而且，对诬告者的惩罚较之控告不实要重。汉以后，"诬告反坐"成为定制，并为历朝所继承。应当说，"反拷告人"立法的本意是积极的，但由此带来的副作用也不容忽视。因为，反拷控告方必然导致被害人不敢贸然告发，而这反过来又影响证据的收集，结果只能是加大对囚犯的刑讯。

古代对证人的刑讯始自秦朝，但大多数情况下，法律对证人的刑讯与对原、被告的刑讯还是有区别的，特别在唐宋以后，更注意以"情讯"方法对待证人。而且，按照儒家"亲亲相隐"和"矜老怜幼"的伦理，古代法律规定，亲属间不得告发和作证；达到一定年龄的老幼或者有笃疾者，不得作证。由于免于作证，其自然也就没有受到刑讯的问题。这样的规定既是基于古代伦理纲常和证人作证能力的考虑，还因为，法律虽容许对证人进行拷讯，而上述证人"以其不堪加刑故并不许为证"①。

现今立法原本只是规定禁止对被告刑讯，1989 年，鉴于实践中刑讯逼证情况的严重，最高人民检察院在《人民检察院直接受理的侵犯公民民主权利、人身权利和渎职案件立案标准的规定》中明确："为达到取得证据和口供的目的，对证人、无辜群众和其他人员使用肉刑或变相肉刑，符合刑讯逼供罪立案标准之规定的，亦应以刑讯逼供定罪。"将禁止刑讯的对象予以了扩大，显然，这有借司法解释扩大立法解释之嫌。1997

---

① 《唐律·断狱》。

年，修改后的刑法第 247 条将禁止刑讯对象限定为犯罪嫌疑人、被告人、证人，至今尚无"反拷告人"的规定。

应该说，古代刑讯逼证的法律规定和现今刑讯逼证的现实都是由刑讯逼供派生而来，虽然也有合法和非法之别，但目的都是获取或印证其他证据。这与古今刑讯逼供旨在定案或破案的目的还是有所不同的。

2. 古今刑讯例外对象比较

古代法律规定了刑讯例外的对象，这包括：（1）士族官僚在刑讯上的特权。"在奴隶社会和封建社会中，阶级的差别也是用居民的等级划分固定下来的，同时还为每个阶级确定了在国家中的特殊法律地位"①。中国古代是等级社会，从而也就形成了对士族官僚刑讯上保护的特权制度。通常，对不得刑讯的特权者，以"众证定罪"，当然，这一规定也非绝对。例外的情况包括三种：其一，贵族官僚有法定以外不得不刑讯之事者，须请旨遵行。其二，因法定原因而不再享有免于刑讯的特权。如"八议"者犯"十恶"之罪的，属不赦之列，只是刑讯程序的启动需经"议请"程序。其三，帝王根据自己的意愿随时对本享有免于刑讯的特权者刑讯，廷杖的出现即是如此。（2）古代少数民族执政时期刑讯上的例外。辽代契丹人、金代女真人、元代蒙古人以及清代的满洲人统治期间，均以法律形式肯定本民族在诉讼程序和刑讯方法上享有的特权。（3）老幼笃疾者及怀孕妇女不予刑讯。这主要体现了古代统治者在维护等级特权同时的"恤刑"政策，也是中国古代儒家仁政思想在刑讯制度上的体现。

现今法律禁止刑讯，同时强调适用诉讼法一律平等。因此，理论上讲，所有人都不属于刑讯的对象，也不容许任何刑讯情况的出现，但事

---

① 《列宁全集》第 6 卷，人民出版社 2013 年版，第 287 页。

实上，刑讯不仅地存在，而且，适用上的不平等也是不争之事实。

（四）刑讯程序之比较

由于古今法律对于刑讯的规定截然相反，刑讯的程序也就有因肯定而健全和因否定而不设之别。但古代法律对刑讯程序及其内容规定之完备和具体，不仅反映了当时统治者对程序的重视以及对程序与实体关系的恰当处置，从一个侧面回应了中国自古法律"重实体轻程序"的说法，而且也为当今立法的其他内容从不同的角度提供了启示和借鉴。这里主要以刑讯已发展为制度化和法律化的唐朝为例，就古代刑讯的程序概括如下：

第一，刑讯要立下文书，写明拷打原因，并经所在主管长官同意，签字决定后，才能拷讯。元朝又增设了对刑讯先行立案的前置程序，而且立案、刑讯必须联署官员共同议定、共同审讯、共同签字，共负其责。但刑讯由职业差役而非法官执行。这表明：刑讯需具备法定条件；为防止法外刑讯，刑讯需由官员相互监督；刑讯的决定权与执行权分离。

第二，刑讯不得状外求罪。《唐律·断狱》规定："诸鞫狱者，皆须依所告状鞫之。若于本状之外，别求他罪者，以故入人罪论。"其目的在于防止司法官吏借故加罪于囚犯而对其刑讯。但经人检举，或者发现另有他罪者，不在此限。

第三，刑讯实行回避制度，而且，拷囚不得中途易人。《唐六典·尚书刑部》规定："诸鞫狱官与被鞫人有亲属、仇嫌者，皆听更之。"《唐令拾遗》载："拷囚及行决罚者，皆不得中易人。"唐朝《狱官令》则明确具体地从两个方面对刑讯的回避予以规定，一方面，诸讯囚非亲典主司，皆不得至囚所听闻消息；另一方面，其拷囚及刑罚者，皆不得中易人。以保证案件的公正处理。

第四，统一刑讯方式、工具和部位等。针对唐之前存在的鞭笞齐用，械杻并施等多种刑讯工具同时使用的情况。《唐律疏议·断狱》对刑讯的工具统一规定为单一的"讯杖"，并对刑具的规格予以了规定："凡杖，皆长三尺五寸，削去节目。讯杖，大头径三分二厘，小头二分二厘。"与此相适应，唐律还规定了刑讯囚犯身体的部位。唐初，以慎刑宽厚而标榜，将拷囚的受刑部位由背改为臀。贞观十一年（637年）修订的《狱官令》进一步规定："决笞者，腿、臀分受；决杖者，背、腿、臀分受，须数等；拷讯者，亦同。笞以下，愿背、腿分受者，听。"

第五，规定了刑讯次数、数量、间隔时间。按照《唐律疏议·断狱》规定：（1）一案中，对每个囚徒的拷讯不能超过三次。如果审讯过程中，囚犯被移至他处的，要一并通计拷讯次数。（2）拷打的总数不得超过二百，两次拷讯要相隔二十天时间。（3）对于本身犯笞刑以上，杖刑以下的囚犯，对其拷讯时，不得超过所犯笞、杖刑数目。但对犯徒刑一年的囚犯，则可以拷打二百。

第六，对囚徒拷打数满，但仍不肯招供的，可"取保放之"。反观今天，由于已经禁止刑讯，所以也就不存在遵循程序的刑讯。某些知法犯法的司法人员，貌似为了揭露犯罪，实则是以牺牲公民的合法权益以及破坏法治社会环境为代价，结果只能是拣了芝麻丢了西瓜。"我们的政府是威力强大无所不在的教员，教好教坏，它都用自己的榜样教育人民。犯罪是可以传染的，如果政府自己犯罪，就会滋生对法律的藐视，引诱人民各行其道，把自己看作法的化身"①。

---

① 美国联邦最高法院大法官勃兰代斯语。参见叶童：《世界著名律师的生死之战》，中国法制出版社1996年版，第25—26页。

（五）刑讯法律责任之比较

古今刑讯的法律责任是不同的，古代只有在违法刑讯的情况下才涉及法律责任的问题，现今，只要刑讯就应该承担相应的法律责任。

古代主要是从两个方面规定违法刑讯的法律责任的，一是规定了使用非法定刑具的法律责任。如《唐律疏议·断狱》规定："拷囚于法杖之外，或以绳悬缚，或用棒拷打，但应行杖外，悉为他法。"司法官吏将被视为"不如法，笞三十，以故致死者，徒一年。即杖细长短不依法者，罪亦如之。"二是规定了违反刑讯次数、数量、间隔时间等的法律责任。如《唐律·断狱》规定：如果司法官吏"拷过三度及杖外以他法拷掠者，杖一百；杖数过者，反坐所剩；以故致死者，徒二年"。但是，"若依法用杖，依数拷决，而囚邂逅致死者，勿论。"可见，刑讯即便造成囚犯死亡的后果，但是否承担法律责任，完全取决于刑讯本身是否依法。当然，我国古代即使是因违法刑讯而追究法律责任，其处罚也是十分有限的，按照唐律，非法刑讯致死，最高也就是二年徒刑。

我国现行法律按照刑讯程度和造成后果的不同，对刑讯行为规定了不同的罪名和刑罚，确定了程度不同的法律责任[1]，直至判处无期徒刑乃至死刑。相对而言，要比古代非法刑讯以及现今国外刑讯的法律责任严厉得多[2]。但刑讯现象并未因此而杜绝，而且，因刑讯被追究法律责任

---

[1] 《中华人民共和国刑法》第二百四十七条规定："司法工作人员对犯罪嫌疑人、被告人实行刑讯逼供或使用暴力逼取证人证言的，处三年以下有期徒刑或者拘役。致人伤残、死亡的，依照本法第二百三十四条、第二百三十二条的规定定罪从重处罚。"第二百三十四条："故意伤害他人身体的，处三年以下有期徒刑、拘役或者管制。犯前款罪，致人重伤的，处三年以上十年以下有期徒刑；致人死亡或者以特别残忍手段致人重伤造成严重残疾的，处十年以上有期徒刑、无期徒刑或者死刑。本法另有规定的，依照规定。"第二百三十二条："故意杀人的，处死刑、无期徒刑或者十年以上有期徒刑；情节较轻的，处三年以上十年以下有期徒刑。"

[2] 日本、韩国、德国对刑讯的行为人处刑最重不超过十年。

的也只占少数。这一事实所能启发我们思考的问题太多太多，但它首先再次告诫我们，"对于犯罪最强有力的约束力量不是刑罚的严酷性，而是刑罚的必定性"①。法律的作用不在于一味的严厉，而在于使所有的违法者都毫无例外地受到法律的制裁。只是这样一个看似简单的问题，还须我们不懈的努力。

综上所述，古今立法者对于刑讯的态度截然相反，法律对于刑讯的规定也完全不同，因此，古今刑讯之间并无内在的必然联系，以为今天的刑讯源于古代刑讯制度的认识乃多年传统说教的误区。

二、中国古代刑讯废而不止的源头审视

刑讯制度在中国延绵数千年，有其生存的土壤。时至清末，刑讯被废除。形式上看，这无疑是件大好事。问题在于，刑讯自被废除至今，事实上从来就没有消失过。为何刑讯废除后"余毒"难以肃清，刑讯"余威"还会显灵，法律也因此受到了一次次的挑战？如果说，古代刑讯的泛滥是因为从观念到法律对刑讯制度的认可的话，那么，对今天这种奇怪的现象就不能不从法律之外的观念角度进行思考。对此，需从清末废除刑讯的背景和动机、中外废除刑讯的文化和条件、中国古代刑讯制度的思路和结构等予以说起。

---

① ［意］贝卡里亚：《犯罪与刑罚》，黄风译，中国大百科全书出版社1993年版，第59页。

（一）中国废除刑讯之回顾

1. 清末废除刑讯的背景和原因

（1）废除刑讯是清廷在西方列强入侵、社会变动背景下实施新政和修律的结果。

1840 年鸦片战争爆发后，被喻为"外夷"的列强，甚至类似桃花源的民主国家瑞士等纷纷入侵，中国由闭关自守的封建社会沦为半殖民地半封建社会，伴之而来的领事裁判权更让国家的主权沦丧。自此，"外人在中国所得的权力，不但十分确定，并且由商业性质变为政治性质"①。外患之时，内忧频发。1851 年的太平天国起义；1900 年前后抗击列强的义和团运动；1894 年至 1911 年，孙中山创立了中国资产阶级第一个革命团体"兴中会"和全国性资产阶级政党"同盟会"，最终推翻了清廷。此时的中国，政治上，传统封建专制统治已濒临崩溃；经济上，出现了资本主义经济的萌芽，随着商品经济的发展，民事纠纷越来越多，传统中国的以刑为主的法律体系遭遇尴尬；文化上，新出现的平等、自由、民主、人权等观念，挑战着传统的道德观念和儒家思想；司法上，传统中国的司法理念和格局因西方法制的传入而动摇。

为解内忧外患，清廷不懈努力，概括而言，经历了学习西方经济的"洋务运动"、变革政治体制的"戊戌变法"和全面改革的"新政"三个时期。中国这样一个天朝大国为何会败在"西夷"面前？人们最初直观看到的是枪炮军舰不如对方，因此有了魏源《海国图志》中提出的"师夷长技以制夷"，由此展开了自 1860—1895 年，以曾国藩、左宗棠、李鸿章等清廷中握有实权的一部分大官僚为代表，以"中体西用"

---

① 周甦生语，参见潘念之主编：《中国近代法律思想史》下册，上海社会科学出版社 1998 年版，第 100 页。

为理论基础，以学习西方科学技术为内容，以富国强兵为目的的洋务运动。然而，甲午之战的惨败不仅意味着洋务运动破产，而且证明仅学习西方的经济、技术不足以救国图存。清廷继而开始了由坚船利炮向西方思想、制度学习的转变。1898 年 6 月，光绪皇帝接受以康有为、梁启超为代表的维新派所倡导的发展农、工、商业；废除八股；训练新式军队等建议，开展了以维新变法自强为宗旨的"戊戌变法"。但历时 103 天的"百日维新"因触动保守派的利益而被扼杀，旋即夭折。19 世纪末，以农民为主的义和团反帝爱国运动爆发，清政府保守的满族亲贵希望借义和团的力量驱逐洋人。由于清政府的介入，这场席卷中国北方的排外运动很快升级为中国与各国列强之间的全面战争。1900 年，八国联军侵入北京，洋兵从天津大沽口上岸直扑北京，清朝的八旗兵腐朽不堪，全国 60 万以汉人为主的绿营兵也望风披靡。慈禧太后和光绪皇帝一路颠沛流离，逃至西安。

面对上述严峻形势，为救国图存，以慈禧太后为首的清政府不得不在 1901 年宣布实行新政，即在维持既有君主专制体制下，开始了对西方政治和法律制度的全方位学习。因此，从根本上讲，新政是列强外力作用的结果，而新政的重中之重是实现与外国法律一致的"变法修律"。由于当时中外刑讯的法律规定截然相反，所以，废除刑讯、改革证据制度则成为"变法修律"的突破口。

（2）列强放弃领事裁判权的允诺是修订法律中废除刑讯的直接动因。

自唐迄清，中国的司法主权一直是独立的，处理涉外案件坚持"诸化外人，同类自相犯者，各依本俗法；异类相犯者，以法律论"[①]的原则。然而，自鸦片战争开始，以英、美为首的西方列强入侵中国，并通过签

---

① 《唐律疏议》，中华书局 1983 年版，第 133 页。

订大量不平等条约，确立了领事裁判权①。1843 年的《中英五口通商章程》第 13 款规定："其英人如何科罪，由英国议定章程、法律，发给管事官照办。华民如何科罪，应治以中国之法。"1844 年的《中美五口贸易章程》第 25 款规定："合众国民人在中国各港口，自因财产涉讼，由本国领事等官讯明办理；若合众国民人在中国与别国贸易之人因事争论者，应听两造查照各本国所立条约办理，中国官员均不得过问。"②这表明，外国人不仅在中国犯罪可以不受中国法律管辖，其在中国的民事纠纷，也不受中国的法律管辖。之后，法、俄、德、日、奥匈、意大利、比利时、西班牙、葡萄牙、丹麦、挪威、荷兰、秘鲁、墨西哥、智利、瑞典、瑞士、巴西等国也借口程序上与中国传统的刑民不分、审判不独立等诉讼机制不配套，实体上中国法律的惩罚重于西方等，通过不平等条约在中国攫取领事裁判权。"必须把 19 世纪 40 年代和 50 年代条约制度形成的时期，看成是外国对中国生活施加错综复杂和惊人影响的起始阶段，尽管这一有着外国影响、特权、控制和最终是掠夺的时代，在中国人民的历史长河中只不过是一个小小的插曲。"③

列强借口中国法律"野蛮"而不承认中国法制，这虽有基于中西文化差异的观念冲突，更是攫取和保留领事裁判权的依据。领事裁判权的确立，不仅造成了"外人不受中国之刑章，而华人反就外国之裁判"④的

---

① 领事裁判权是指一国驻外领事馆依据本国的法律，对居住在他国的本国国民行使司法管辖权的一种制度。该制度最早实行于 13 世纪定居在东方的欧洲国家的商人，以后不断扩大。至 19 世纪，西方资本主义国家通过不平等条约，把领事裁判权制度强加于亚非国家。第二次世界大战后，该制度在世界范围内被废除。领事裁判权是建立在不平等基础上的享有国单方面的特权，是治外法权在半殖民地国家的畸形发展。在完全独立的国家不会容许别国获得领事裁判权，而在完全的殖民地国家，其本身实行的就是宗主国的法律，不存在领事裁判权的必要。

② 王铁崖编:《中外旧约章汇编》，生活·读书·新知三联书店 1999 年版，第 42—55 页。

③ ［美］费正清等编:《剑桥中国晚清史》上卷，中国社会科学院历史研究所编译室译，中国社会科学出版社 1985 年版，第 235 页。

④ 故宫博物院明清档案部编:《清末筹备立宪档案史料》，中华书局 1979 年版，第 821—822 页。

反常现象，而且，西方不少传教士借此横行霸道，导致教案频发，而清廷为此在洋人和革命党人面前两头为难。此外，领事裁判权客观上容留和庇护了不少清政府的反对者，这更令清政府寝食不安。1902 年，张之洞以兼办通商大臣身份，与各国修订商约，试图涉及领事裁判权问题。同年 1 月，清廷在上海首先与英国进行了历时 8 个月的谈判，9 月 5 日签订中英《续议通商行船条约》，其中第 12 款对于清廷收回领事裁判权的要求出乎意料地表述为："中国深欲整顿本国律例，以期与各西国律例改同一律，英国允愿尽力协助，以成此举，一俟查悉中国律例情形及其审断办法及一切相关事宜，皆臻妥善，英国即允弃其治外法权。"[1] 对此，有历史学家认为："英帝国主义等正在着力按照自己的资产阶级的面貌和需要改造清政府的统治，新商约关于治外法权一款约文的前半部无异于清统治者响应了英帝国主义的愿望，借条约表明了愿意按照外国资产阶级的面貌改造自己，英国当然欢迎。"[2] 1903 年，日、美、葡等国也均在续订的商约中允诺待清政府司法"皆臻完善"后，即可放弃领事裁判权。清政府被此允诺所鼓舞，寄希望于通过变法修律，大致实现与西方国家法律制度的同步，收回领事裁判权，排除外患。正如沈家本在《删除律例内重法折》所言："中国修订法律，首先收回治外法权，实变法自强之枢纽。"[3] 故下诏："中国律例，自汉唐以来，代有增改。我朝《大清律例》一书，折衷至当，备极精详。惟是为治之道，尤贵因时制宜，今昔情势不同，非参酌适中，不能推行尽善。况近来地利日兴，商务日广，如矿

---

① 所以说"出乎意料"，是因为，中国作为战败国，是不准许在谈判中提出任何要求的，能够讨论的只限于各国所提出的问题。就连张之洞也讲，签订这一"立自强之根、庄中华之气"的条款，"实为意料所不及"。参见《海关档案》第 1 章（2），转引自吴孟雪：《美国在华领事裁判权百年史》，社会科学文献出版社 1992 年版，第 122 页。

② 吴孟雪：《美国在华领事裁判权百年史》，社会科学文献出版社 1992 年版，第 124 页。

③ 《历代刑法考》，中华书局 1985 年版，第 2024 页。

律、路律、商律等类，皆应妥议专条。著各出使大臣，查取各国通行律例，咨送外务部。并著责成袁世凯、刘坤一、张之洞，慎选熟悉中西律例者，保送数员来京，听候简派，开馆纂修，请旨审定颁行。总期切实平允，中外通行，用示通变宜民之主意。"①据此，在直隶总督袁世凯、两江总督刘坤一、湖广总督张之洞的联名保奏之下，熟悉中国传统法律的刑部左侍郎沈家本、出使美国大臣并通晓西方法律的伍廷芳被任命为律例馆主事②。1902年4月清政府颁发修律上谕："现在通商交涉事益繁多，著派沈家本、伍廷芳，将一切现行律例，按照交涉情形，参酌各国法律，悉心考订，妥为拟议，务期中外通行，有裨治理。俟修订呈览，候旨颁行。"③一场以收回领事裁判权为直接目的的新政和修律计划由此拉开序幕。对此，伍廷芳曾在主张废除刑讯的两次奏折中直言不讳："此次修订法律，原为收回领事裁判权起见"，"修订法律，本以收回领事裁判权为宗旨"。④只是这个"务期中外通行"的修律原则，与其说是清廷开明或者开放，不如说是委曲求全之策。

2.清末废除刑讯制度的过程及争论

与以往各朝一样，晚清对刑讯亦有质疑和抨击。早在鸦片战争前，地主阶级改革派代表人物龚自珍、魏源等人，便率先提出改革审判制度，反对刑讯逼供。律学大家、刑部任职四十余年并长期担任刑部尚书的薛允升指出："定案以供证为凭，刑逼之供已不足信，况无供耶？又况无证耶？以此谳狱，得不谓之草率定案乎？"⑤且清朝"跪炼""夹棍""拶

---

① 《清德宗实录》卷495。
② 1904年，律例馆更名为修订法律馆。伍廷芳1904年由美国回国修律，但不久又被任命为商部左侍郎，由英瑞接替修律大臣一职，英瑞旋即病故，又命余廉三充任。
③ （清）朱寿朋：《光绪朝东华录》，中华书局1958年版，第4655页。
④ 参见（清）刘锦藻撰：《清朝续文献通考·刑考》，台北新兴书局1959年版，第9884、9885页。
⑤ 《读律存疑》卷49。

指"等刑讯方式的残酷程度超出了传统的笞、杖，"妄供"由此而生。地方幕僚包世臣认为："见谳局中能员，坐堂但闻问官乱喝乱叫，先教供后逼供，捶楚无数，号恸盈廷，是非曲直安得不颠倒？"[1] 早期资产阶级的维新派人物郑观应认为："两造之中必有曲直。曲者宜罚，多此一打，是谓滥刑；直者求伸，被此一打，是谓枉法。使曲者不畏打，而故逞其凶，不挠之状其情有似乎直；直者畏打，而甘受其屈，战栗之状其情有似乎曲。夫讼所以平民之冤，抑一有此打，则冤抑愈加；讼所以剖民之是非，一有此打，则是非转昧。"而且，判断是非关键在于证据而非口供。"问官以忠恕待人，使其人之言情理可信而无相反之证以起其疑，则谓之直可也；问官以公明断事，使其人之言情理可疑而无相反之据以征其信，则谓之曲可也。果其有罪，自招者罪固在；即不自招，其罪仍在。果其无罪，用刑而招，其枉愈甚；用刑而不招，是谓刑非其罪。此理易明人所同晓。"[2] 还指出，解决刑讯的方式莫过于学习西方的陪审和辩护制度，"听讼之事，派以陪审，而肆威作福之弊法；列以见证，而妄指诬陷之弊绝"。[3] 清末著名思想家严复认为，中国的刑讯逼供制度之所以长期存在，是因为历代法律确认其合法。要禁用刑讯，必须变法。他说，"（刑讯）然而卒不废者，吏为乎？法为乎？曰实法之，吏特加厉而已。故不变其法，虽上有流涕之诏，下有大声之呼，彼为吏者，终自顾其成，无益也"[4]。

　　首次正式提出废除刑讯制度的，当数光绪二十七年（1901 年）五六月，洋务派领袖刘坤一、张之洞会奏的《江楚会奏变法三折》，其中，六

---

[1] （清）包世臣:《〈安吴四种〉卷三十一》，载《中国近代史料丛书》，台湾文海出版社 1969 年版，第 2241 页。

[2] 夏东元:《郑观应集》，上海人民出版社 1982 年版，第 500 页。

[3] 夏东元:《郑观应集》，上海人民出版社 1982 年版，第 354 页。

[4] 王栻主编:《严复集》第 4 册，中华书局 1986 年版，第 954 页。

月初四会奏了旨在整顿中法的第二折《遵旨筹议变法谨拟整顿中法十二条折》（又称《第二次会奏变法事宜疏》），该奏折十二条建议中的第七条"恤刑狱"包括了禁讼累、省文法、省刑责、重众证、修监羁、教工艺、恤相验、改罚锾、派专官九条内容，其中的"省刑责"条指出，刑讯"敲扑呼晕，血肉横飞，最为伤和害理，有悖民牧之义。地方官相沿已久，漠不动心。夫民虽犯，当存哀矜，供情未定，行罪与否，尚不可知，理宜详慎。况轻罪一眚，当时如法惩微，日后仍望其勉为良民，更宜存其廉耻。拟请以后除盗案、命案证据已确而不肯认供者，准其刑吓外，凡初次讯供时及牵连人证，断不准轻加刑责"。奏折中也提到外国人对我国刑事司法的观感："外国人来华者，往往亲入州县之监狱，旁观州县之问案，疾首蹙额，讥为贱视人类。驱民入教，职此之由。"与此相适应，奏折还鉴于西方"众证既确，即无须有本犯之供"的问案方式，在"重众证"条中建议，此后问案应分别情形，除死罪仍需要人犯之输服供词外，其余军流以下罪名，如人犯拒不招供，拖延限远，则据众证定罪。[①]"省刑责则廉耻可培养，重众证则无辜少拖毙。"[②]对此奏折，清廷命沈家本、伍廷芳核议。四年后，沈、伍在奏上《议覆江督等会奏恤刑狱折》中提出"居今日而欲救其弊，若仅宣言禁用刑讯，而笞仗之名因循不去，必至日久仍复弊生，断无实效……拟请嗣后除罪犯应死，证据已确，而不肯供认者准其刑讯外，凡初次讯供时，及徒流以下罪名，概不准刑讯，以免冤滥。其笞杖等罪，仿照外国罚金之法……"[③]不但同意缩小刑讯的适用范围，而且将"盗案"排除在刑讯之外。此外，由于清廷的刑罚制

① 参见张之洞等：《遵旨筹议变法谨拟整顿中法十二条折》，载怀效锋：《清末法制变革史料》上卷，中国政法大学出版社 2010 年版，第 16 页。
② 该全折参见《张文襄公全集》卷 53。
③ （清）沈家本等：《奏核议恤刑狱各条折》，载怀效锋：《清末法制变革史料》上卷，中国政法大学出版社 2010 年版，第 380 页。

度和刑讯制度合二为一，刑讯以笞杖为刑具，如果仅废除刑讯而不废除刑罚中的笞刑和杖刑，刑讯则会因为笞杖刑罚的存在而日后复生。因此，废除刑讯的笞杖必须连同刑罚使用的笞杖刑具一并废除。于是，清末在废除刑律中各类酷刑的同时，对刑罚中轻罪之笞杖刑则以西方的罚金刑替代之。光绪三十一年三月二十日（1905 年 4 月 24 日），这个建议得到清廷的批准："昨据伍廷芳、沈家本奏议复恤庶狱十条，请饬禁止刑讯、拖累、变通笞杖办法，并请查监狱羁所等条，业经降旨依议。惟立法期于尽善，而徒法不能自行，全在大小各官，任事实心，力除各弊，庶几政平讼理，积习可回。颇闻各府、州、县或严酷任性，率用刑求，或一案动辄株连，传到不及审讯，任听丁差蒙蔽，象肥而噬，拖累羁押，凌虐百端，种种情形，实堪痛恨，此次奏定章程，俱行照准。"① 中国自古的刑讯制度因此被附条件地正式废除。

对于刑讯的废止，自始就有异议，具有代表性的是光绪三十一年（1905 年）五月，御史刘彭年奏《禁止刑讯有无窒碍请再加详慎折》，对骤然废止刑讯提出疑问。沈家本、伍廷芳为此上奏《奏停止刑讯请加详慎折》《核议御史刘彭年恢复刑讯折》，针锋相对予以反驳。刘彭年主要提出：第一，中国尚不具备废除刑讯的条件。"刑讯为东西各国所窃笑，即中国政治法律家久已心知其非。而不敢议改者，诚以中国人心不古，一切治具又复疏节阔目，不能察及隐微。徒幕外国之不用刑讯，而不深求其所以不用刑讯，官吏不善奉行，诚恐有如上谕所云阳奉阴违者。与其严防于后，不如豫筹于前"。② "外国不用刑讯者，以其有裁判诉讼各

---

① 宣统北京政学社编：《大清法律大全·法律部》，第 1 页。参见《晓示各级官员实力奉行禁止刑讯论》，载怀效锋：《清末法制变革史料》上卷，中国政法大学出版社 2010 年版，第 375 页。

② （清）沈家本等：《奏停止刑讯请加详慎折》，载怀效锋《清末法制变革史料》上卷，中国政法大学出版社 2010 年版，第 383 页。

法也。凡犯人未获之前，有警察包探以侦之；犯人到案后，有辩护人陪审员以听之。自预审至公判，旁征众证，不取供于犯人。供证确凿，罪名立定。今中国改定刑法，方有端倪，听讼之法，一切未备。"①沈、伍二人从收回领事裁判权的角度再次阐述禁止刑讯的理由，反驳道："惟泰西各国无论各法是否具备，无论刑事、民事各法，大小各案，均不用刑讯。此次修订法律，原为收回治外法权起见，故齐一法制，取彼之长，补我之短，实为开办第一要义。惟中外法制之最不相同者，莫如刑讯一端。是以臣等核议刘坤一等恤刑狱折内，于省刑责一条，议如所奏办理，然犹必限以徒流以下罪名，不准刑讯。而于命盗死罪案件，未尝概行停止者，亦因此时小民教养为孚，问官程度为逮，出此补救目前之策，已属不得已之办法。"第二，刑讯有其合理之处，骤然废止不利办案，且易积压。"有刑而不轻用，犯人虽狡，尚有畏刑之心。若骤然废止刑讯，则无所畏惧，孰肯供吐实情？问刑衙门穷于究诘，必至积压案件，经年不结，转于矜恤庶狱之法，有所窒碍。"②沈、伍在奏折中反问道："岂一用刑讯便可免积压，免拖累耶？何以从前各省积压之案，有数年及十数年不结者，且有拖累无辜庾毙多命者，其说将何以处此？"③第三，刑讯之措应该缓行。"……禁止刑讯，须俟裁判诉讼各法俱备后，方可实见施行"。④刘彭年原奏称："抑臣更有请者，东西各国裁判所，原系民事、刑事分设，民事即户婚、田产、钱债等是也，刑事即人命、贼盗、斗殴等是也。

---

① （清）沈家本等：《奏停止刑讯请加详慎折》，载怀效锋《清末法制变革史料》上卷，中国政法大学出版社2010年版，第383页。

② （清）沈家本等：《奏停止刑讯请加详慎折》，载怀效锋《清末法制变革史料》上卷，中国政法大学出版社2010年版，第383页。

③ （清）沈家本等：《奏停止刑讯请加详慎折》，载怀效锋《清末法制变革史料》上卷，中国政法大学出版社2010年版，第384页。

④ （清）沈家本等：《奏停止刑讯请加详慎折》，载怀效锋《清末法制变革史料》上卷，中国政法大学出版社2010年版，第383页。

中国民事刑事不分，至有钱债细故、田产分争亦复妄加刑吓。问刑之法似应酌核情节，以示区别。所有户婚、田产、钱债等事，立时不准刑讯，无待游移。至于人命、贼盗以及情节较重之案，似未便遽免刑讯，相应请旨饬下修律大臣体察时势，再加详慎，并饬于刑事诉讼法告成后，即将民法及民事诉讼法赶期纂订，以成完备法律，则治外法权可以收回。"①对此，沈、伍二人反驳道，"必待各法备后，始去刑讯，旷日持久，收效何时。设将来裁判诉讼诸法同时颁布，群情狃于习惯，仍以去刑讯为不便，将武健严酷之风，终无禁绝之一日。于此而欲收回治外法权，其可得哉？"②但同时也承认先行编纂刑事、民事诉讼法之必要性，"至该御史请于刑法及刑事诉讼法告成后，即将民法及民事诉讼法纂订，以成完备法律，洵属有条不紊。臣等拟俟刑律告竣后，即行分别编辑，陆续奏闻。再，现在改章伊始，一切未能详备，必得诉讼法相辅而行，方能推行无阻。拟编辑简明诉讼章程，先行奏明办理，合并申明。"③客观地说，刘彭年的上奏并非简单地反对废止刑讯，而仅仅是反对操之过急，担心欲速不达。

有人概括当时"不用刑讯之理由有四：（1）凡由刑讯而得之口供，真伪参半，不足为凭。口供既不足凭，具刑讯之法，徒令犯人受无益之痛苦而已。此种议论，并非欧美日本新派学者所主张，中国古时，亦有不以刑讯为然者。（2）就法理上言之，今各国均废止肉刑，虽真实罪人，亦不施以拷打，况嫌疑人之罪名，尚在未定，而据以严刑加之，其罪之

---

① （清）沈家本等：《奏停止刑讯请加详慎折》，载怀效锋《清末法制变革史料》上卷，中国政法大学出版社 2010 年版，第 383 页。
② （清）沈家本等：《奏停止刑讯请加详慎折》，载怀效锋《清末法制变革史料》上卷，中国政法大学出版社 2010 年版，第 384 页。
③ （清）沈家本等：《奏停止刑讯请加详慎折》，载怀效锋《清末法制变革史料》上卷，中国政法大学出版社 2010 年版，第 384 页。

重大而非虚者，固为刑称其罪。然逼供之刑，一事也，科罪之刑，又一事也，一罪而再刑，罪之重者，尤为太过，况刑讯之后，口供已定，有罪甚轻微者，罪轻者刑亦轻，而罪名未定之先，已施以同等之常刑，超过本罪之程度，不平孰甚焉。（3）从前欧美日本及现在中国一部分之用刑讯，均有定章，老幼男女，用刑各别。必其人犯罪是实，而真情未露，乃用刑讯，固未有明知其无罪而用刑讯者，然既知其有罪，而复以刑求之，匪徒无益，徒滋扰耳。（4）中国新刑律主张停止刑讯，论者多不以为然。其言曰，外国警察及检事，制度完备，各尽其职，能搜查种种证据，故毋庸拷问。中国警察检事，均甚幼稚，故刑讯不可废，此说甚谬。今中国警察检事，虽非完善，然不为无用。若废止刑讯，专用证人鉴定人，而辅之以警察检事之调查，即裁判上未尝不可收简捷公平之结果。计不出此，谓刑讯不可废，新律不能行，是不为也，非不能也，尤有进者，中国改良法律，其主要目的，无非欲各国收回领事裁判权，若不废刑讯。虽他种制度，改革尽善，外人亦必不承认，此中国所宜熟计之者也。此次修订刑事诉讼法，当以废止刑讯，为开章第一义，不然，则诉讼法可以无有"①。

"中国有实体法，无手续法，不惟诉讼法不完备，且并诉讼法而无之。而沿袭秕制，动辄拷打，往往有嫌疑人被刑讯后，并无毫发之罪，而五木之毒，已身受之。是使民不聊生也。补救之策，惟有及早修订诉讼法而已。"②

1906年，《大清刑事民事诉讼法草案》首次在中国历史上废除了刑

---

① 参见（清）熊元襄：《刑事诉讼法》，宣统三年（1911年）版，转引自尤志安：《清末刑事司法改革研究——以中国刑事诉讼制度近代化为视角》，中国人民公安大学出版社2004年版，第133—134页。
② （清）熊元襄：《刑事诉讼法》，宣统三年（1911年）版，第24页，转引自尤志安：《清末刑事司法改革研究——以中国刑事诉讼制度近代化为视角》，中国人民公安大学出版社2004年版，第128页。

讯制度，并将刑讯逼供作为犯罪行为予以制裁。《大清刑事民事诉讼法草案》第 74 条规定，法官必须而且只能以证据定罪。第 16 条规定："凡旧例缘坐、刺字、笞杖等刑，业经钦奉谕旨永远废止，应一体遵行。"第 17条规定："凡审讯一切案件，概不准用杖责、掌责及他项刑具或语言威吓，交逼令原告、被告及各证人，偏袒供证，致令混乱事实。"并在第 18条规定："凡承审官、巡捕官及各项官员违背前两条之例者，即行除革治罪。"只是各省督抚对此纷纷签驳①，最具代表性的是张之洞的全盘否定②。随着清廷对该意见的采纳，该法便胎死腹中。1908 年颁布的《钦定宪法大纲》，受西方国家法律上权利本位观念的影响，在中国历史上破天荒地以法律形式赋予人民权利。其中就有"臣民非按照法律所规定，不受逮捕，监禁和处罚；臣民有呈诉权，只受法律所定审判衙门的审判"等内容。这表明，在诉讼中，被告人已不再仅仅是诉讼的客体，而是享有一定权利的主体。为公民诉讼权利的实现提供了宪法保障。1907 年的《大清各级审判厅试办章程》第 32 条规定：凡审判方法，由审判官相机为之，不加限制，但不得非法凌辱。宣统元年（1909 年）八月二十九日，《大清现行刑律》初稿编制完成，后经进一步核议修正，于次年正式颁行。《大清现行刑律》是新刑律颁布前的一部过渡性的刑典，在刑罚和刑讯方面体现了改重为轻、矜恤庶狱的精神。确认了先前禁用刑讯的恤刑狱之举，规定"凡罪犯应死，证据已确，不肯供认，应行刑讯者，概用

---

① 据《清史稿·刑法志》载"各督抚多议其窒碍"，几乎没有肯定意见的反馈。热河都统延杰奏称："刑事民事诉讼法，边地骤难试办，并择扞格难行数条，请旨饬下法律大臣，再行覆议。"广西巡抚林绍年在奏折中称："新纂刑事民事诉讼各法，广西尚难通行。盖俗悍民顽，全恃法律为驾驭，闻以不测示恩威，若使新法遽行，势必夸张百出，未足以其外治，现以靖内讧，下所司知之。"直隶总督袁世凯奏称："新纂刑事民事诉讼法，内有扞格者数条，请饬再议。"分别参见《大清光绪实录》第 564、565 卷。
② 参见倪正茂等：《中华法苑四千年》，群众出版社 1987 年版，第 107 页。

竹板长五尺五寸，大头阔一寸五分，小头阔一寸，重不过一斤，每次刑责不得过三十板。至初次讯供时，及徒流以下罪名，概不准刑讯。如有违例用刑者，该管上司即行据实参处"。还规定："凡问刑各衙门，除例载刑具外，不得任意私设。违者，按违制律科断。"①1911年通过了《大清新刑律》，其第143条规定，凡行裁判或检察、警察、监狱，其余行政职务或为辅助者，当行其职务时，对被告人、嫌疑人或关系人为暴力之行为者，处三等以下有期徒刑。为使法律上禁用刑讯逼供的要求能得到实现，法律还同时规定，检察官和警察均有保护被告人不受侵害的责任。该法第144条规定："凡行检察或警察之职务或补助者，经人告有现被侵害权利之犯人而不速为保护之处置者，处四等以下有期徒刑。"宣统二年（1910年）底的《大清刑事诉讼法草案》第326条对此也作了相应的回应："认定事实应以证据。证据之证明力任推事自由判断。"该条立法理由是："本条第一项明揭废止口供主义，采用众证主义。按：断案不必尽据口供，已见《唐律》所谓'赃状露显，理不可疑，虽不承引，即据状断'者是也。窃谓案情应以众证为凭，当可十得八九，苟舍众证而取口供，殊未可尽信，今各国无不采众证主义，亦以其合于法理与实益也。或谓现在中国警察尚未完备，若舍口供主义，不易侦知实情。殊不知，警察未备，理应从速改良警察，安可守此不备之制度，以保流弊无穷之旧法，况口供之未可信乎。第二项采用自由心证主义。按：法定证据主义与发现真实主义不合，各国通例仍采心证主义，本律亦拟仿效之。"②

---

① 《大清现行刑律》，载怀效锋：《清末法制变革史料》下卷，中国政法大学出版社2010年版，第278页。
② （清）沈家本：《大清刑事诉讼法草案》，第147页，转引自尤志安：《清末刑事司法改革研究——以中国刑事诉讼制度近代化为视角》，中国人民公安大学出版社2004年版，第142—143页。

　　由于清廷的垮台，以上法律均未实行，废除刑讯的谕令和立法自始在司法实践中就处于尴尬的境地，刑讯事实上继续存在，即使在"号称全国文明审判之地"的上海租界会审公堂也公然蔑视新法规定，对华人依旧刑讯。沈家本、伍廷芳不得不奏请光绪帝下旨整饬[①]。而且，据当时资料，作为全国最高审判机构的大理院，也仍存在刑讯逼供之举[②]。

　　直至辛亥革命后民国成立，南京临时政府在清末废除刑讯制度的基础上，于 1912 年 3 月 2 日《临时政府公报》（第 27 号）发布《大总统令内务司法两部通饬所属禁止刑讯文》宣布："（1）不论行政司法官署，及何种案件，一概不准刑讯。鞫狱当视证据之充实与否，不当偏重口供。（2）其从前不法刑具，悉令焚毁。（3）不时派员巡视，如有不肖官司，日久故智复辟萌，重煽亡清遗毒者，除褫夺官职外，付所司治以应得

---

① 　光绪三十一年九月十七日（1905 年 10 月 15 日），沈家本、伍廷芳呈送《奏轻罪禁用刑讯笞杖改为罚金申明新章折》，严厉斥责上海会审公廨所发生的滥施求供的司法弊行："臣等奉命修订法律，本以收回治外法权为宗旨……查上海自开关以来，华洋杂处，风气开通。同治年间设立会审公堂，专理租界内词讼。凡会审之员，于中外法律理应谙熟，此次议废身体之刑，合中外而相通，尤应切实推行，以一政令。该公堂何以仍蹈从前积习，沿用严刑？腐败情形，于斯可见。臣等窃维立国之要领，存乎法权，而法权之推暨在乎严守。夫上海我国之版图也，公堂我国之官吏也，以我国之官吏行我国之法令，揆诸公理，孰敢逾越？且将来新律告成，范围全国，凡领土之内，法权在所必行，正宜乘此时机，先于通商各口岸试行裁判诉讼之法，以为基础。乃上海为各埠之领袖，竟至首先梗阻，殊出情理之外。在该省大吏，谅不至有心视为具文，第恐所委之员昧于交涉，狃于故常，任情敲扑，视宪典如弁髦，是非从严参办不足以肃纲纪。惟此项弊端，现在各省俱未能尽绝，不独上海一隅为然，未便严于此而宽于彼。若遽饬令各省一律查参，势必籍口省分远近不同，奉文先后各异，以为解脱，转致诸多窒碍。"由此，沈、伍二人提出："嗣后审理案件，凡罪在流徒以下者，照新章不准刑讯。旧例罪应笞杖者，照新章改为罚金。钦遵前次谕旨，实力奉行。倘有阳奉阴违，仍率用刑求，妄行责打者，即令该管上司指名严参，毋许徇隐。并请饬下两江总督会同江苏巡抚，将上海会审公堂一切审判事宜，认真整顿，务须选择品望素著兼通中外法律者，充委会审之员，方能胜任愉快，不得滥竽充数，以致弊窦丛生。上海通商最久，观瞻所系，总期行法得人，庶将来颁布新律，可以推行无阻，而收回治外法权，其端实基于此矣。"参见怀效锋：《清末法制变革史料》上卷，中国政法大学出版社 2010 年版，第 43 页。
② 　李春雷：《中国近代刑事诉讼制度变革研究（1895—1928）》，北京大学出版社 2004 年版，第 190 页。

之罪。"同时宣布,"鞫狱当视证据之充实与否,不当偏重口供。"同年3月8日,司法部又咨各省都督,传达不准刑讯的命令全文。司法总长伍廷芳也严饬所属各省府厅州县司法行政部门,一律停止刑讯。[1]同年3月11日《临时政府公报》(第35号)发布《大总统命内务司法两部通饬所属禁止体罚文》,废除了答杖、枷号等刑罚工具,改用罚金、拘留,另有禁锢、大辟。南京临时政府在中国历史上首次以生效的法律文件把刑讯逼供行为定为犯罪行为,并予以刑事处罚。废除刑讯的规定由法律走向实践。

(二)刑讯废而不止的反思

1.废除刑讯以收回领事裁判权、延续清廷统治为目的,缺乏自身的理论支撑

首先,废除刑讯当时被作为手段,目的是收回领事裁判权。如前所述,领事裁判权的丧失令清廷大扫颜面,因此清末废除刑讯的目的便是收回领事裁判权,也就是说,在废除刑讯作为获取嫌疑人口供的法定手段的同时,废除刑讯又被作为了收回领事裁判权的手段,只是这种手段在法律上附带具有废除刑讯的性质。虽然法律为废除刑讯作出了一系列相应规定,如明确了据众证定罪、自由心证、举证责任等原则,否定以口供为中心的审判方式等。尽管这种做法乃清廷的一厢情愿,但其出发点却无可厚非,这主要反映在证据制度的变革上:其一,限制刑讯逼供,明确了据众证定罪的原则。其二,否定以口供为中心的审判方式。口供由以前的"证据之王"降格为普通证据,其他证据有:证人证言、

---

[1] 邱远猷等:《中华民国开国法制史——辛亥革命法律制度研究》,首都师范大学出版社1997年版,第617页。

鉴定结论、文件证据、物证、检验笔录等。其三，采用自由心证原则。1910 年的清末《大清刑事诉讼法草案》第 326 条规定，审判官"认定事实应以证据，证据之证明力任推事自由判断"。其四，明确举证责任原则。对于举证责任，清末几部法典的规定不断渐进：《大清刑事民事诉讼法草案》要求由原、被告双方共同承担举证责任；1907 年颁行的《大清各级审判厅试办章程》第 69 条规定"凡证人，除原、被两造所举外，审判官亦得指定之"。表明审判官也有举证责任；《大清刑事诉讼法草案》认为，举证责任主要由负责起诉的检察官承担，审判官在必要时，也可以调查特定证据，而被告人原则上不负举证责任。只是对于涉及国家主权的领事裁判权收回以及数千年传统的求证方法的废除，远非一纸法令所能解决。这种目的和手段的殊途注定了二者最终在逻辑上不能同归，而且增大了之后解决上述问题的难度。领事裁判权直到丧失一个世纪后的 1943 年才被中国政府收回，而刑讯至今也没能真正退出历史舞台。

此外，刑讯制度始终是与专制集权的国家体制紧密相连的。正如马克思所说："专制制度必然具有兽性，并且和人性是不相容的。"[1] 孟德斯鸠在谈到刑讯与专制政体的关系时指出："拷问可能适合专制国家，因为凡是能够引起恐怖的任何东西都是专制政体的最好的动力。"[2] 因为专制主义统治在本质上就根本否定人格人权，不允许讲人权，任何人一旦被认为是异端者或涉嫌者，就会比常人遭受更加惨无人道的待遇。"政府越是专制，它采用的刑讯手段就越是残忍。严刑峻法是残酷行政当局的固有

---

① 《马克思恩格斯全集》第 1 卷，人民出版社 1956 年版，第 414 页。
② ［法］孟德斯鸠：《论法的精神》，张雁深译，商务印书馆 1961 年版，第 93 页。

特色。那里的惩罚方式完全取决于当权者个人的喜怒。"① 由于中国专制的历史较西方结束要晚,所以,刑讯制度相对更加完善。实践也表明,刑讯从盛行到被质疑最终被废除,其过程是人类以及人权思想与封建专权抗争的过程,是人权思想发展的过程,是将人从皇权、神权的桎梏下解放的过程。因此,刑讯制度的废除是以专制制度的废除为前提的,否则,废除刑讯的法律规定只能是纸上谈兵。而清末改革的出发点是为清廷统治服务,延续清王朝的统治,且改革者多是封建官僚,他们不可能挣脱封建专制体制的桎梏,更不可能与封建专制做斗争,改革中一旦遇到与封建专制统治相冲突的问题自然是妥协、退让。清末有保留地废除刑讯的规定就充分反映了这种改良的无奈。

上述矛盾的状态说明当时废除刑讯的改革是基于某种需求所为,缺乏严谨的理论支撑,而没有理论指导的实践则往往带有盲目性或激进性。这至少表现在:首先,在动机上,轻信列强的允诺,谋求法律的一致。但即使按照西方列强的要求修律,列强也并未因此而放弃领事裁判权。对此,当时曾反复与列强交涉的张之洞有所察觉,他以为,领事裁判权能否收回,除改革法制外,关键是"视国家兵力之强弱,战守之成效"②,而解决这一问题的根本在于本国自身③。只是未引起清廷的注意罢了。其次,改革者在思想上迷信西方,且过高估计了法制的作用。法律制度固然重要,但并非万能,尤其是对涉及国家主权的领事裁判权问题时更是

---

① [法]霍尔巴赫:《自然政治论》,陈太生、眭茂译,商务印书馆1994年版,第326—327页。

② 参见(清)张之洞:《遵旨核议新编刑事民事诉讼法折》,《张文襄公全集》卷69。

③ "旧者因噎废食,新者歧多羊亡。旧者不知通,新者不知本。不知新则无应敌制变之术,不知本则有菲薄名教之心。夫如是,则旧者愈病新,新者愈厌旧,交相为愈,而恢诡倾危乱名改作之流,遂杂出其说以荡众心,学者摇摇,中无所主,邪说暴行,横流天下。敌既至,无与战,敌未至,无与安。吾恐中国之祸不在四海之外而在九州之内。"参见(清)张之洞:《劝学篇》,上海书店出版社2002年版,第1页。

如此。何况中国长期缺乏法治传统，而西方的法制当时刚刚被引进，作用尚有限。法律可以废除刑讯，但废除不意味着实际的禁止，法律的规定只有适应社会的发展和需求，才能真正体现其价值。再次，相关条例在内容上有失全面，甚至自相矛盾。如对废除刑讯后的执行及变相刑讯的出现，缺乏监督的规定；又如前述《大清各级审判厅试办章程》第32条规定，司法官审判案件时"不得非法凌辱"，但该条同时又规定："审判方法由审判官相机为之，不加限制"。显然，这一模棱两可的规定为司法官吏规避该章程的法律规定开了方便之门。最后，在方法上急于求成，有悖循序渐进的过程。晚清列强的入侵，客观上迫使封闭的中国走向开放，随着新思想、新事物的出现，反思、探讨随之而来，从同文馆的华夏与夷狄之辩到清末新政的实施，大到立宪修律，小到刑讯制度的变革，无不存在守旧与图新之争。虽然强调"中体西用"，但如何最大限度地保留传统法律文化，使之与社会的发展相适应，却没有得到很好的解决，成为一直悬而未决的问题。倒是指导变革的理论是西方的学说，变革的蓝图是西方的模式，变革的内容多是西方的制度。这表明，从清廷到法学界并非基于对西方法制真正地了解，也没有恰当处理中西法制的结合。由于急于收回领事裁判权，修律自然取悦于西方，改革者也没有充裕的时间对西方具体的法律制度是否完全适合中国的国情进行研究，只能照搬或者移植当时世界上较为先进的法律制度，而不可能形成完整的修律和废除刑讯的理论。

2. 清末废除刑讯虽注意到刑讯现象的不科学，但却忽视了刑讯制度的强大生命力

中国古代刑讯自西周出现不断发展延续近三千年，作为一种制度，其虽有种种不足，但如同事物都有两面性一样，其同样有值得总结乃至借鉴之处。限于篇幅，仅择两个问题之要点，以正本清源。

　　第一，"刑"与"讯"的关系。刑讯作为野蛮的"刑"与文明的"讯"结合而成的取证方法，二者相辅相成，互相配合，共同为实现诉讼的最终目的服务，本身就具有其独特的价值。中国传统文化的重要内核是博大精深的"和合"，讲究"和而不同"与多元共存，追求"和"。认为各种事物都有其存在的合理依据，在承认矛盾和差别的情况下和谐相处，在求同存异中共同发展。"和合"理念体现在治理国家上，就是"为政以德"的"仁政"思想，即用道德教化来治理国政。具体到古代刑讯制度中，则表现为德礼为主的礼法结合、德主刑辅的德刑并用的思想和理念。

　　在人类最初的诉讼中，为了解决双方当事人间的争执以及嫌疑人与国家的矛盾，向当事人了解案件的情况就自然成了国家司法机关的必然选择，讯问因此而产生并成为最基本的和最主要的获取人证的方式，为此，形成了一系列的讯问的方法和制度。时至中国古代的西周，形成了以"五听断案"制度为代表的审讯方法，此法因独具特色而独树一帜，为之后的中国古代历代所沿袭。之所以如此重视讯问，是因为证据不外乎人证和物证两类，而所有的物证最终都需要借助人证才能发挥证明作用，具有证据的价值。受特定历史条件下生产力水平和科技手段所限，证据的收集受到诸多困难限制，囚犯对案件事实的交代得以青睐。"辞听"因此成为"五听"之首，其他"四听"只是从不同角度对"辞听"予以印证。然而，单纯的讯问并非对所有的被讯问者都能奏效，于是，对那些讯而不答或不足排除嫌疑者，便利用人性和人体固有的弱点，通过必要的体罚方法逼其回答。可见，"刑讯"是一种集文明与野蛮于一体的使用残酷的刑具迫使被刑讯人供述的方法。"讯"是诉讼之必然要求，"刑"则完全是由"讯"衍生而来，目的在于助"讯"一臂之力，从这个意义上讲，"刑"以"讯"为前提，并以"讯"的无结果为必然，"讯"以"刑"为后盾和保障。刑讯发展的历史证明，"刑"在诉讼发展的进程中曾经在不同程度上对"讯"起过积极的促进作用，也正是基于此，古代历朝统治者都对刑讯从法律上予以肯定。但是，历代统治者同时也意识到，"刑"的性质决定了其乃双刃剑，用之过度，则会产生副作用，而这对被刑讯者无异于灭顶之灾；对刑讯的司法官吏意味着无法无天；对案件事实则可能适得其反。所以，对"刑"必须严加限制，将其规范在一定的法律范围内，这是保证"刑"正常为"讯"服务的前提。于是乎，各朝都注意对刑讯的限制，从各个方面对刑讯予以限制的立法也纷纷出笼，最终使得刑讯被制度化和法律化。问题是，这种貌似正确的思维方式和判断以及法律对刑讯的限制并没有从根本上杜绝法外刑讯和刑讯的滥用，甚至形成了历史上酷吏层出不穷的情况，这是因为合法的刑讯与非法的刑讯都是一丘之貉，只要容许刑讯存在，非法刑讯就不可避免。因此，解决问题的根本方法应该是在诉讼过程中彻底废除刑讯，而不是附条件地对刑讯予以限制。当然，附条件地对刑讯予以限制虽不能从根本上禁止非法刑讯，但相比刑讯不受任何限制是一种进步。至于刑讯的彻底废除，则有待相关条件的具备，而这正是我们应该努力的方向。

第二，刑讯以情审为前提。中国古代诉讼虽然重视口供和刑讯，但并非所有案件不分青红皂白一概刑讯之，这不仅体现在法律对刑讯条件的限制上，更体现在刑讯必须以"先情讯"为前置程序上。

中国古代刑讯制度的思想基础是儒家的"慎刑"思想。它不仅要求法官严格司法，不可违法用刑，还要求被审讯人自己承认犯罪事实，做到心服，把客观的犯罪行为与被审讯人的主观认罪态度结合在一起。由于"五听"之法是通过司法官吏与囚犯之间情感的互动对案件进行审理的，所以，史书上对此亦称为"情审"，在相关法律的规定或者解释中，

"五听"和"情审"往往交替使用。"五听"在中国整个古代诉讼中占据着非常重要的地位，案件只有经"五听"审理后，囚犯仍不供述，但证据不能排除其犯罪嫌疑的，方可动用刑讯。《周礼·秋官司寇·小司寇》就有"以五刑听万民之狱讼，附于刑，用情讯之，至于旬及弊之"的记载，此后历代奉行。这里的"用情讯之"就是要通过情讯，使被讯者口服心服。对此，唐代儒家学者贾公彦对此解释道："以囚听犯罪附于五刑，恐有枉滥，故用情讯之，使之真实。"明代杰出学者丘浚进一步认为："既得其罪，附于刑矣，恐其非心服也，又从而用情以讯之……其谨之又谨如此，此先王之世，天下所以无冤民也欤？"① 可见"用情讯之"是为了做到心服，而心服及至于"无冤"，这是中国儒家"慎刑"思想中的一项重要内容，也正是在此意义上，"断罪必取输口供"成了中国古代司法审判的一条原则。

"情"具有情理、明德慎刑之意，在中国古代儒家为主的传统文化中占据着重要的地位，小至人情世故，大至治国，概莫例外。前述《左传·庄公十年》所载《曹刿论战》对中国传统文化中"情"的重要性作了最好的诠释。正如《名公书判清明集》户婚门载胡石壁判语所言："殊不知法意、人情，实同一体，循人情而违法意，不可也；守法意而拂人情，亦不可也。权衡于二者之间，使上不违于法意，下不拂于人情，则通行而无弊矣。"②

就刑讯本身而言，其是不科学的，这一点随着社会的进步越来越为人们所认识。但是，作为一种制度，一种能够延续几千年的制度，且按照批判者的观点，在今天仍然"遗毒"难以肃清，甚至不惜将今

---

① 鲁嵩岳：《慎刑宪点评》，法律出版社 1998 年版，第 191 页。
② 《名公书判清明集》，中华书局 1987 年版，第 311 页。

天刑讯的原因归结为古代刑讯制度的根深蒂固，[①]便足以说明其生命力之强大，抛开刑讯制度的内容不论，就刑讯制度存在和发展的思想文化基础、确立刑讯制度的理念和思路、刑讯从实体到程序的详尽法律规定、刑讯制度内在逻辑结构和立法技术的设计等，就足以令我们感叹。只是因为刑讯制度自古为专制国家所肯定，而清末以来这一制度转而又被铺天盖地一边倒的否定和批判。所以，我们习惯于抓住刑讯表面的残酷及负面作用而不及该制度之其余，殊不知这也是以偏概全。此外，中国古代虽将刑讯制度作为获取被告口供的法定手段，但并不意味着不重视口供以外其他证据。中国古代从周朝至明清，有着收集和鉴定证据的传统，且内容丰富，形成了颇具特色的证据制度和勘验制度[②]。

3. 清末一味模仿西方废除刑讯的法制，对中国废除刑讯制度的条件考虑不足

刑讯由发生到废除是不同民族国家法制发展的共同规律，但各国不同的政治经济、思想文化、法律传统以及发展历程、状况又使刑讯在废除的时间和道路上有所差异。西方在 18 世纪即已废除刑讯，而中国在 20 世纪初的清末仍然存在。这种情况本无可厚非，问题是，西方刑讯的废除源自其社会内部自身因素的驱动，刑讯的法律与实践自然悬殊较小，而中国刑讯的废除则是趋于外国列强的压力和西方的示范，且刑讯至今废而不止。这就不能不对西方废除刑讯的条件是否适用于中国进行反思。

---

① 分别见刘复之:《中华人民共和国法律大辞书》，长春出版社 1991 年版，第 1130 页；卫跃宁:《沉默权制度的建立于刑讯逼供的遏制》，载陈光中主编:《沉默权问题研究——兼论如何遏制刑讯逼供》，中国人民公安大学出版社 2002 年版，第 138 页；马长生等:《我国诉讼监督的一个难点及其破解——析"严禁"语境下的刑讯逼供》，载《时代法学》2012 年第 1 期。
② 张生主编:《中国法律近代化论集》总第 2 卷，中国政法大学出版社 2009 年版，第 271—272 页。

首先，就思想文化而言。中国传统文化以"仁义礼智信"为基础，即使是在对外关系上，也讲求"布恩信，怀远人""己所不欲、勿施于人"，强调"自古知兵非好战""贵和慎战"。这些思想涵养于中国五千年的历史之中，成就了中华民族在历史上的强盛，并赢得了他国自发地对中国传统文化的追求。对此，即使外国人也不否认："在近代以前时期的所有文明中，没有一个国家的文明比中国文明更发达，更先进。"① 对此我想援引凤凰卫视董事局主席、行政总裁刘长乐先生 2012 年 11 月在纽约世界文明论坛上的发言予以说明："从文化层面上，在基督教文明里，总戒备着会有一个敌人从异族中产生；而与之截然不同的是，在儒家文明里，却总在迎候一个远方走来的朋友……这就是为什么中国最早发明了火药，却只用它制造庆典和欢迎朋友的爆竹，欧洲人却将中国的火药制造技术发扬光大，发明了敲开中国国门的洋枪大炮。这样，也就能够明白，为什么当年欧洲的战船从东方掳掠走了不计其数的东方财宝，而郑和下西洋时，船队最多时 240 多艘船，27000 多名随从，散尽财富，浩浩而去，寥寥而归。"② 所以，"不能用俄国、德、日本和美国的崛起类推中国的崛起，中国没有帝国主义、殖民主义、重商主义、军国主义的思想体系，没有天授民族扩张和领土扩张的命运论，也没有文明传播的使命。"③ 而随着西方资本主义工业革命兴起，特别是近代以来列强的入侵和中华民族的落伍，西方国家主导国际体系的格局逐渐形成，逼迫中国接受其法律、废除中国野蛮刑讯的形式文明不约而至。受此影响，就连一些中国人自己也认为，传统并非历史的积淀而是腐朽，民族文化也非基础而意味着劣根。

---

① ［美］保罗·肯尼迪:《大国的兴衰》，陈景彪等译，国际文化出版公司 2006 年版，第 4—6 页。
② 周天勇等:《艰难的复兴：中国 21 世纪国际战略》，中共中央党校出版社 2013 年版，第 465—466 页。
③ 周天勇等:《艰难的复兴：中国 21 世纪国际战略》，中共中央党校出版社 2013 年版，第 456 页。

其次，就法律文化而言。日本学者滋贺秀三对中西法文化研究后指出："纵观世界历史，可以说欧洲的法文化是极具独特性的。而与此相对，持有完全不同且最有对极性的法文化的历史社会似乎就是中国了。"① 笔者以为，这种差异主要表现在：第一，社会基础不同。中国传统法律文化的社会基础是农业社会，而近代西方法律文化的社会基础是工商社会。第二，功能有所不同。中国传统法律，主要目的是维护封建君主专制制度，而近代西方法律，旨在确保个人自由和权利。与此相一致，与西方国家选择将个人作为秩序形成出发点的发展道路不同，中国传统法律文化倡导国家本位的价值观而轻视个体利益，甚至不惜以牺牲个体的独立和自主来维护群体利益。第三，法律调整的社会关系不同。欧洲以私法为主，调整民事关系；中国以公法为主，刑法和官僚制度的组织法发达。第四，司法组织和法律传播的差异。中国自古司法与行政不分，没有独立的司法系统。与此相适应，法律教育和研究不发达。而古希腊和古罗马不仅是西方法律文化的发源地，而且出现了法律分工的思想，为后来权力制约的理论奠定了基础，也促进了法律教育和研究的发展。第五，对法学的认识不尽相同。在西方，法学是"关于正义的学问"，而在中国则主要是关于"刑罚轻重的学问"。因此，中国对于法学的研究不及西方发达。第六，法在民众心目中的地位以及对于社会的作用不同。西方法治历史长，民众法律意识强，法律在社会中起着重要作用，而中国民众对法律敬而远之，主要靠行政权力和纲常伦理规范社会。

中西法律文化上的差异，决定了中国在刑讯的废除上与西方自应不同，遗憾的是，清末废除刑讯的实践除沿用西方的规定外，并无中

---

① ［日］滋贺秀三：《中国法文化的考察——以诉讼的形态为素材》，《比较法研究》1988 年第 3 期。

国特色，刑讯制度自然也因失去自我或水土不服而不伦不类。可见，对于西方的法律制度既要理性地选择，适时改进，又要与本国的传统文化相结合，唯此，才能准确地撷其精华，弃其糟粕，古为今用，洋为中用。

再次，就废除刑讯的背景而言。16 至 17 世纪，随着西方资本主义工业革命兴起，科技相应发展，刑讯制度的存废成为争议。随着当时劳役、流放等较轻的刑罚出现，适用于死刑和肉刑的证据标准随之降低，数世纪以来被视为"证据之王"的口供不再是必要条件，刑讯制度因此动摇。在上述刑罚、证据制度变更之时，约十七八世纪，资产阶级势力逐渐壮大，在霍布斯、贝卡里亚、卢梭人等的倡导下，反封建斗争中民主、自由、博爱成为时代的主题，天赋人权、社会契约等社会主流观念为早期进入资本主义的西方国家所接受，诉讼中"无罪推定"原则取代了以前的"有罪推定"，刑讯制度陆续在欧洲被废除。在中国，没有出现过西方启蒙时代对传统刑讯大规模、持续和深度的反省和批判，没有同期刑罚和证据制度的改革，也没有资产阶级发动的争取人权的运动，更没有形成西方式的资本主义社会。而且，当西方近代改革"政治日臻美善"之时，中国却因列强的入侵而由天下共主的神坛上走下来，不得不以违反自己意愿的方式，畏外进而媚外，模仿国外的改革开始了对西方法制的引进，时间上较之西方晚了一个半世纪，本应废除难度更大的刑讯制度，其废除却变得并不十分复杂。中国的专制需要刑讯，西方的人权反对刑讯，半殖民地半封建社会的中国有保留地废除刑讯自然也就顺理成章。

最后，就刑讯废除的社会因素而言。清末著名思想家严复在总结西方国家废除刑讯的情况时讲道："所由于教化，所由于法制，所由于生计，实缺其一，皆不必能。"①刑讯的废除需要社会政治体制、教育、经济等多种因素的共同作用，而非支离破碎的某一制度，中国古代刑讯制度从无到有，并且制度化、法律化，这表明中国古代刑讯制度有其存在的历史土壤和条件，这也是其得以长盛不衰的基础和保障。进入近代，我们虽然废除了刑讯制度，但中国没有西方法制的基础，西方废除刑讯的规定在当时的中国缺乏根基。而刑讯在中国赖以生存的土壤和条件并不因刑讯制度本身的废除而消失。事实上，一些造成刑讯的因素在清末不降反升，国力整体下降、公共资源仍不充足、司法官吏"刑讯情节"根深蒂固……。而且，废除刑讯的法律也因财政窘迫、司法人员匮乏、积案增加以及接踵而来的社会动荡等举步维艰。试图用西方的法制取代中国的法律容易，但实际的兑现难，从这一点看，清末刘彭年和严复等主张先辅之以相应制度，提高官吏素质，待条件成熟再废除刑讯的观点不无道理。"然而卒不废者，吏为乎？法为乎？曰实法之，吏特加厉之而已。故不变其法，虽上有流涕之诏，下有大声之呼，彼为吏者，终自顾其考成，无益也。"②因此，所有问题的关键在于如何消除刑讯制度赖以生存的土壤和条件，而不是简单地废除刑讯制度本身。上述道理对今天的中国仍然适用。

4. 单纯侧重对刑讯制度的废除，相应思想理念的更新不到位

首先，思想准备不足，民智未被开启。纵观历史，中国历史上不乏质疑刑讯正当性的人物和思想，只是受特定历史条件的制约，这些思想没能形成共识，自然也就找不到取代刑讯的有效办法。清末虽然找到了废除刑讯的途径，但却没能很好地启发和提高民众废除刑讯的意识，即

---

① 参见《法意》卷 19 按语。
② 王栻主编:《严复集》第 4 册，中华书局 1986 年版，第 954 页。

使是当时中国社会的上层，对刑讯的存废也未在思想上形成共识，全社会对刑讯废除缺乏必要的思想准备，包括思想的形成、理念的灌输、知识的更新。面对这种局面，应该说改革之前思想理念的更新较之刑讯制度本身的废除更为重要。然而，实际上清末刑讯的废除甚至没有必要的程序过渡，法律废除刑讯之后，整个社会也没有对废除刑讯的思想理念进行必要的宣传，结果刑讯制度虽废，但数千年形成的刑讯思想仍在，为刑讯的废而不止留下了后患。

中国清末对刑讯的废除，完全是近代列强入侵之后不断蚕食的结果，而不是中国社会和司法制度自然发展，水到渠成的产物。换句话说，中国没有经历类似西方的资产阶级革命以及资本主义社会，也没有类似西方启蒙思想家人权、自由、平等思想的普及，西方国家废除刑讯的规定在当时的中国缺乏根基。改革者试图应运法律救国图存，却对民众法律意识的开启关注不够，在推行刑讯废除的过程中，广大民众所受到的依旧是封建法观念的束缚和沿袭已久的习惯的调整，平等、人权等先进的西方思想理念只停留在少数先进人物的头脑中，而没有扎根于广大民众这个广阔、深厚的土壤之中，最终当时废除刑讯的法律规定只能是画饼充饥或貌似中西法律结合的"夹生饭"。

其次，中西法律思想的结合点不准。一方面，刑讯制度在中国延续数千年，其存在的基础涉及方方面面，作为法定的制度其生命力和影响力十分强大。相应地，对其的任何改变或者伤筋动骨都需要长期而充分的准备，否则，可能适得其反。更何况，清末法律虽然废除了刑讯，但所有的法律尚未来得及实施清朝就垮台了。之后的中国经历了政权的反复动荡，但基本均以清末变法修律的各项法律为蓝本。由于缺乏对废除刑讯精神上和物质上的准备，所以，尽管法律层面对刑讯可以宣告永远废止并且禁止，但刑讯的思想并不因法律规定而立即消失，因为，理念和思想的更新需要具备必需的条件，而这至少需要足够的时间予以过渡。在缺乏废除刑讯思想和禁止刑讯执行的条件下，废除刑讯的法律规定终难兑现。另一方面，中国没有类似西方启蒙思想的普及。作为改革者，也许迫于列强的压力或对西方法制思想的羡慕，被迫或自愿接受西方法制思想，也许基于收回领事裁判权的需要或单纯对刑讯制度的否定而有意无意地忽视了中西法律思想的有效结合。结果是法律废除并禁止刑讯是一回事，而实际刑讯的情况又是另一回事，一个基于这种需要的怪胎——刑讯废而不止因此而生。遗憾的是，大多数人不愿认同这种现实，更不愿意承认之后刑讯现象是既有社会自身和制度原因所致，只是把刑讯的原因和责任推向古代的祖宗及其刑讯制度。殊不知，古代刑讯制度的法律规定与实际大多是一致的，非法刑讯充其量是对法律的突破。而刑讯制度被法律废除之后，存在的刑讯则是有法不依地公然挑战法律，其性质远超过对法律的突破。

笔者这样讲，无意责怪清末对刑讯的废除，更无意赞同刑讯之意，只是强调要补课，通过补课，消除刑讯制度赖以生存的土壤和条件，解决清末废除刑讯与社会基础条件至今存有的思想理念差距；通过补课，正视今天刑讯的思想观念、体制制度等方面的原因，而不是简单地将其归结或者转嫁给中国古代的刑讯制度。

这种非法行为被有些人放纵或转入地下实施。这种"有法不依"较之古代"依法刑讯"只是法律规定不尽完善的后果更可怕。

"遗憾的是，一个时期曾荒谬地作为获取证据的合法手段的刑讯，至今继续存在，尽管已经转入地下，并隐藏在其他各种形式之下"[1]。"为了崇高的目的而诉诸恶的手段是一种浮士德式的妥协，它经常是带来更多

---

[1]　意大利学者江·多麦尼哥·皮萨比亚之语，参见《法学译丛》1983 年第 2 期。

的恶而不是善"①。全部问题的根本应该在于教育。而"对于一切事物，尤其是最艰难的事物，人们不应该期望播种与收获同时进行，为了使它们逐步成熟，必须有一个培养的过程"。②

中国刑讯的禁止，任重道远。

---

① ［美］罗伊·F.鲍迈斯特尔:《恶——在人类暴力与残酷之中》，崔洪建等译，东方出版社1998年版，第267页。

② ［意］贝卡里亚:《论犯罪与刑罚》，黄风译，中国大百科全书出版社1993年版，第1页。

主要参考文献

一、中文著作

中文译著

《马克思恩格斯全集》第 1 卷，人民出版社 1956 年版。

《列宁全集》第 6 卷，人民出版社 2013 年版。

［意］贝卡里亚：《论犯罪与刑罚》，黄风译，中国大百科全书出版社 1993 年版。

［法］孟德斯鸠：《论法的精神》，张雁深译，商务印书馆 1961 年版。

［美］D. 布迪等：《中华帝国的法律》，朱勇译，江苏人民出版社 1998 年版。

［美］罗伊·F. 鲍迈斯特尔：《恶——在人类暴力与残酷之中》，崔洪建等译，东方出版社 1998 年版。

［美］孔杰荣等编：《中国法律传统论文集》，中国政法大学法律史学研究院译，中国政法大学出版社 2015 年版。

［法］霍尔巴赫：《自然政治论》，陈太生译，商务印书馆 1999 年版。

［加］西莉亚·布朗奇菲尔德：《刑罚的故事》，郭建安译，法律出版社 2006 年版。

［英］凯伦·法林顿：《刑罚的历史》，陈丽红等译，希望出版社 2004 年版。

［法］米歇尔·福柯：《规训与惩罚》，刘北成等译，生活·读书·新知三联书店 2003 年版。

［英］何天爵：《真正的中国佬》，鞠方安译，中华书局 2006 年版。

［英］约·罗伯茨编著：《十九世纪西方人眼中的中国》，蒋重跃等译，中华书局 2006 年版。

［苏］安·扬·维辛斯基：《苏维埃法律上的证据理论》，王之相译，中国人民大学出版社 1956 年版。

［日］籾山明：《中国古代诉讼制度研究》，李力译，上海古籍出版社 2009 年版。

［德］克劳思·罗科信：《刑事诉讼法》，吴丽琪译，法律出版社 2003 年版。

［西］胡安·冈萨雷斯·德·门多萨编撰：《中华大帝国史》，孙家堃译，中央编译出版社 2009 年版。

中文学术著作

《历代刑法志》，群众出版社 1988 年版。

张晋藩总主编：《中国法制通史》，法律出版社 1999 年版。

曾宪义总主编：《中国传统法律文化研究》，中国人民大学出版社 2011 年版。

蒲坚编著：《中国古代法制丛钞》，光明日报出版社 2001 年版。

高其迈：《隋唐刑法志注释》，法律出版社 1987 年版。

钱大群等编：《中国法制史通解（1000 题）》，南京大学出版社 1993 年版。

陈顾远：《中国法制史》，中国书店 1988 年版。

杨鸿烈：《中国法律发达史》，中国政法大学出版社 2009 年版。

陈光中、沈国峰：《中国古代司法制度》，群众出版社 1984 年版。

瞿同祖：《瞿同祖法学论著集》，中国政法大学出版社 1998 年版。

那思陆：《中国审判制度史》，上海三联书店 2009 年版。

陈光中主编：《刑事诉讼法（第6版）》，北京大学出版社、高等教育出版社 2016 年版。

崔敏主编：《刑讯考论——历史 现状 未来》，中国人民公安大学出版社 2011 年版。

靳学仁：《刑讯逼供研究》，中国检察出版社 2007 年版。

孟祥沛：《中国传统行刑文化研究》，法律出版社 2009 年版。

李光灿：《评〈寄簃文存〉》，群众出版社 1985 年版。

郭成伟主编：《中华法系精神》，中国政法大学出版社 2001 年版。

林剑鸣：《法与中国社会》，吉林文史出版社 1988 年版。

茅彭年：《中国刑事司法制度·先秦卷》，法律出版社 2001 年版。

张兆凯主编：《中国古代司法制度史》，岳麓书社 2005 年版。

王立民：《古代东方法研究》，学林出版社 1996 年版。

王立民：《法律思想与法律制度》，中国政法大学出版社 2002 年版。

王圣诵等：《中国司法制度研究》，人民出版社 2006 年版。

张中秋：《比较视野中的法律文化》，法律出版社 2003 年版。

尤志安：《清末刑事司法改革研究——以中国刑事诉讼制度近代化为视角》，中国人民公安大学出版社 2004 年版。

陈金全等主编：《中国传统司法与司法传统》，陕西师范大学出版社 2009 年版。

张生主编：《中国法律近代化论集》总第1、2卷，中国政法大学出版社 2002 年版、2009 年版。

胡留元等：《西周法制史》，陕西人民出版社 1988 年版。

郭东旭：《宋代法制研究》，河北大学出版社 2000 年版。

王云海主编：《宋代司法制度》，河南大学出版社 1992 年版。

中国社会科学院法学研究所法制史研究室编著：《中国警察制度简论》，群众出版社1985年版。

丁凌华：《中国法制史新谭》，上海人民出版社2010年版。

汪海燕：《刑事诉讼模式的演进》，中国人民公安大学出版社2004年版。

李凤鸣：《清代州县官吏的司法责任》，复旦大学出版社2007年版。

姜小川：《司法的理论、改革及史鉴》，法律出版社2018年版。

李俊芳：《晋朝法制研究》，人民出版社2012年版。

邵方：《西夏法制研究》，人民出版社2009年版。

刘星：《中国法律思想导论》，法律出版社2008年版。

罗昶：《伦理司法》，法律出版社2009年版。

李玉福主编：《中华法系的形与魂》，中国人民公安大学出版社2010年版。

柏杨：《中国人史纲》，山西人民出版社2008年版。

易中天：《闲话中国人》，上海文艺出版社2006年版。

郭建：《古代法官面面观》，上海古籍出版社1993年版。

汗青：《天崩地解：1644年大变局》，山西人民出版社2010年版。

高道蕴等编：《美国学者论中国法律传统》，中国政法大学出版社1994年版。

胡平仁：《中国传统诉讼艺术》，北京大学出版社2017年版。

周天勇等：《艰难的复兴：中国21世纪国际战略》，中共中央党校出版社2013年版。

张晋藩主编：《中国民事诉讼制度史》，巴蜀书社1999年版。

鄢晓实：《中国传统法治文化的再认识及其当代价值》，中国政法大学出版社2021年版。

薛允升：《唐明律合编》，法律出版社1999年版。

《大清律例》，天津古籍出版社1993年版。

郑秦：《清代司法审判制度研究》，湖南教育出版社1988年版。

李交发：《中国诉讼法史》，中国检察出版社2002年版。

睡虎地秦墓竹简整理小组编：《睡虎地秦墓竹简》，文物出版社1978年版。

马小红：《礼与法 法的历史连接（修订本）》，北京大学出版社2017年版。

高绍先主编：《中国历代法学名篇注释》，中国公安大学出版社1993年版。

邓勇：《试论中华法系的核心文化精神及其历史运行》，法律出版社2010年版。

王召棠等编著：《中国法制史纲》，浙江人民出版社1986年版。

黄源盛：《中国法史导论》，广西师范大学出版社2014年版。

刘长江等编著：《中国封建司法行政体制运作研究》，中国社会科学出版社2014年版。

王铁崖编：《中外旧约章汇编》第1册，生活·读书·新知三联书店1982年版。

何勤华:《中国法学史》第 2 卷,法律出版社 2000 年版。

王永宽:《中国古代酷刑》,中州古籍出版社 1991 年版。

高铭暄等主编:《经济犯罪和侵犯人身权利犯罪研究》,中国人民公安大学出版社 1995 年版。

刘复之主编:《中华人民共和国法律大辞书》,长春出版社 1991 年版。

陈云生:《反酷刑——当代中国的法治和人权保护》,社会科学文献出版社 2000 年版。

赵继红:《大明帝后风云录》,知识产权出版社 2011 年版。

张晋藩:《中国法制史》,商务印书馆 2010 年版。

陈一云主编:《证据学》,中国人民大学出版社 2000 年版。

范忠信等编:《中国文化与中国法系:陈顾远法律史论集》,中国政法大学出版社 2005 年版。

二、期刊

栗劲:《刑讯考》,《吉林大学社会科学报》1979 年第 4 期。

王立民:《有关中国古代刑讯制度的几点思考》,《华东政法学院学报》1999 年第 3 期。

周斌等:《论中国古代的刑讯逼供及其殷鉴》,《求实》2001 年第 S1 期。

徐唐棠:《略论我国古代的刑讯制度》,《当代法学》2002 年第 9 期。

姜小川:《中国封建社会的理冤制度及其借鉴》,《中外法学》1992 年第 5 期。

赵春燕:《中国古代刑讯制度演变规律之研究》,《中国刑事法杂志》2003 年第 4 期。

颜小冬:《刑讯逼供的历史流变及其原因》,《湘潭大学学报(哲学社会科学版)》2004 年第 5 期。

蒋铁初:《质疑刑讯起源于西周说》,《人文杂志》2007 年第 2 期。

郑颖慧:《宋代刑讯制度及其实践》,《保定学院学报》2009 年第 1 期。

李露等:《中国古代刑讯制度的历史考察》,《理论月刊》2008 年第 6 期。

胡兴东:《中国古代刑讯法律规制问题研究》,《云南大学学报(法学版)》2008 年第 1 期。

俞荣根:《天理·国法·人情的冲突与整合——儒家之法的内在精神及现代法治的传统资源》,《中华文化论坛》1998 年第 4 期。

张中秋:《传统中国法的道德原理及其价值》,《南京大学学报(哲学·人文科学·社会科学)》2008 年第 1 期。

姜小川:《中国古代刑讯制度及其评析》,《证据科学》2009 年第 5 期。